民国山西村治研究

刘娟 著

本书出版得到山西省高等学校哲学社会科学研究项目：地方自治视域下民国时期山西村治研究（2016254）以及太原科技大学博士科研启动基金项目的支持，特此鸣谢！

知识产权出版社
全国百佳图书出版单位

图书在版编目（CIP）数据

民国山西村治研究/刘娟著．—北京：知识产权出版社，2018.6

ISBN 978－7－5130－5574－1

Ⅰ.①民… Ⅱ.①刘… Ⅲ.①农村—群众自治—研究—山西—民国 Ⅳ.①D638

中国版本图书馆 CIP 数据核字（2018）第 101497 号

责任编辑：雷春丽　　**责任校对**：潘凤越

封面设计：SUN 工作室　韩建文　　**责任印制**：刘译文

民国山西村治研究

刘　娟　著

出版发行：知识产权出版社有限责任公司　　**网　　址**：http：//www.ipph.cn

社　　址：北京市海淀区气象路 50 号院　　**邮　　编**：100081

责编电话：010－82000860 转 8004　　**责编邮箱**：leichunli@cnipr.com

发行电话：010－82000860 转 8101/8102　　**发行传真**：010－82000893/82005070/82000270

印　　刷：北京嘉恒彩色印刷有限责任公司　　**经　　销**：各大网上书店、新华书店及相关专业书店

开　　本：720mm×1000mm　1/16　　**印　　张**：15.5

版　　次：2018 年 6 月第 1 版　　**印　　次**：2018 年 6 月第 1 次印刷

字　　数：246 千字　　**定　　价**：58.00 元

ISBN 978－7－5130－5574－1

序　言

日本学者沟口雄三认为，中国近代的历史可以从“封建（亦即地方自治）论”的线索勾勒出与中央专制相对的政治革新运动的脉络。[①] 以这种“内发式”历史观审视清末至民国时期延绵赓续的近代中国地方自治制度，则可以在历史坐标上给予更为清晰的定位，也就可以避免以单一的政治视角遮蔽近代中国地方自治的潮流动向。民国时期的地方自治是在现代民族国家政权建设的背景下展开的，国家的组织动员能力和资源汲取能力达到空前未有的程度。就地方自治实践而言，传统中国以宗族或乡绅等民间力量为主体的自发型自治模式向国家推动型自治转变。然而，民国时期尚未完成央地关系的妥当性安排，中央政府对地方的控制较为松散，或者是默许、或者是不得不承认国家内部不同地域存在不同的地方自治制度试验。政府推动型自治模式中影响范围最广、赓续时间最长的当属民国时期山西村治。民国时期的山西也正是结合其时的历史机缘得以在数十年的时间内不断试验和发展以“村”为单位的自治，并在20世纪20年代获得“模范省”的美誉。

民国山西村治的开展既与近代中国地方自治全面铺开的历史背景息息相关，又具有自身独特的历史机缘。首先，民国初年地方自治制度经由短暂的停顿之后重新启动，伴随着国家权力向下扩张的趋势，自治单位由县拓展到市、乡一级。乡村秩序的重整和维系与国家权力发生制度性联系。其次，近代乡村自治在河北翟城村和定县的示范性实践对山西村治产生辐射性影响，以村为单位发展农村自治的路径由此受到启发。再次，民国山西村治的开展与当时山西地方当政者的治理理念具有不可忽视的联系。民国时期山西的政

① 沟口雄三：《中国的思想》，赵士林译，中国财富出版社2012年版，第164页。

治经济建设相对于其他省份而言，一开始就具有纲领性特征，政治经济改革总是在理论研究的指导下有计划地全面推进。1917 年之后以发展实业、兴办教育和移风易俗为主要内容的山西新政渐次推广，随即 1918 年以民德、民智、民财为主要内容的用民政治思想提出。1920 年 10 月，山西省署拟定《村自治分期进行办法》呈报中央政府核准施行。拟具村自治分四期进行。第一期：用官力消除莠民；第二期：用民力救济穷乏；第三期：拟定村范则例；第四期：实行村自治。在村制推行五年之后的 1922 年，又提出“行政之本在于村”的村本政治思想。

山西村治的进行无论是组织架构的完善还是村治事务的扩展都是一个动态而连续的过程。其中有两条线索并行，一是制度设计和组织架构，二是自治事务的推进。组织和制度的完善并非在某一时期完成，自治事务的扩展也是随着政治、社会条件的变化而在不同时期各有侧重。

现代国家政权建设的纵深扩张促使山西一省之内建立起相对自足的地方治理制度。所谓山西村治，绝非仅仅“一村之政”“一村之治”，实质上是山西全省范围内为实现秩序和发展而采取的一种制度化安排，其推动力在省，改革重心在县，着力点在村而已。山西村治与现代化政治体制的建立密切相关。首先，在规划与监察方面，省级政权对村政计划有着详细的制度设计，并在省一级成立考核机构和实察机构。为考核新政办理效果，除在省署成立六政考核处、村政处进行书面考核外，还将行政研究所改为政治实察所，同时省议会代表组成议员观察团，专司实地考核。其次，县公署改组方面，改变清末县署的刑名书吏制度，建立起现代官僚体制的掾属制，县知事以下分设承政、主计、承审、视学、宣讲、技士、收发七部行政人员。分工明确的现代科层体制将省政、县政与村政连接起来。最后，纵向地方制度方面，逐步发展出“区村闾制”，行政网络愈加沉密。村内横向组织架构方面，为切实完成整理村范等事项，调动村民自了村内事务，具有现代权力分立制衡意味的村公所、村民会议、村监察委员会渐次成立。同时，建立起具有传统文化特色的息讼会以及为应对时局环境而成立的保卫团。伴随“六政三事”、义务教育、整理村范等山西新政的深入，山西省内建立起以编村为重心的纵向地方制度和横向组织架构。

村治事务与官办事务在很大程度上存在分工、配合，除极少数村民自办事项之外，绝大多数村治事务都与行政系统发生联系。以联系紧密程度以及村自主性的大小进行区分，大致又可以分为行政委派事项和官民协办事项两大类。在标榜村政之前的“六政三事”时期，构成“六政三事”的“水利、蚕桑、种树，禁烟、天足、剪发、种棉、造林、牧畜”自然是村治事务的主要部分。这些事务都可以归入行政委办事项。官民协办事项以整理村范诸事项以及治安保卫、公断息讼为代表，这些事项对于社会秩序的维护具有重要意义，但是官方力量不足以有效办理，因此，在官方督导之下更大程度上仰靠村自治组织各自办理。

站在历史长河的下游回望民国山西村治，不仅要看到其由于历史原因最终走向消亡的结果，还要分析其成住坏空的缘由。在制度设计、自治条件、文化冲突、时代局限等方面，山西村治都能给予后世诸多跨越时空的提示。在官治与自治之间探寻互利的平衡点、地方本位主义的强化以及民主基础的夯实，这些都构成村治的山西经验。

在以历史角度勾勒民国山西村治的发展脉络之后，还需要以地方自治为分析工具来观察山西村治在何种程度上以何种方式推动了民治。对此，本书从以下三个方面展开分析。首先，与西方近代地方自治弘扬自由、平等、民主的价值理念不同，山西村治在其精神资源上倾向于传统儒家文化。山西村治不仅没有抛弃和破坏儒家传统思想，反而从实用理性出发给予传统更大的尊重，并将其与民治、自治等价值进行融合，构成颇具特色的意识形态。其次，山西村治中的自治是一种典型的政府推进型自治，因此自治的培养路径以及自治空间的规模受到行政意志强烈的影响。省级政权对村政事务的规划、干预随着时局需要而变动不居。自治空间的拓展有赖于官方权力的渐次退出。最后，山西村治并非实现了完全意义上的民治，而是展现出独特的历史表征。在思想方面，山西村治试图实现从民本到民治的跨越；在权力分摊方面，则试图探索国家权力与社会权力的均衡。

综上，本书对民国山西村治的研究首先是立足于近代中国地方自治发展的历史脉络，在研究视角上选取历史主义和地域主义两个方面，以期对已经形成的相关研究产生些许实质性推进。当然，由于本人研究能力所限，书中对民国山西村治的梳理和分析尚存在许多不足之处，恳请大家批评指正！

本书出版得到山西省高等学校哲学社会科学研究项目：地方自治视域下民国时期山西村治研究（2016254）以及太原科技大学博士科研启动基金项目的支持，在此一并表示感谢！

刘　娟

目　录
CONTENTS

绪　论

一、本书缘由及研究对象

（一）本书缘由

无论国家形态如何变化，乡村组织始终构成国家的政治基础，乡村治理始终是国家治理中的重要课题。李怀印曾将中国传统的乡村治理模式命名为“放任型专制主义”，意在表明中国传统的国家形态是上层的、正式的专制主义官僚机器与底层的非正式的“听民自便”的自由放任的结合。① 的确，从秦汉以来的郡（州）县行政体制一直都是“皇权不下县”，大多数情况下乡村社会与政治权力形成松散而疏离的状态，乡村治理主要依赖士绅和民众的自我管理。前现代国家形态中这种“皇权与绅权共治”的非制度性分权模式得到中央统治者的默许和认同。

19 世纪之后，伴随世界性民族—国家体系的出现，现代国家建构的汹涌大潮卷席着古老中国，国家不再沿着治乱相循、王朝更替的传统路径辗转增上、循环累进。在西方强势武力和文化实力的冲击下，寻求救亡图存的出路必须进行政治体制和治理模式的根本变革。一方面，建立现代国家政治体制，国家的动员整合能力和汲取社会资源能力空前加强，政权不断向基层渗透，试图与每一个国民建立直接联系；另一方面，当君权神授理论渐渐被抛弃，所有的权力者都必须对权力合法性重新给予正当理由。民主、法治、共和、人权等等旗帜被高高扬起。自清末以来地方自治之所以能够获得充实的理论正当性，也正是出于其为“立宪国家之基础”（梁启超语）的宪政内涵。不

① 李怀印：“中国乡村治理之传统形式：河北省获鹿县之实例”，见黄宗智主编：《中国乡村研究（第一辑）》，商务印书馆2003 年版，第 106 页。

仅如此，作为立宪基础的近代地方自治还担负塑造新国民、促进地方发展、强化政府职能、沟通中央与地方、国家与社会的历史使命。这一段历史进程的总趋向可概括为“国家政权建设”和合法性建构同时展开，直至今日尚未终结。国家政权建设，即以国家权威为中心的动员体系、权利界定体系、组织体系、法律责任和整合地位的现代建设。“国家政权建设”（State - building）一词最初由学者查尔斯·蒂利使用，用来概括16世纪到18世纪西欧民族国家形成的历史现象。18世纪欧洲的“政权建设”主要表现为一种权力体系的分散割据状态逐渐演变为以现代民族国家为中心的集中结构，在此过程中政权体现出官僚化、渗透性、分化以及对下层控制的巩固。当时，西欧国家试图对相对自治的地方社会结构加强支配和控制。通过削弱地方自治，国家扩大和加深了对社会的统治，扩大对地方资源的支配，新型的地方建制因而产生。20世纪初期的近代中国也上演了极为相似的一幕。然而，杜赞奇指出两者的不同之处在于：中国的国家政权建设是在“民族主义”以及“现代化”两大招牌下进行的。

在政治发展史的语境中，国家政权建设体现出不断加强中央集权和政府集权的双重集权面相。而民主合法性建构体现出不断从国家职能中分离出一部分，交由地方与社会自治的分权面相。按照吉登斯的观点，行政集中是民族国家的基点，集权化即通过国家权力的扩张——进入绝对主义的国家，并经过这一过渡——来完成由传统国家向民族—国家的转变，民族—国家的发展预设着传统国家中相当基本的城乡关系的消解，同时也内含着（与国界相联系的）高度密集的行政等级的诞生。① 分权化则通过城市和乡村的地方自治完成政治民主化的转型。“按理想主义者的思路，清末民初的乡村自治便应是在国家与社会分权的框架中运行的，通过乡村社会的自我约束和自我管理，而不是纳入国家机械的官僚统治体系，来建构一种不同于集权专制主义下的，新型的公民个体与政治国家的关系。”② 但从实践观察，从清末直到民

---

① ［英］安东尼·吉登斯：《民族——国家与暴力》，胡宗泽等译，三联书店1998年版，第5页。

② 徐祖澜：“清末民初国家权力与绅权关系的历史嬗变：以乡村自治为背景的考察”，载《中外法学》2014年第3期，第617页。

国时期具有理论正当性与合理性的近代地方自治演进得并不顺遂，经历了开启、停顿、重启、推广，直至随着政权更替而偃旗息鼓、异地开花。国家政权建设与近代地方自治时而并行不悖，时而互为依存，时而欲舍还留，时而互相竞争，但以任何一方完全压制另一方则导致灾难性后果。

在国家政权建设与地方自治同时展开的历史背景之下，乡村治理表现出从“放任型专制主义”向“外力推进型自治”的转变。民国当时对于地方自治的开展，中央政府心有余而力不足，只能给出愿景目标和不断调整的时间规划，具体实践则由各个地方根据各自不同的历史机缘辗转腾挪。然而，地方自治作为政权合法性支持的重要来源以及立宪国家的应有之义，始终没有被完全抛弃，虽有时发生偏离甚至背离，但仍不脱其主旨与范围。杜赞奇指出：“20 世纪初中国的特点是国家羸弱、国家主义意识形态强大。”① 羸弱的国家终究无法支持强大的国家意识形态。内忧外患、时局动荡之际合法性建构被紧迫的国家政权建设压倒，步步逼仄。令人叹惋的是，西欧国家花费两三百年的时间，次第完成封建分权到民族—国家集权再到自治分权的历史进程；风雨飘摇的近代中国要在内忧外患之下、在短暂的历史时空中同时完成集权和分权的双重任务，可谓勉为其难。

这一时期的乡村自治尽管遭遇重重困难，仍然有诸多可圈可点的模范性实践。从推动力量区分，各地的乡村自治实践可以分为政府推动型和民间推动型两种。政府推动型自治模式中，影响范围最广、赓续时间最长的当属民国时期山西村治。自 1917 年开始村政建设，山西的乡村自治在制度设计、组织架构、事务范围、村治监督等方面逐步完善，到 20 世纪 20 年代初已成为各省举办自治的模范。当这段历史已经随着政制更替而形成法制层面的断裂，盛极一时的地方自治思潮也逐渐淡出学术视野，残存在民间的集体记忆随着时间流逝也几乎消失殆尽，它所承载的时代方向和历史使命并未终结，前人半个世纪以来的艰难探索仍值得后来者为之付诸心血。正是基于探寻民国地方自治实践的历史背景和社会动力，并以区域研究为视角，本书选取民国时

---

① ［美］杜赞奇：“中国近代史上的国家与公民社会”，见汪熙、魏斐德主编：《中国现代化问题——一个多方位的历史探索》，复旦大学出版社 1994 年版，第 377 页。

期山西的“村本政治”进行个案研究，从而回答以下问题：民国时期山西地方自治实践是如何推进的？其时代性和地域性表征为何？当时的问题意识和历史视野是怎样的？官治与民治之间是否能够形成互惠性关系？乡村自治是否从民本主义走向民主与民治？民国山西村治所蕴含的近代地方自治本土化路径对当下的农村自治建设仍然具有经验性价值。

（二）山西地方自治发展概览

山西地方自治实践早在清末新政时期就已经开启，并独具特色。杜赞奇研究晚清新政早期国家领导的现代化改革，认为存在两种模式，一种可以称为“山西模式”，另一种可以称为“直隶模式”。[①] 前一种是改良主义模式，注重利用地方资源加强地方的自我治理，具有协调性和地方性；后一种是政府职能扩张模式，试图跨越农村地方精英建立国家对农民的直接控制。当时的山西巡抚赵尔巽和太原知府吴廷燮于1902年发起一系列改革。他们试图把封建因素注入地方政治制度，竭力主张地方领导层的官僚化和地方行政官员的半世袭制，吸收乡村精英进入行政体制。大约十个村庄联合为乡社，吸收地方上有威望、有影响的士绅充当乡社领导者（社长），建立起官方或半官方的职位，由具有平等地位的村民推选担任。罗杰·汤普森认为赵尔巽采取的“山西模式”可以被视为一种管理国家事务本领的传统，而这种传统是与顾炎武、冯桂芬等人的自治主张联系在一起的。杜赞奇也认为中国的历史传统曾经赞成社会自治，这一点从顾炎武、黄遵宪、冯桂芬、康有为、梁启超等借助封建传统试图保存地方社会自治的思想中可以佐证。它利用地方上传统的权威机构，将地方上有威望的名流、绅士吸收到国家政权之中，而且在一定程度上抵制了国家权力的扩张，实现了地方自治。[②] 于此形成对比，直隶推行各项地方性新政和试办地方自治，采用推动国家政权建设、扩张政府职能机构的方式。县级政府内陆续分化并成立教育、警察、实业和财务等局所，时人将其概括称为“四局”。魏光奇教授认为，清末直隶“四局”为地

① ［美］杜赞奇：“中国近代史上的国家与公民社会”，见汪熙、魏斐德主编：《中国现代化问题——一个多方位的历史探索》，复旦大学出版社1994年版，第369-372页。

② 沈延生、张守礼：“自治抑或行政——中国乡治的回顾与展望”，见徐勇主编：《中国农村研究》，中国社会科学出版社2003年版，第24页。

方自治执行机构，在国家行政系统之外另外建立一个地方性行政系统。它的优越性在于，相对于靠士绅或宗族组织办理地方事务的“绅治”来说，具有法制化、科层化的特点，相对于统一的、自上而下任命官员的国家行政即“官治”来说，又具有地方性和自下而上推举产生的特点。① 但是，在袁世凯掌握中央政权之后，1913 年北京国民政府却下令取消地方各级自治，“四局”被彻底并入县公署职能机构。由上可见，清末地方自治中山西模式采取了融合民间力量的方式，直隶模式则采取了扩张政府职能的方式，两者的主要区别就在于官方对于民间治理力量的吸纳和转化方式不同。

民国建立之后山西省内政局相对稳定，形成一个较为独立而相对平和的政治环境。为推动山西新政，解决农村衰败、民生凋敝、社会动荡问题，山西当政者提出借鉴日本地方自治，恢复中国乡村自治的传统，“将政治放在民间，任村人自了村事”，在村一级建立具有现代意义的自治。政府推动乡村自治的形成一定程度上反映了国家权力对传统乡村自治的确认和变革，将其由一种非正式制度转变国家制度的组成部分。经过编制之后的乡村（编村即行政村，与自然村相对），既是行政网络的最下端又在一定程度上自我管理、自我发展。这样一方面可以增强政府在农村的资源动员能力，解决当时最需解决的征兵纳粮和征税的问题，另一方面将具有现代气息的自治制度嫁接到村中，开启了颇具特色的“山西村治”。1917 年，阎锡山兼管山西军民两政，立即进行大刀阔斧的改革。在身份认同方面，地方实力派当然看重中央权力的认可，但是比较而言更关心地方实力的增强。因此，他们竭力经营地方事务以求生存发展、保境安民，从而获得相对于国家权威的独立性和自主性。不可否认山西省署（府）实行村治建设，直接出发点在于外图生存、内谋发展，在军阀混战的乱世中谋求自保。其推行改革的冲动虽然出于自利性考量，但未尝没有先治理好桑梓之地的殷切之情，自利与利他往往无法分割，地方政府的最大利益是地方社会整体的秩序与发展。

自 1917 年 10 月至 1921 年 3 月为“六政三事”时期，也是村制初始时期。这一时期山西省内虽没有明确提出“村政”概念，但编村设置已经完

---

① 魏光奇：“地方自治与直隶‘四局’”，载《历史研究》1998 年第 2 期，第 97 页。

成。六政为水利、蚕桑、种树、禁烟、天足、剪发，三事为种棉、造材、畜牧。在兴办“六政三事”、义务教育、实业交通等新政过程中，山西省署意识到仅靠官方力量不足以施行，仅凭官治难以胜任地方社会近代化建设之责，也难以解决传统行政体制社会功能缺位的问题。1917 年 9 月 12 日（阎锡山被北京国民政府特批为山西督军兼省长的 10 日后）山西省署颁布《县属村制通行简章》，效仿日本的市町村制开始编制行政村，以 300 户为一编村。1918 年 4 月 11 日又颁布《各县村编制暂行条例》，增加闾制，规定村内 25 家为闾，增设闾长。① 1918 年 5 月 11 日公布《县地方设区暂行条例》，确定增添区制以加强行政效率。1918 年 10 月 30 日重颁修正《各县村制简章》融合前述规定，变更为以百户为标准编村，并规定村长承行政官之委托，传布政务及进行自治。1922 年又下令村内闾以下五家为邻，全面推行邻制，纵向的区—村—闾—邻制度至此完成。

自 1922 年至南京国民政府早期为山西村治的成熟时期。1921 年山西省署召集政绅商学各界人士开进山会议讨论改进村制问题。1922 年 3 月召开山西省第一次行政会议，正式提出“村政自治”的概念，标榜“村政”之名。南京国民政府初期的短暂和平环境，促使山西省政府进一步考虑村政建设的民生效应和经济效应。1928 年提出“村村无讼、家家有余”作为村政的目标。一方面，沿袭以往的种棉、养蚕、植树、畜牧、凿井等村民生利事业；另一方面，1929 年 6 月后省府提倡各村自行创办村营业公社，以及劝办县、省营业公社，发展农村合作经济。村营业公社首先从阎锡山故乡河边村办起。阎锡山曾言：“此事余确信为村政中最为有益之一项，河边村业已办起，曾令各县选择良好的村长，村公道巩固的村镇，先行举办，渐渐达到全省各村，非特于节制私人资本，得收大效，即村本政治之基础，益加巩固。所谓使村

---

① 说明：《山西村政旬刊》第 4 卷第 2 期（1931 年 1 月 11 日出版）“村政大事记”栏目标明，七年四月十一日（1918 年 4 月 11 日）颁布《各县村编制暂行条例》，但在《山西村政旬刊》第 4 卷第 4 期（1931 年 2 月 1 日出版）“村政大事记”栏目中，标注因公布《各县村制简章》而废止七年四月五日（1918 年 4 月 5 日）颁布《各县村编制暂行条例》。两者记录时间不一，且暂未查到其他史料佐证。

为活体组织者，此即其流动之血脉也。”[1] 中原大战的惨痛经历使山西元气大伤，为恢复发展 1932 年山西省政府制定《山西省政十年建设计划》。“十年建设之迫切需要莫过于生产事业之增进与民主基础之树立，而欲期其顺利进行，势须先从政治建设入手。”[2] 改进村政被列为地方自治建设事项的核心内容继续推进，尤其侧重经济建设。然而，五年之后抗日战争爆发，省会太原于当年年底沦陷，十年建设计划被迫中止。

抗日战争期间直至 1949 年为山西村治的萎缩时期，但值得注意的是，尽管客观环境异常严峻，村治建设在制度意义上仍被官方大力倡导。然而，这一时期的村治建设在组织架构和基本事务上都发生非常大的变化。1940－1945 年，民国山西省政府与第二战区长官司令部驻扎于晋南吉县克难村。省府提出为适应抗战加强村本政治，制定《抗战时期山西省编村组织规程》并全面修订村治法规，扩大编村规模，增加村内不同职能的民团。然而，战争时期村政人员由行政机关委派，自治程度大大萎缩。1945 年后，恢复村政的呼声再度响起，从山西省参议会第一至第四次会议提案中可以看到，地方自治仍然被视为重要政治事项，村长民选、村干部民选、区长民选乃至县长民选的提案作为树立民主政治基础、促进宪政实施的重要举措被极为密集地提出。此外，有提案从保障人权的高度提出对村干部不良行为进行约束，还有提案提出为减轻人民负担缩减村公所组织，亦有提案提议县村举办积谷事业等等。可见这一时期村政发展依托省县参议会制度继续进行。随着 1949 年新中国的成立，民国山西村治终究失去历史时机，就此终结在历史的拐弯处。

（三）重要概念厘定

对于乡村自治或者乡村治理的研究，在民国当时并存若干种不同的概念和提法，如村制、村政、村治、村本政治、乡村自治、农村自治、地方自治、乡村建设、乡村运动、乡学、村学。中华人民共和国成立后的相关研究中涉

---

① 山西省政府村政处：“阎主席告知村政实察委员并分别转告各县办理行政人员（1929 年 8 月 8 日第七次委员会议）”，见山西省政府村政处编：《山西村政续编（第 2 集）》，1930 年版，告谕第 5－6 页。

② 山西省政设计委员会编：《山西省政十年建设计划草案：政治之部》，1932 年版，总说第 1 页。

及概念也未统一，出现一定程度的混乱。因此，有必要在行文之前对重要概念作出比较说明。

第一，“村政”与“村治”。“山西村治”，又称“山西村政”，即民国时期山西省署（府）标榜并施行的“村本政治”，以村为单位的地方自治实践。民国时期官方文件或研究者多以“村政”或“山西村政”名之，也有一些研究者或官方文件中称其为“村治”，“村治”与“村政”并未区分。但是严格说来，“村政”概念更多在静态意义上使用，“村治”概念更多涵摄动态意义和整体意义。

第二，山西的“村本政治”与“村治派”学者主张的“村本政治”。民国当时所谓“村治”一词，除在山西村治中被使用外，较为常见的还被用来指王鸿一、米迪刚、茹春浦等“村治派”学者的学理主张或梁漱溟的乡村建设运动。“山西村治”与“村治派”的村治虽然都从农村入手解决中国当时的问题，但两者在理论基础、精神内涵、目标导向、实践路径方面均有很大差异。在界定乡村自治与地方自治的关系问题，“村治派”学者认为“乡村自治，即地方自治的缩影或基础”“乡村自治的意义，即当为：乡村民众，以自己的力量谋自身生活状况的改善，及人类社会的安全起见而为有组织有秩序的一种政治组合。”[①] 对于两者关系的认知与山西村治基本一致，可见在当时乡村自治为地方自治基础的思想已形成共识。从精神旨趣而言，“村治派”学者主张的“村本政治”意图复兴民族精神，兼取教养政治与民主制度之说。“西洋虽有民主之制度，而无亲民爱人之精神，终致徒法不能以自行；吾国旧有政治之原理，而无详密确当之法度，终致徒善不足以为政，惩两者之失，应时代之求，根据教养原则，实现全民主义，舍建设村本政治，其道无由也。”[②] 有鉴于此，“村治派”学者主张的“村本政治”多由一些教育协会或慈善会引导村民自治，较少借助行政强制力量。而山西村治恰恰相反，主要依靠行政力量推动自治，主动将乡村纳入行政网络的最下层。

第三，“山西村治”与“乡村建设运动”。从广泛意义上而言，乡村建设在

---

① 段揆庭：“建设村本政治与村治前途的障碍”，载《村治月刊》1929 年第 1 卷第 4 期。
② 王鸿一：“建设村本政治”，载《山西村政旬刊》1931 年第 4 卷第 1 期，第 33 页。

民国当时成为一种社会思潮，普遍运用于各种文章报刊，笼统指称所有的乡村改进、农村复兴和乡村社会改造。具有代表性的是1926年左右梁漱溟先生初步形成自己独特的"乡治"理论。所谓乡治，"实充分函有今日所谓地方自治之意义在内。今欲提倡一种中国化的地方自治，故特标定此名"。[①] 由于"村（乡）治一词不如乡村建设之通俗易晓"，1930年时改称"乡村建设"。梁漱溟先生明确表示他所倡导的乡学、村学并非自治，"所谓自治的'自'是指地方团体而言，中国人根本没有形成团体，所以谈不到'自'更谈不到'治'。……况且'自治'须经国家的许可，……所以我们不能用自治做题目"。[②] 可见，虽然同名为"村治"，山西省内的村本政治名义上为民国政府地方自治制度实践的组成部分，至于是否在实质上符合自治精神则另当别论。梁先生的"村治"注重其文化层面的内涵，既然名不副实则不必强求自治之名。

1949年之后的研究中，对民国山西在乡村层级展开的地方自治实践多以"山西村治"或"村本政治"指称，逐渐形成固定性、习惯性的学术概念。本书行文因此使用"山西村治"概念，一方面遵循中华人民共和国成立后已经形成的研究习惯，另一方面凸显这段历史进程的连续性、动态性和系统性。书中结合叙事和阐释的需要也以"村政"或"村治"指称。

二、相关学术综述

民国时期山西村治在当时就已成为研究的热点，主要原因不外乎两点：第一，相对于国内其他地方政变频仍、征战不断，山西村治确实在地方建设和自治方面颇有成效，具有示范效应。诸多兄弟省份派遣代表到山西考察或调查，也延请山西的专家到各地讲解村治经验、主持村治改革。第二，民国时期中国尚处于向工业社会过渡的农业社会后期，农村问题成为解决中国问题的核心，挽救农村衰败也是实现民族自救的出路。因此，山西村治自然成为热心农村问题学者的关注焦点。1949年之后的一段时间由于学术禁锢，相关研究陷入停顿，但20世纪80年代后不同学科的研究者重新对"山西村治"

---

① 梁漱溟：《梁漱溟全集（第4卷）》，山东人民出版社1991年版，第834页。

② 梁漱溟："村学乡学释义"，载《乡村建设》1934年第3卷第25－26期合刊。

投入学术热情，特别是历史学和政治学方面的成果颇丰，法制史、宪法学方面的相关研究也后来跟上。

（一）民国时期的相关研究

随着山西村治成效卓著、声名远播，中央政府将其树立为地方自治的模范。自20世纪20年代起相关研究层出不穷，关注农村问题的学者纷纷著书或发表调查报告和文章。此时“村治”在政治上既得到相当之地位，在学术上又复成为重要之思潮。“……三民主义，于中明白揭示以实现全民政治为建设……唯一之标的，于是有识之士莫不认取乡村自治（简称村治）为全民政治之基本建设。”① 有论者言：“调查和批评山西政治——尤其是村治——已为最近国内之一重要问题。”② 除零星的调查报告之外，“村治派”学者所办的《村治》《村治月刊》以及山西省村政处主办的《山西村政旬刊》成为研讨“山西村治”的重要平台，且多为实地调查参访后的观感或评价。③

学者们对于山西村治的观察可以分为以下几个方面：首先，是对山西村治事实和成效的观察。1929年吕振羽在《村治月刊》第1卷第1期发表《北方自治考察记》，对村政制度为山西人民带来的诸多成效大加赞叹。这是他于1928年11月受湖南省府特派为北方自治考察委员，实地考察河北翟城村及山西崞县、阳曲县、寿阳县等地村治事实后形成的纪实性报告。文中写道：“山西自创办村制以来，由官府力量，督促进行，各种事业，亦切实振兴，迄今社会状态，已趋妥固，其安宁秩序之严密，几与日本无异，奸宄匿迹匪盗绝踪，游民日已减少，乞丐亦不多见，赌博之风业已禁绝，贩卖金丹者，亦十去其九矣。”④ 总而论之认为：“山西村政实开吾国下层政治重心之先河，

---

① 王惺吾：“村治之危机与生机”，载《村治月刊》1930年第1卷第12期。

② 茹春浦：“山西村治之实地调查”，载《村治月刊》1929年第1卷第7期。

③ 1922－1923年，王鸿一、米迪刚、尹仲材、颜兰亭等人创办《中华报》《中华旬刊》宣传乡村自治理论与实施方法。其后加入的还有杨天竞、茹春浦等人。“中华报派”学者主张“恢复民族精神、保持固有道德之乡村自治的理论与办法”。1928年年底他们筹办《村治月刊》社，专门研究村治问题，试图通过改造农村解决中国问题。又于1929年出版《村治月刊》，集合研究乡村自治的专家进行专门探讨。因此“中华报派”学者又被称为“村治派”。山西的赵戴文就是“村治派”成员之一。阎锡山对其杂志有过资助。1927年尹仲材在江宁创办村制育才馆对江宁村治颇有襄助。1928年尹仲材又赴湖南筹办全省自治。

④ 吕振羽：“北方自治考察记”，载《村治月刊》1929年第1卷第1期。

年来该省人士，全力推行，事实理想业已半收其效，虽瑕不掩瑜，吾人取法不能生吞活咽，然特殊之处，可备训政之楷模，而为宪政之基础者，亦殊不少也。”茹春浦的《山西村治之实地调查》，认为“山西村治”为地方自治之中心，肯定了村治对于山西社会稳定非同寻常的意义，是实现孙中山三民主义之唯一方法。张东铭在《村政与训政》一文中对山西村治也多有褒扬，称山西的村政是三民主义的革命的自治，认为村政是具有普遍性、永久性、直接性的民众训练之方法，是全民整个的、系统的自治训练之轨道，是实现三民主义之基础，是实行训政之初阶。[①] 谢仁声在《村治与三民主义》一文中提出“村治为实现三民主义之初步”，认为“山西十余年保境安民，修明内政，造成今日之模范省，亦莫不缘其实行村治而能于村治计划切实执行也，所以从实现的事实来看，亦更足以证明村治与民族团结及振兴民族精神的关系，所以施行村治，就是实现民族主义最具体最当先的一步”。[②] 1931 年 5 月，曼陀罗馆出版的杨天竞所著的《乡村自治》第五篇“自治实例”分别对蓝田乡约、翟城村村治、河北定县村制、山西村制、江苏各县村制以及浙江村里制做概括介绍，并分别附录了各自重要的规则。作者对“山西村治”作出中肯冷静的评价，说明了村制并非历来以催科奔走为职责的保甲制度，并摘录了实施村治后山西区、街、村、闾数目和相关人口调查统计数据。作者认为，“山西村治”，其始也以村本主义推行村治。政治在乎用民，其继也以村本主义改进村治，政治在乎使民自兴。近复依据三民主义革新村治。政治在乎促成直接民治，殆由官治进于自治。[③]

其次，学者们的关注点还集中于山西村治的精神内涵。王鸿一在《建设村本政治》文中阐释了村本政治的意义，提出学术与政治应当结合，政治建设应当遵照国家之现况适应时代之要求，以历史上文化精神、政治原理及进化原则为重要之根据。在考察河北、山西村治实践之后，认为“独山西及河北翟城村，于纷纭变乱之中，根据中国学术思想，参酌日本乡村组织，从事

① 张东铭：“村政与训政”，载《山西村政旬刊》1929 年第 2 卷第 1 期，第 44 页。

② 谢仁声：“村治与三民主义”，见村治月刊社编：《村治之理论与实施》，西北书局 1932 年版，第 190 页。

③ 杨天竞：《乡村自治》，大东书局 1931 年版，第 229 – 230 页。

建设事业，绍教养原则之遗绪，开村本政治之先声，在今日政治建设上，洵为极有关系之实例也”。[①] 可见其对山西村治的思想内涵和制度来源有着深刻的阐析。茹春浦认为山西村治是以中国民族精神为基础的，因此对于其政治思想和方法有深刻研究的必要，而不能简单地以保守或守旧或违反时代精神等笼统名词抹杀其真精神。颜兰亭在《参观山西及翟城两处村治之感想》文中认为中国民族性的体现在于伦理精神，伦理寄予人民，人民寄予乡村，“倡办村治实为当今论政者必不可缓之要图”。作者详述了对山西农村经济、秩序、息讼会、保卫团的观察见闻及与村政处处长的访谈，并指出改良农村经济和训练村治人才为改进方向。“政权在握者，当效山西之治理全省，政权不属者，当如翟城之治理一村，但尽一分热心，即有一分成效，不惟国家人民食其惠，即于个人之名誉，及一生之事业，受益亦非浅显，道义中人，惟此能行其道义，即名利中人，亦当知惟村治之中，方有莫大之名利也。”[②]

最后，学者们对山西村治的实践提出各自的批评。尹仲材在《十八年各地村治工作访问录》中记述了考察山西村本政治的观感并提出改进建议：“就整个村本政治看来，发现不如六年前的可虑之点有二，一点是……两次大兵革把十多年由村制工作锱铢积累的经济根本斫伤……又一点是省政的个性消沉，……山西之洗心社、自省堂及格言标语，则属于村制发动的基础观念，也就八条目的前半截之实际训练工具，……而现在山西因党部的铺张，竟将原有山西省政的个性掩盖。”[③] 有鉴于此，提出三项具体建议：在村禁约之外另定公约以便得自由发展、提高村政人员地位、在兴办营业公社之外倡办信用合作社。1917 年 3 月 11 日太原成立洗心社，以尊重道德、补助学说、力矫陋习为宗旨，以星期日为来复日，上午八时在文庙集会演讲，出刊《来复报》，之后各大县城成立分社。

1928 年，梁漱溟到山西实地考察之后总结村政的五点好处：“第一，治安好，山西盗匪素少，现在实为全国最安静太平的地方……第二，识字人多……

---

① 王鸿一：“建设村本政治”，载《村治月刊》1929 年第 1 卷第 1 期，第 33－34 页。

② 颜兰亭：“参观山西及翟城两处村治之感想”，载《村治月刊》1929 年第 1 卷第 9 期。

③ 尹仲材：“十八年各地村治工作访问录”，载《村治月刊》1929 年第 1 卷第 10 期。

山西农民识字的成数，在全国中比较为最多……第三，禁烟有几分成功，现在各省差不多无烟禁可言，但山西尚在禁烟……这点成功，全得力于村政……第四，禁缠足有七八分成功……第五，军事时期，办理征发之方便……征发反正是要征发的，有系统次序，有计划办法的征发，固然政府有得心应手之乐，在人民的痛苦亦轻得多。”同时，梁先生提出村治在制度、人才、财政等方面的七大难题，时人称其为“村治七难解”。文中虽肯定村治成效，但对村治精神抱有相当悲观的态度：“‘山西村治’的实际……大概就人民自治一面来说，自治的真精神似乎很少。”①

社会学家杨开道先生对中国当时农村自治的现状作出比较和归纳，对山西村治的发展历程进行了梳理，同时作者非常赞同梁漱溟先生对山西村治的评价，“盛名之下其实难副”，并呼吁山西当局在“民自用”的方面着力策进。对于山西村治对其他省份的影响，作者指出，河南、河北两省的村治根本和山西相差不远……都是山西的模样……江苏省各县村制组织大纲……完全同山西制度一样……浙江全省的自治，大致和江苏相差不远。文末作者感叹“中国自治，不客气地说起来，还没有开始；不要说没有开始，道路还没有摸着”。②

民国时期教育家严慎修先生（山西河津县人氏，曾留学日本）一方面肯定了亲身所历村治成效：“余对于村治，初本具专一之热诚，且在余村措施，亦未甚感困难。今三百人家中，有小学五，信用组合三十，兴学会、婚葬互助会、奖励会各一，各有相当之基金。”③ 另一方面对于村治范围过于狭小提出异议，建议将村治扩展到乡治。

综上可见，村治研究在民国当时形成一股强劲的学术风潮，持续数十年之久。学者们对山西村治的关注点既包括实地考察后的观感，也包括对山西村治性质的判断、对其成效的评价、存在问题的分析以及制度传播的影响。总体而言在定性上将山西村治置于民国地方自治制度框架之内进行研讨，肯

---

① 梁漱溟：“北游所见纪略”，载《村治月刊》1929 年第 1 卷第 4 期。

② 杨开道：“中国农村自治的现状”，载《农学杂志》1929 年特刊第 3 种，第 2－35 页。

③ 严慎修：“村治与乡治之研究”，载《村治》1931 年第 2 卷第 3 期。

定山西村治具有的民治意涵和自治成分，在此基础上进一步分析自治推进中的问题以及解决办法。

（二）1949 年之后的相关研究

中华人民共和国成立后对山西村治的研究以 20 世纪 80 年代作为分水岭。20 世纪 80 年代之前的专业性研究较为罕见，科学研究笼罩在政治性思维的迷雾中。80 年代之后的研究逐渐摆脱政治性判断的束缚，代之以人文科学的专业精神反思近代。尤其是进入 21 世纪以来，有分量、有见地的研究成果不断涌现。从研究视角划分可以归纳为如下几类。第一类，在阎锡山生平传记中对山西村治加以关注，代表性著作有我国台湾地区商务印书馆 1988 年出版的《民国阎伯川先生锡山年谱长编初稿》；第二类，从近代史角度挖掘山西村治的背景、历程、实施以及影响，并探寻历史规律，如《山西通史》《山西历代纪事本末》《民国山西史》等；第三类，从不同专业学科的角度对山西村治加以专业性研究，在此方面，政治学、历史学捷足先登，法学领域从制度史、法理学等角度多有关注。民国时期山西所发生的这段变革本身就是传统中国向现代转型的一段缩影，无论国家权力的结构和形式，还是社会演变的动力和方式都发生复杂而微妙的变化。这些研究或者是注重阎锡山的政治思想，或者是侧重村治对维持地方实力的影响，或者是注重新旧文化的碰撞，或者是从制度表达到成效影响做宏观阐释。

1981 年出版的《阎锡山统治山西史实》一书，以政治活动和军事活动为线索对阎锡山的生平进行介绍。其中第四章列专章记述了阎锡山推行的所谓的“用民政治”和“村本政治”。书中详细分析了阎锡山推行村本政治的思想动机，并概括村制的实施步骤，但偏重于介绍严密的行政控制，对山西村治的基本构架没有做全景描述。由于时代的局限，行文表现出浓烈的政治价值评判倾向，认为阎锡山所谓的“用民政治”是“军国主义式的用民政治”，“村本政治只能代表地主阶级的利益，绝对不会对穷人做打算”。①

1991 年，中共中央党校阎锡山评传编写组出版《阎锡山评传》，对阎锡

① 山西省政协文史资料研究会：《阎锡山统治山西史实》，山西人民出版社 1981 年版，第 86 页。

山建设山西的思想、行为和效果有所评价。该书从阎锡山长期控制山西的角度分析其政治思想和政策，认为阎锡山的用民政治旨在“安民”，以求驱使人民为其军阀割据提供所需的政治和军事资源。“用民政治……利用人民渴望安定富裕生活的心理，驱使人民去为他割据山西所需要的军国主义政治效力”，村本政治则是其玩弄权术的“新花招”。[①]

新千年前后的研究更加展现出开放、专业的学术气质，不同学科的学者立足专业视角看待山西村治，形成多元化研究成果。这里有社会科学自身发展精细化的助缘，也有历史研究政治去魅的深刻影响。现将主要著作综述如下。

李茂盛等对阎锡山推行的山西村制作了比较系统的论述，认为，山西“村本政治”的施行充分反映了阎锡山执政伊始，急于建立自己的一套行政基础的强烈意愿。他试图通过“村政”，建立政令可以达于广大民众的基层组织，从而将自己的权力渗透到每一村、每一户，甚至每一个人，以保证自己意志的贯彻实施。客观上无疑对强化行政组织，维护社会稳定，起了一定的作用。[②]

历史学学者李德芳从思想史和社会史相结合的角度研究了民国乡村自治，2001 年出版了《民国乡村自治问题研究》一书。书中从功能层面对乡村自治与地方自治作出区别。他认为，乡村自治与地方自治的社会政治功能有所不同，前者侧重的是国家与社会的分权，后者侧重的是中央与地方之间政府层面的分权。民国乡村自治是在国家与社会分权的框架内运作的，是国家推动乡村社会由传统向现代转变的制度形式。[③] 作者不吝溢美之词，认为“山西村治”是南京国民政府初期全国乡村自治制度的张本。

董江爱教授于 2002 年出版《“山西村治”与军阀政治（1917－1927）》，指出：“山西村治”是民国时期第一个在全省范围内进行的强化农村基层政治控制的活动，它是在自清末以来兴起的地方自治的大背景下进行的，但它

① 中共中央党校阎锡山评传编写组：《阎锡山评传》，中共中央党校出版社 1991 年版，第 102－106 页。

② 李茂盛：《阎锡山全传》，当代中国出版社 1997 年版，第 267 页。

③ 李德芳：《民国乡村自治问题研究》，人民出版社 2001 年版，第 4 页。

不同于中国现代化过程中的地方自治，更不同于现代的村民自治。[①] 作者肯定了阎锡山统治山西期间对“山西村治”倾注了大量心血，对当时农村社会产生过重大影响，并以军阀权力与利益为分析线索，从政治学和历史学视角进行研究，认为山西军阀虽以“进步”和“开明”的面目出现，但他们都是剥削阶级的代表，满足军阀统治的需要正是“山西村治”的出发点，“山西村治”的成绩只是将农村管住了，没有从根本上解决农村破败的问题。

韩玲梅于2006年出版了《阎锡山实用政治理念与村治思想研究》，此书从政治学角度对阎锡山对山西长达38年的政治统治和行政管理思想进行研究。作者认为阎锡山政治思想的核心准则是“实用主义”，实用政治理念支配其处理各种政治关系以及用人、做事的方方面面，但最能体现出阎锡山实用政治理念的是“村治”，即关于村级治理的思想与政策。书中指出：“阎锡山统治山西的最大成就在于，他着眼于中国农村社会的现实，在以民为本的传统思想体系中演化出‘用民政治’，在基础稳定的乡村实行‘村本政治’。”[②] 作者对山西村治予以较高历史评价，认为山西村治取得成功在近代以来中国农村政治发展史上无疑具有一定的意义。

祖秋红于2007年撰写博士论文《山西村治：国家行政与乡村自治的整合（1917－1928）》，该篇文章以历史宏观视角研究民国时期“山西村治”运动，介绍山西村治的倡导、发展历程以及具体的制度设计，并兼顾山西村治中的政治、经济、社会和文化问题。文章认为山西村治具有三个特点：第一，注重传统与现代的结合；第二，注重民众的“直接民权”；第三，“官治”渗透自治。该文将所运用的研究框架为国家行政与乡村社会的整合为近代中国地方行政体制改革和乡村社会改革的核心问题。所谓整合意味着以最优方式处理以下四种关系：“第一，协调国家行政与乡村组织的关系；第二，建立乡村民主自治制度，实现乡村社会的有序发展；第三，实现国家行政与乡村社

① 董江爱：《“山西村治”与军阀政治（1917－1927）》，中国社会出版社2002年版，第1－2页。

② 韩玲梅：《阎锡山实用政治理念与村治思想研究》，人民出版社2006年版，第12页。

会以及乡村社会各种势力的整合；第四，协调社会文化中传统与现代的关系。”①

除上述著作和博士论文外，有关“山西村治”的硕士论文和期刊论文篇数较多，但研究视角不脱前述人物思想史和社会活动史两大类。一些研究者侧重从国家政权建设角度评价山西村治，如马义平认为，（山西村治）是以阎锡山为代表的国家权力对乡村社会加强控制的客观产物，……主要还是国家权力探索以何种方式控制乡村社会的结果。② 也有一些学者以地方自治视角进行研究的，如景占魁《论民国时期山西的“地方自治”》一文，指出，“事实上，山西所搞的地方自治，主要也就是以‘编村’为施政单位的‘村治’或‘村制’。”③ 文中肯定山西村治受到清末民国开展的地方自治的影响，同时也是阎锡山治理思想的产物。作者认为山西村治是“地方自治”这一西方资本主义文明在中国土地上的实验，因此从一开始就是“中国式的自治”。

综上可见，虽然中华人民共和国成立后的山西村治研究持续不断、成果颇丰，但从研究视角和观点评判上依然受到意识形态的强烈影响。新千年以后的研究成果形成了政治去魅化的研究路径，但是在观点上仍有较多值得商榷之处。例如，对“官治”和“自治”关系的认识，上述祖秋红博士的论文认为两者是一种整合关系，但是这样的定性是否合适值得商榷。所谓整合关系主要是指将原本零散的要素组合在一起，获得超越单个要素的整体价值。本书认为民国时期国家行政与乡村自治的关系并非以整合一词能够概括精准。无论是“官治”还是“自治”，本身并非整体中的零散要素，不同的历史背景下两者发生联系的方式处于流变之中。近代中国国家政权建设的过程中地方自治也同时推进，两者本身都存在质的改变，又在各自变革中交错联系。

（三）域外相关研究

域外学者对民国时期山西村治也有所关注，但相对来说呈现分散性特点。

---

① 祖秋红：“山西村治：国家行政与乡村自治的整合（1917－1928）”，首都师范大学 2007 年博士学位论文，第 9－10 页。

② 马义平：“村制还是制村：民国时期山西‘村制’制度考察”，载《晋中学院学报》2011 年第 1 期，第 77 页。

③ 景占魁：《阎锡山与近代山西》，天马图书有限公司 2003 年版，第 148 页。

从研究的切入点而言可以分为两种主要方式：首先，较多的域外学者将研究的目光聚焦于阎锡山本人，将山西村治作为阎锡山政治经历的重要部分；其次，研究近代中国的西方学者较少对山西一省的政治历史展开研究，但同时已经关注到山西政治发展的特色和影响，然而多为宏观性评价。由于比较研究的立场，在评价时不免会以他们熟悉的欧美国家的居民自治和团体自治作为参照物，因而难以对中国近代地方自治实践展现同情式的解读。

1988 年，我国台湾地区商务印书馆出版《民国阎伯川先生锡山年谱长编初稿》，该丛书全面记录阎锡山的生平经历，并收录其发表的演讲、政令及电文等资料。“村本政治”作为阎锡山在山西期间的主要政务活动也得到颇为详细的记载。

《阎锡山研究——一个美国人笔下的阎锡山》一书由美国学者季林撰写。该书关于“六政三事”、村政改革以及山西省政十年计划都有所记述，但着墨不多。然而，在这个美国人笔下阎锡山的形象并不十分光彩，“他几乎本能地害怕和厌恶民主”“（第一次世界大战）战争期间，各民主国家的民众一致热情地拥护他们的政府，给阎留下了深刻的印象，他力图用西方的民主形式来遮盖他的基本上实行专制统治的制度，获得民众相当普遍地对他的政策的支持。”①

孔飞力认为，20 世纪中国政治的发展是“一个中央集权的国家不屈不挠地向前迈进的故事”“清王朝垮台后，继任的新统治者立刻采取行动，通过建立新的行政官僚中心来取代 20 世纪初年产生的各种地方‘自治’机构。像阎锡山在山西所做的那样，一些省当局尝试着在村庄上建立政府行政机构”②。很明显，限于其研究中国现代国家建制议程的主旨，孔飞力对山西村治的评价更侧重于地方社会的官僚行政化。

费正清在《剑桥中华民国史》中对民国时期山西村治的评价主要基于其“自治”色彩而言，认为山西村治名义上虽为地方自治，但“只不过相当于

---

① ［美］唐纳德·G. 季林：《阎锡山研究——一个美国人笔下的阎锡山》，牛长岁等译，黑龙江教育出版社 1990 年版，第 33－34 页。

② ［美］孔飞力：《中国现代国家的起源》，三联书店 2013 年版，第 119 页。

实质上的旧时帝国税制体制，加上资本主义的外表，附以十进制户口单位监视系统的翻版而已”。[①] 这一观点非常犀利，但并不全面，然而对国内研究者具有较强的吸引力。在这一逻辑思路下许多学者提出“村制”还是“制村”的疑问，将研究重心置于民国山西村治发挥的巩固军阀统治、加强社会监控的面向。

吉尔伯特·罗兹曼在《中国的现代化》中注意到：“中央政府已堕落为争权夺利的工具，除了表面文章，根本无心去改善政府。在‘模范军阀’阎锡山统治下的山西等几个省份，曾经允许甚至鼓励在政治结构方面进行新型实验；但参与民主并未在任何广大地区内出现。”[②] 作者观察到山西省内动员农村资源和培养农村人才的深入程度远超出其他地方，然而这种做法只在局部地区产生效应，导致了政权建设难以达到对基层的全面渗透。

由上可见，域外对山西村治的研究往往基于西方中心主义的立场，以西方民主自治的标准来衡量民国当时的地方自治实践，据此作出相应评价。这种立场本身构成一种研究的路径依赖，将中国与西方近代化历程对等比较无疑具有重大价值，但也会难以探究近代中国的历史个性。任何研究历史的人都难免受到“偏见”或“偏爱”的影响。柯文在他的《在中国发现历史中》提出忠告，要“进入中国内部，开始了解中国人自己是怎样理解、怎样感受他们最近一段历史的”。[③] 换句话说，就是要“移情”于历史本身，设身处地地研究和评论，如其心而同其情。

三、研究视角、方法及内容安排

（一）区域性研究视角

选择怎样的视角展开对近代地方自治实践的研究呢？沟口雄三在《关于

---

① ［美］费正清等编：《剑桥中华民国史（下卷）》，刘敬坤等译，中国社会科学出版社 1993 年版，第 389 页。

② ［美］吉尔伯特·罗兹曼：《中国的现代化》，国家社会科学基金“比较现代化”课题组译，江苏人民出版社 2010 年版，第 276 页。

③ ［美］柯文：《在中国发现历史——中国中心观在美国的兴起》，林同奇译，中华书局 2002 年版，第 54 页。

历史叙述的意图与客观性问题》一文中指出："中国历史不仅仅充满诱人的景致，也具有着使这些景致得以成为景致的'历史动力'，换言之，中国的历史也同样是'动力的历史'。"① 这就提示我们，研究仅仅重述历史是不够的，应当立足于国情民性和传统文化探寻历史背后的动力。同时，柯文在《在中国发现历史》一书中提示，基于区域性和多样性特征，对中国的研究应当从空间上和社会结构上进行分解，"不是以中国为中心，而是以区域、省份或是地方为中心……把中国社会视为按若干不同层次组合的等级结构"。②

历史的发展既具有普遍性，也具有特殊性。地方自治作为民主宪政的基础被普遍接受，但是地方自治的发展确实是一个具有历史性和地域性的综合过程。各国都有自己固有的历史传统和处于不同的社会条件，这就决定了各国地方自治制度的发展道路具有多样性和不可完全复制性。不仅国情有别，一国之内各地方的情况亦不尽相同。首先，城市自治和农村自治表相不同，前者往往以城市内商会、行帮为依托，后者则以村庄为自治单位。其次，自治模式不同。民国时期尚未完成央地关系的妥当性安排，中央政府对地方的控制较为松散，或者是默许或者是不得不承认国家内部不同地域存在不同的地方自治制度试验。民国时期河南皖西自治运动具有排斥国家政权建设的高度自主性，"民团司令部开始取代县政府，俨然是惟一的地方当局。它发布号令，征取税收，处理词讼或纠纷，所有这一切均以县政府的名义进行"。③ 当然，这种严重挑战政府权威的自治并不普遍，绝大多数情况下地方自治实践由不同级别的国家政权机关直接推动，或者在官方支持或认同的情况下进行。民国时期"山西村治"和20世纪30年代以后的"广西乡治"则是官治推动自治的典型代表。此外，以民间机构推动自治的形式在20世纪二三十年代也比较多见，河北定县村治受到中华平

① ［日］沟口雄三："关于历史叙述的意图与客观性问题"，见贺照田主编：《学术思想评论（第11辑）》，吉林人民出版社2004年版，第46页。

② ［美］柯文：《在中国发现历史——中国中心观在美国的兴起》，林同奇译，中华书局2002年版，第178－188页。

③ ［美］张信：《二十世纪初期中国社会之演变——国家与河南地方精英，1900－1937》，岳谦厚等译，中华书局2004年版，第262页。

民教育会的直接指导和资助，梁漱溟先生在山东兴办乡村建设研究院，都呈现出以教育为先导促进自治的特征。

法学界、史学界、政治学界对清末民初地方自治的研究成果颇为丰硕。以研究视野的广度划分，可以分为全国性研究和区域性研究，各自都呈现出颇有分量的代表性作品。以近代中国整体地方自治发展为研究对象的成果中，汪太贤教授的《从治民到民治：清末地方自治思潮的萌生与变迁》以宪政思想史的角度勾勒出自鸦片战争前夕地方自治思想传入到清末地方自治思潮形成的历史脉络；朱国斌的《近代地方自治重述与检讨》从宪政制度史沿革角度系统梳理了清末至民国地方自治改革实践；王建学的《地方自治观念在近代中国的嬗变——从政治意义上的自治到法律意义上的自治》从比较法的角度阐释了中国传统地方自治观念特质以及在近代的转变。马小泉的《国家与社会：清末地方自治与宪政改革》从国家与社会的分权视角分析了两者关系。这些研究成果高屋建瓴、视野宽阔，展现了地方自治研究的不同视角和理论高度。

与此同时，学界对清末民国地方自治实践的区域化研究也硕果纷呈，近年来逐渐壮大为一派强劲的学术潮流。我国台湾地区“中央研究院”近代史研究所组织了对中国现代化区域研究，其中有王彭槐的《清末江苏地方自治风潮》、张玉法的《清末民初的山东地方自治》（前两文收录于台湾地区《“中央”研究院近代史研究集刊》第6期）、王萍的《广东省的地方自治——民国二十年代》（收录于台湾地区《“中央”研究院近代史研究集刊》第7期）。20世纪史学研究中，魏光奇先生曾以直隶“四局”为切入点探讨清末民初地方自治改革的性质和作用。进入21世纪对民国时期地方自治的区域性研究蔚然成风，地域范围越来越广泛，研究视角也不尽相同。代表性著作有周松青著《上海地方自治研究（1905－1927）》（上海社会科学院出版社2005年版）、何文辉著《历史拐点的记忆——1920年代湖南的立宪自治运动》（湖南人民出版社2008年版）、陈建平著《湖南省宪研究》（法律出版社2009年版）、林孝文著《浙江省宪研究》（法律出版社2009年版）、王科著《控制与发展：南京国民政府建立初期的乡村治理变革——以江宁自治实验县为中心》（中国社会科学出版社2010年版）、丁德昌著《民初湖南省宪自治研究》（上海人民出版社2011年版）、曾绍东著《南京国民政府地方自治研究——以后苏区时代的赣南为中心（1939－1949）》（中国社会科学出版社2012年版）、王晓峰著《民国时期新疆地方宪政研究》（中国政法大学出版社2013年版）以及余俊著《民国时期广西地方自治实施研究》（人民出版社2015年版）等。

（二）从地方自治角度分析山西村治

就目前对于民国时期山西村治的研究来看，学者们主要从三个方面进行考察，第一，从政治思想入手挖掘村治得以策进的智识动力；第二，从制度史角度阐释村政制度设计及现实效果；第三，从文化交融或法律文化角度阐析村政的法律表达和法理根源。每一种方法都具有解释方面的一定优势。其中对山西村治形成背景，许多研究已经注意到民国时期地方自治制度建设为山西村治的产生背景，也有从这方面对其进行定性研究的。但是更多的研究集中于山西村治建设对统治秩序和经济、社会效果的影响，难免会冲淡其作为民国时期地方自治实践样态的核心品质。鲜有研究以更为宏观的历史视角将民国时期山西村治置于我国近现代地方自治实践的历史潮流中进行探讨。如果不能将山西村治定位在近代地方自治的历史坐标上，仅分析其经济、政治、教育、文化等方面取得的效用就难以完全揭示山西村治的特殊意义。此外，不可否认，近代中国无论是中央政府还是地方军阀对于国家政权建设的目标是一致的，行政秩序的强化是现代国家的基本特征。这种集权的趋势在省一级范围内也表现出来。然而，仅从社会控制或军阀统治的角度定位山西村治，则可能冲淡山西村治在民国当时作为自治“模范省”的历史韵味。因此，本书希望从地方自治实践的视角对民国山西村治做进一步的研究，探寻在近代中国国家政权建设的历史趋势中，在传统和现代因素互为作用的背景下，以乡村为基点的“山西村治”展示出怎样的独特面貌，以此有助于理解乡村共同体自我转型的历史路径。

（三）研究方法与内容安排

本书主要运用以下研究方法。

第一，历史研究方法。梁启超先生尝言：史者何？记述人类社会赓续活动之体相，校其总成绩，求得其因果关系，以为现代一般人活动之资鉴者也。[1] 本书以民国时期山西村治作为研究对象，则是希望通过梳理这段已经逝去的历史，呈现出较为完整的历史赓续景象，并探寻其中的体相之辩和因果之理。若能较为充分地完成上述任务，则资鉴之效也就自然流露。

第二，文献研究方法。民国山西省政府（署）注重村政的宣传和资料编纂工作，专门成立村政处，整理村治法规和政府内部往来文件，创办《山西村政旬刊》《村政周报》《村话报》等报纸杂志，编辑《山西村政汇编》《山西村政续编》（第一集、第二集）。《村话报》1922 年 7 月初刊，现已遗失。《区村政旬刊》自 1928 年 2 月 1 日改为《山西村政旬刊》，前者已遗失，后者现存四卷，但不完整。正如前人栽树后人乘凉，这些努力为后来的研究者留下丰富而翔实的史料，架起沟通当下与其时的桥梁。

写作过程参考官方资料较多，主要是四卷本的《山西村政旬刊》与 1928 年的《山西村政汇编》，民间资料则较为零散，如官员身份的作者对山西村政的整理。总体而言这些资料偏重于山西村治制度层面，资料性价值重于学术性价值。

1921 年山西政书编辑处编辑出版《山西现行政治纲要》，编者认为山西政治“惟由心法之，以适为准”。总述部分概括了山西办理“六政三事”的理论学说、组织设施以及确实成绩。分纂部分第一章专门介绍地方自治制度，细分为地方制度之建设、自治人才之养成、区村闾制实施后之各项进行、地方行政事权划分及县区村公文程式、区村长之职务与地方行政之大概以及村自治分期进行办法。这本编辑政书对于考查 1917 – 1922 年“六政三事”时期的村政具有重要参考价值。

1922 年由内务部编订地方自治讲义《山西地方自治纲要》（山西政书编辑处来稿，周成编纂），此书 1922 年初版到 1925 年已增订到第 9 版。按照该书的体例编排，第一章专述村自治属于狭义的地方自治制度，从第二章开始分列广义地方自治所包括吏治、内务、教育、实业、财政、司法、军政等地方政务，书末附录《太原市自治计划概略》及《用民政治实行大纲》等宏观

---

① 梁启超：《中国历史研究法》，中华书局 2009 年版，第 1 页。

规划。可见当时的山西省署是将地方自治作为完整的地方治理制度作统一规划，而“村本政治”只是入手之处。其中对“山西村治”评价颇高：“吾国自中央撤销自治后，虽无自治可言，而晋省之区村闾制，实为地方自治之基础。其形式虽尚在以官治促进自治之时，其精神则纯乎民治也。”①

1923 年，共和书局出版陈希周的《山西调查记》（成稿于 1920 年），作者原为从江苏到山西考察义务教育，同时对山西省政进行较为全面而客观的观察，记录主要法规法令及政务实行统计情况。书中记述，晋省为谋自治基础之巩固，积极施行新政目的，故于各县知事之下设区置区长，区长之下整理村界，规定村之土地与村之编制，设村长副、闾长副以司其村内之自治事业，与区长之承县知事办理一区之自治事业者大同小异。② 该书行文朴实冷静，虽无赞美之词但从记述周详本身已足见镜鉴之意。

山西村政处职员刑振基于 1929 年出版《山西村政纲要》，从亲历者的角度概括了自“六政三事”到村政创办的递嬗。该书总论部分注重阐析村政的意义、起源、分类、变迁、精神、目标，并论述村政与三民主义、五权宪法的关系，村政与自治和训政的关系。各论部分逐次介绍村政各项内容：村民会议、村公所、村禁约、息讼会、监察委员会、村财政、保卫团、整理村范及其他。因作者在村政处任职的便利，此书对于理解山西推行村政的指导思想及变迁脉络提供了有益线索。

此外，民间资料还包括热心农村问题学者的考察著述，总体而言此类著述和文章学术态度诚恳，展现了强烈的问题意识。

1922 年，刘灵华“闻山西之德化，遂游观焉”“与山西风土人情同化也既二年”，著《山西政治述要》，其中评价山西“自有村制而村政渐举，自有区制而讼盗赌案均少，自有政治实察所而官吏功过之考核严，自有六项县掾属而知事有尽心民事之余暇，无交代不清之缪葛”。③

1924 年，山东公立农业专门学校的郭葆琳带领三十余名毕业生旅晋调

① 周成编：《山西地方自治纲要》，泰东图书局 1925 年版，第 26 页。
② 陈希周：《山西调查记》，共和书局 1923 年版，第 91 页。
③ 刘灵华：《山西政治述要》，山西省图书馆藏 1922 年版，第 10 页。

查，地经十余县，时历数十日，编辑而成《山西地方制度调查书》（1925 年刊行）。该书详细记录了山西“地方制度之建设及自治人才之养成”“六政之进行”“县公署之改组”等方面的进行状况和法规法令。序言中多称扬之辞：“民国肇始，阎督秉钧敬教劝学、通商惠工、务财训农，以整躬率物之精神促地方自治之能力，十载以还，民风丕变，时雍政和一跃而为……模范省。”

美国当代中东学专家爱德华·萨义德从认识论的高度指出历史研究与历史真相的关系：在知识与真理、现实与现实被表述成的各种模样之间不存在简单的吻合对等状态，因为所有的表述，正因为是表述，首先就得嵌陷在表述者的语言之中，然后又嵌陷在表述者所处的文化、制度与政治环境之中。这里必然要考虑官方资料的局限性，它们是否能反映山西村治的真实过程，是否会掩盖冲突和问题。在尽力收集并充分重视民间资料仍然无法穷尽的情况下，作者尽量做到对官方资料保持警惕，充分利用但不过分迷信，以问题分析引领资料运用。

本书以民国时期的山西为时空场域，将研究视角聚焦“村治”式的地方自治实践路径。如前述梁启超先生所言史家之目的在于描述体相、揭示因果、评析个性，对民国时期山西村治的研究也主要围绕其生成背景、递嬗经过以及评析借鉴而展开。第一章对“山西村治”所处的时代背景和历史机缘作出整体交代。地方自治在民国的开启、停顿、续进就清末以来地方自治体制而言具有制度上的延续性和理论上的继承性。全国性地方自治制度以及乡村自治在 20 世纪初的兴起共同构成山西村治的时代机缘。而山西当政者对地方治理的独特思考则是促成山西村治的直接动因。第二章试图阐释山西村治虽以村为基本单位，但其策进动力在于省级政权。所谓村治并非仅仅关系到村一级层面，全省范围内形成的监察督导制度、村治法规体系、县区制度的行政官僚化转型都对最终形成纵向、横向村治组织架构起到重要作用。第三章以村治事务为线索，勾勒出官方力量由主导到协作的渐次退出过程。第四章立足于地方自治在近代中国的命运，审视“山西村治”反映出的局限，同时总结其中形成的乡村自治经验。为了使研究本身不局限于单纯的“地方性知识”，第五章着重于分析山西村治表现出的独特的民治蕴含，分析其中民治因素的特殊表象。

综上所述，本书期待在以下方面将前人的研究推进一步，为后人的研究助涓埃之力。

第一，就研究视角而言，本书将山西村治置于自清末新政开始的地方自治体制性改革潮流之中，并拟就此视角对这段历史精耕细作，期待深入挖掘地方自治意义上近代山西的努力和变革。实际上与其说是创新，这样的研究视角毋宁说是对民国当时的研究者对山西村治关注视角的延续。只不过由于体制层面的断裂，所谓的传统仿佛成为必须超越并与之决裂的历史包袱。幸运的是内心保有自信的人们能够冷静面对历史，并尊重和敬畏历史。因为对民主、法治、人权的追求或潜或显，都深深根植于任何时代的血脉之中。

第二，就资料收集和整理而言，虽尚未穷尽，但笔者在本书写作过程中较为完整地收集了民国时期有关山西村治的参考文献。此外，通过山西省图书馆民国文献馆以及其他渠道还参阅了一些前辈学者较少引证的文献，如《村政续编（第一集）》、《山西省政十年建设计划草案》（政治之部）、《县基能与村本政治》（阎锡山著）以及 1946－1948 年山西参议会第一届会议记录中有关民政自治类的提案。关于 20 世纪 30 年代山西村治的研究，前辈学者参考较多的《山西省政十年建设计划案》，而对其草案的参考则较为鲜见。草案与正式计划案在村政与地方自治方面的规划有所不同。《县基能与村本政治》一书对山西村治在抗日战争之后的变化作出详细说明。这些资料的发现与运用必将裨益于相关研究的完整性。

第一章

山西村治的缘起

欲探寻民国时期山西村治的来龙去脉、发展演变，说明其中具有可能性的缘由以及促使可能性变为现实的直接导引，从而于史迹中鉴往知来，必定是一件广远复杂之事。广远之处，可追溯到我国三代以来的地方自治传统，至少要追溯清末地方自治思潮的萌生变迁以及地方自治体制的建立。复杂之处，可从国际形势、政治经济社会文化等方面进行分析。近代中国在国际竞争中屡屡挫败而奋发图强，近邻日本凭借地方自治等一系列改革而国势跃升。在"变亦变，不变亦变"（严复语）的局势下，希望借助外来的制度经验激发中国内在活力的思维逻辑支配了我国近代地方自治改革。然而，即便面临国家和民族生死存亡的焦虑，研究者和实践者无不清醒地意识到中国当时的国情与民性对外来制度的制约和影响。这既是一种挑战——回应的过程，也是一种以自身文化为基点的吸纳、消化、排异、改造的过程。从制度的连续性观察，山西村治本身与当时全国性地方自治制度的建立密切相关，民国时期的地方自治体制又与清末新政一脉相承。从自治实现的路径观察，民国时期山西村治与20世纪二三十年代乡村自治的兴起具有不可分割的联系，聚合了传统与现代、东方与西方文明交汇的点点灵光。因此，考察民国时期山西村治三十多年的变迁，首先要从源头上探明其发生演进的制度和时代背景，进而才能凸显其背后蕴藏的价值体认和终极关怀。

第一节　民初地方自治的重启与嬗变

一、民初地方自治的重启

19世纪60年代初，中国地方自治的思想主张作为一种温柔的治民之策被少数士大夫提出，后来在戊戌变法前后的民权思潮中作为"兴民权""开民智""鼓民力""新民德"的具体制度依托再次被国人提出，逐渐变成一种思潮。[1] 地方自治作为宪政基础的价值得到了普遍的认可，具有了无可置疑的理论正当性。清政府末期迫于内忧外患的窘迫局势，受到地方自治思潮的推动，开始建立我国近代地方自治体制。中国古来改制始于变法，1906 年 9 月清廷发布预备立宪上谕，其中地方自治作为预备立宪的重要举措首次出现在官方正式规划中。1907 年政府下令各省速设谘议局，1908 年 7 月 22 日颁行《谘议局章程》和《谘议局议员选举章程》。1909 年 1 月 18 日清政府颁布《城镇乡地方自治章程》，开启乡村自治的实质性一步。但对于乡村自治的目的，《城镇乡地方自治章程》第 1 条即明确其工具性、辅助性价值：地方自治以专办地方公益事宜，辅佐官治为主。清政府又于 1910 年 2 月颁行《京师地方自治章程》和《府厅州县地方自治章程》。前者涉及内外城地方和京郊地方的乡村，但前者的自治事宜由巡警管辖，后者的自治事宜由步军统领衙门督率，也就是说规范意义上的自治色彩先天不足。这些章程在规范层面共同规定了地方自治的区域、层级、范围、决议机构及产生方式、职权，并规定自治经费和自治监督，形成府厅州县和城镇乡[2]两级自治体系。各城镇设立“议事会”和“董事会”，各乡设立“议事会”和“乡董”，均由具有一定资格的选民选举产生。在朝廷督促下各省次第筹备自治组织，开展自治事项，地方自治制度开始从文本走向实践。但施行未久，随着清政府的覆亡，地方自治遭遇停顿。孔飞力评价这种自治并不是近代意义上的地方自治，换言之其中的“民治”意涵是较为稀薄的：清代发起人所理解的“自治”这一名词，既不是指代议制政府，也不是指地方自治。……它在官治的范围之内存在，只是去完成官治不能完成的任务。[3]

尽管如此，清末开启的制度改革对于确认地方自治理论正当性，促进社

---

① 汪太贤：《从治民到民治——清末地方自治思潮的萌生与变迁》，法律出版社 2009 年版，第 414 页。

② 严格说来城镇乡的范围涉及村，但远比单个的乡村范围广大，凡府厅州县治城厢地方为城，其余市镇村庄屯集等各地方，人口满五万以上为镇，人口不满五万者为乡。参见《城镇乡地方自治章程》1909 年第 2 条，见王建学编：《近代中国地方自治法重述》，法律出版社 2011 年版，第 31 页。

③ ［美］孔飞力：《中华帝国晚期的叛乱及其敌人》，谢亮生等译，中国社会科学出版社 1990 年版，第 222 页。

会共识的达成具有至关重要的意义，促使关注中国民族问题的人们探索民治主义的具体路径。民国建立以后，清末开始的地方自治并没有马上停止。所有各省谘议局都相应改为省临时议会，县级、乡级自治会得以保存。出于对召开国会的热切期盼，在省制未定的情况下先制定了省议会选举法。1911 年 9 月 3 日民国南京临时政府公布《省议会议员选举施行细则》，9 月 5 日公布《省议会议员选举法》。1912 年 4 月 3 日公布《省议会暂行法》。这些法令内容基本上承袭清制，将清末地方自治改革承继下来。省议员选举分为初选和复选，[①] 若干初选区合为一个复选区。省议会具有立法权，在不抵触法律命令的前提下有权决议本省单行条例；具有预决算权，有权议决省税及使用费、规费的征收，有权议决省债的募集，有权议决本省财产及营造物的处分和买入以及管理方法；负责答复行政长官咨询事件；负责受理本省人民关于本省行政请愿事件；有权向本省行政长官提出意见和建议。省议会对本省行政长官具有弹劾权，对本省行政官吏具有督察建议权，并有权就具体事项对行政长官进行问询。可见，民国初年地方自治在省级层面以省议会作为最核心的自治机关和活动场所，省议员的选举则依托以县为基础的双重选举制度。在省以下以县、乡两级自治会为自治机关和活动场所。

二、暂停与重整:《地方自治试行条例》的制定

到了袁世凯当国时代，虽然袁世凯曾在直隶试办地方自治并取得一定的成效，但顾忌地方自治不利于中央集权，忌惮地方自治势力挟自治之名行割据之实，1913 年之后政府下令相继停办各县自治会、各省各级自治会以及京师自治会。事实上，当时各地的地方自治筹办活动也受到革命风潮的冲击多徒具形式。停办地方自治一方面受到政治因素的影响，另一方面归因于自治兴办所伴生的乱象。从目的而言，清末与民初中央政府明确表示地方自治是为了辅佐官治、通达民隐、振兴公益而创办。也就是说，政府对于地方自治的期待在于补充官治不足，而非在行政系统之外另设一套维持社会秩序的制

---

① 初选以县为选举区，地方行政区划及其名称未改正以前，府直隶厅州之直辖地方、厅及州都以县论。

度。停办地方自治的大总统令中列举了当时自治活动的乱象。第一，平日把持财政，抵抗税捐；第二，干预词讼，滥用刑罚；第三，不遵守议决程序，违反行政长官命令；第四，违法苛捐，冒支薪金。总而言之，自治非但没有补官制之不足，为社会谋康宁，反倒藐法乱纪侵扰行政。因此，中央政府下令“各地方现设之各级自治会，立予停办，所有该会经管财产文牍及另设事务、捐务公所等项，由各该知事接收保管”。[①] 总结地方自治形成乱象的原因，中央政府认为除了自治人员素质因素外，制度设计上也存在立法不善、层级太多、区域太广的问题。

然而，中央政府并未从宗旨上放弃民治目标，地方自治作为民主潮流业已深入人心，几个月后袁世凯下令内务部重新调查各地社会情形，重新制定地方自治章程。同年12月29日民国北京政府公布《地方自治试行条例》。该条例改变了清末新政的两级自治制，规定县及县以上均不推行自治，自治重心下移自治范围缩小，地方自治为一级制，即区自治。自治区域方面，一县之内划分四至六区，或者以两县以上合并之县，得增至八区。自治事宜方面明确区分了与国家行政的区别，并作出列举。[②] 在自治经费方面以本地方原有公款公产和地方公益捐为主要来源。所谓的地方公益捐是指附加税及各项杂捐。[③] 然而，区自治的人权、事权、财权受到行政体制（以行政长官县知事为代表）的重重制约。自治人员先由选民加倍选出再经县知事遴选充任；县知事对自治职员具有监督权，在其逾越权限、违反法令、妨害公益时县知事有权撤退自治职员；自治会议议决事项须得到县知事核准后方得执行；地方公产公款在自治范围内须由县知事和该管长官核准后使用。北京国民政府对地方自治的整体计划安排进一步体现在1915年公布的《地方自治试行条例施行规则》，将地方自治分为三期筹办：调查期、整理及提倡期以及实行期，各期都由县知事酌拟期限。1915年7月袁世凯下令办理京兆自治模范区，“仿西国都市之政，东邻町村之规，心摹力追，日就完备”。然而，即便规定由地方各县自主决定自治事宜，也没有实际施行。

---

① “停办各地方自治会”，载《东方杂志》1914年第10卷第9期。

② 1914年《地方自治试行条例》第4条规定为两项：第一，本区卫生、慈善、教育、交通及农工商事项，但属于国家行政范围者不在此限；第二，依法令及监督官署委托办理事项。

③ 1914年《地方自治试行条例》第27条。

三、自治重心的继续下移

袁世凯称帝失败后，民国政府重新颁布自治法规，将自治层级恢复为两级即县自治和市乡自治。1919 年 9 月 7 日公布《县自治法》，1921 年 6 月 18 日公布《县自治法施行细则》与《县议会议员选举规则》。随后，1921 年 7 月 3 日公布《市自治制》与《乡自治制》，废除城镇之名而改称为市，以市乡为自治法人，固有城镇区域为市，人口不满一万人者为乡。

1919 年的《县自治法》借鉴了大陆法系自治团体法人的概念，① 这一时期自治团体的权限较民初有较大的扩展。县自治团体法人具有相应的立法权、事务范围、独立的议决机关和执行机关，经费来源上虽没有与行政经费完全分离也具有一定的独立性。自治事务范围包括教育、交通水利、土木工程、劝业及公共营业、卫生慈善事业。② 各县分设县议会和县参事会两种自治机构。县议会为议决机关，其议决事项主要包括经费、预决算以及税收征管、公产处分。③ 县议会的权限还在于对于地方行政与自治事务有关的事件可以随时陈述意见。此外，民初地方自治经费来源只有公款公产和公益捐两者。这一时期对自治财政的经费来源也进一步拓展，包括公产、公营业、税费以及过怠金。另外规定了遇到救灾等特殊情形下可由国家补助经费。

市乡一级的自治团体组织基本沿袭县自治的模式。县级之下市和乡分别设立自治会，分别设立市公所和乡公所。因地域规模的不同，市一级设有市参事会，乡一级则不设参事会。市乡公所设置市长和乡长一名，均由民选后呈请行政长官委任。市乡自治会的自治职权包括议决市乡公约、议决市乡内应兴应革事项、议决自治事务、议决经费预决算、议决不动产的买卖和处分

---

① 1919 年《县自治法》第 9 条规定，县自治团体为法人，承监督官署之监督，于法令范围内，处理左列各款自治事务，但以关系县之全体或为市乡所不能担任者为限……

② 1919 年《县自治法》第 9 条。

③ 1919 年《县自治法》第 21 条规定，县议会议决事项包括：（1）以县自治团体经费，筹办之自治事务；（2）县自治团体之公约；（3）县自治团体之预算及决算；（4）县自治税、规费、使用费之征收；（5）县自治团体不动产之买入及处分；（6）县自治团体财产营造物、公共设备之经营及处分；（7）其他依法令属于县议会权限之事项。

以及财产营造物、公共设备的经营和处分，以及答复市乡公所及监督官署之咨询。细节之处略有不同，市自治会有权议决募集公债及其他负担的契约，以及议决市自治公所职员保证金事项。而乡自治会无权募集公债。在自治经费来源方面，市乡的公产收入、公共营业收入都可作为自治经费，此外还可以征收市乡自治税或其他附加税费和杂捐。①

尽管从立法内容而言，《县自治法》规定得较为完整详尽，但是关于施行期限和自治区域，一概由北洋政府教令规定。当时施行自治的有浙江省、绥远、察哈尔特别区各属，吉林、陕西的部分县以及京兆特别区各县，其他省份则没有施行。②

不可否认，民国时期确为我国历史上实施地方自治最为彰显、最为连续的一段时期。大一统集权的传统中国向近现代转型过程中，地方自治不断被制度化、法律化、普遍化，地方自治的价值得到前所未有的彰显。中央层级自治法规的颁布确定了由行政机关协助人民办理自治的根本目的以及具体实施程序。民初中央政府确立了全国范围的地方自治体制，自治层级有所变化，基层的城镇乡自治一直受到重视并得到保留。然而，从文本到实践的过程并非一帆风顺，如何抉择适合国情民性的自治方法需要在乡村自治的实际创办中不断积累经验。

第二节　近代乡村自治的出现

一、中国传统乡村自治

据考证“自治”一词在古代汉语中古已有之，中国传统农业社会存在乡村自治的历史传统。传统中国社会与其说是集权专制，毋宁说是“官绅共治”。官绅共治的乡村治理格局得到国家权力的默认，甚至在国家权力遭遇

① 《市自治制》第25、49条以及《乡自治制》第12、27条。

② 杨天竞：《乡村自治》，大东书局1931年版，第131页。

危难之时成为后者拨乱济危的倚靠力量。因此，在地方自治思潮西学东渐的过程中，不少学者将中国传统社会的“自治”与西方的地方自治相类比。如刘庆科认为虽然“地方自治”名词为舶来之词，但是西周的乡遂制度即体现了自治的精神。秦汉之世，政体虽为君主专制，而其地方行政乡老啬夫诸职，犹有周齐乡遂游宗里尉自治之遗意。[①] 宋代的《吕氏乡约》《朱子之约》为乡村自治成文化的典型代表。“吕氏乡约，固不提及地方公益之事。朱子之约，并禁及私议朝政州县政治得失，惟德业相劝条，有为众集事兴利除害二则，亦非完全不问地方公众利益，是此等团体，既出政治范围之外，特较今之地方自治，似不可同日而语；然于此可见考见两宋时，民德堕落，有学识者既无志于徒务治权，以与地方官吏争长短，故其所重，不在权利之分明，而在倡互助树道德为乡里之楷模，冀于化全乡里之人为善也。”[②] 乡村自治的事务除了道德规劝的乡约外，还包括保障治安的保甲、兴办教育的社学、储备粮食以备荒年的义仓。

探究传统中国社会自治出现的原因，一个重要的因素是国家官僚体制在容量和功能上的有限性。客观而言，秦汉以来的国家权力到县一级就几乎停住了，县以下的广大农村及绝大多数的农村人口实际上由地方乡绅或宗族等非官僚行政组织管理，具有高度的自治性。究其原因，传统中国的地方自治并非起源于权利观念以及对国家权力的对抗，而是根源于维持基层社会秩序、道德礼仪的自发需要。低赋税的国家财政政策决定了国家的行政效能总量是极为有限的。以乡村为中心的自治大大降低了国家管理的成本。

传统中国的乡村自治存在于以家庭为单位向外延伸的差序格局中，个人首先在家庭或家族的坐标中寻找自身定位，之后在家庭与家族形成的网络中发挥自身的能力，并始终受到家庭伦理和社会伦理的约束。有论者指出其特征在于：第一，“中国传统社会中地方政权自治性的因素很强”，同时也反映了传统政权对乡村的渗透能力较弱，乡村生活对于政权统治具有较强的疏离。第二，“中国传统社会中的地方自治，从根本上说是族治、绅治，……这和

---

① 刘庆科：“中国地方自治变迁概观”，载《苏衡》1935 年第 1 期。

② 同上书。

西方社会中，由市民阶层意识萌发来的、强调公民有平等参与权力的地方自治有严格区别”。[①] 因此得出结论，中国传统的地方自治虽然包含地方人处理地方上事情的含义，但是并非通过西方式的民主政治办法，与其称为自治，不如称为“自决”更为恰当。

另一个影响传统中国地方自治发展的因素可以称为地方精英的“地方主义”倾向，这里面伴随着从南宋开始的“士的地方化”过程。西方汉学家们以韩明士（Robert Hymes）为代表提出了“士的地方化”理论。他们观察到自晚唐到北宋，相对于人口增长、经济发展和社会整体财富的增加，中央政府的官僚体制并没有相应扩大，而是趋于保守。郝若贝在他著名的《中国人口、政治和社会变革：750－1550》中提出了所谓的帝制中国中晚期专制政府权力衰退论。韩明士通过对比北宋和南宋时期江西抚州官僚、士绅的研究发现：由于官僚机制政体容量的限制等因素，地方精英将自身的兴趣和注意更多投入到当地，形成了精英的“地方主义”。因此，南宋到明清精英地方化构成一种延绵不断的历史潮流。清末废除科举之后，一方面地方精英向上仕途流动的路径骤然缩小，另一方面也对地方发展投入更多精力。可见，乡村社会内在的治理需求与乡绅治理的成功模式构成中国传统地方自治存在的根本原因。地方士绅不但传播国家意识形态的文化道统，承担国家权力不愿顾及或无力顾及的社会功能，而且在遇到国家权力高权压制时成为防御苛政的屏障。

二、乡村自治的先河：翟城村治

民国政府颁布了较为完整的县、市、乡自治法规，但是从实践情况而言并没有完全而深入地实行。虽然清末民国地方自治效仿日本的市町村制，但是从制度层面并未对村自治作出安排。然而，实践中解决乡村问题的理论研究蓬勃发展，在民国当时形成乡村建设的思潮，引领带动了全国范围内乡村改造的区域性实验。改造乡村运动与中央政府的地方自治多有交叉。近代乡村自治最早出现在河北定县翟城村，翟城村可谓近代乡村自治的策源地。研

---

① 吴雁南等主编：《中国近代社会思潮（第1卷）》，湖南教育出版社2011年版，第302页。

究农村社会学的杨开道先生认为，中国真正的自治，可以说从河北省定县的翟城村开始。[①] 之所以将翟城村称为真正的自治、纯粹的自治，正是在于翟城村治开创了民国乡村自治的自下而上的模式。初创时期的翟城村治由兴办村学开始，村治具有一定的封闭性和独立性。村自治职员由人民公举代表民意，与行政机关不发生领导与被领导的关联。只是在经费上省级政府每年给予四百元津贴，1927 年中华平民教育会将定县作为实验区后也给予资金补助。

这种自下而上的自治路径首先表现在村治的直接推动力来自民间。翟城村治是由村内绅士米鉴三、米迪刚父子创办，组织模式多模仿日本町村制度。尽管米迪刚先生具有留学日本的教育背景，参加过辛亥革命，对西方的民主制度颇为钦羡。然而，在村治的思想基础上，米迪刚先生并未诉诸西方的民主政治，而回归于儒家传统文化寻求精神资源。他并不认为村治是舶来品，认为村治是中国农业社会早就存在的；复兴村治并非引入西方的地方自治制度，而是复兴两千余年来中断的村治传统。他将村治与《大学》八条目并举，认为“有村不治，与有身不修，有家不齐，同一天伦有亏”。[②] 也就是说，村治与修身、齐家、治国、平天下同属内圣外王的道德要求。因此，兴办村治乃是将政治与学术结合，政治学术化、学术政治化。西方的地方自治制度用于富国强兵，只有村治是为全民谋永久的福利，以达到永久治平的目的。可见，翟城创办村治的精神动力在于士绅阶层的文化自觉，目标宗旨在于促进乡村共同体的共同利益。虽然村治的举办客观上起到开发民智、促进民主的成效，但是翟城村治带有浓厚的绅治色彩。在精神意涵层面，翟城村治更大程度上延续了我国传统乡村自治的伦理价值。

在上述思想指导之下，翟城村内逐步形成了较为完整的组织制度。纵向上，村内实行两级自治体制，村内划分为八个自治区，各区区长一人，由人民公举。根据《直隶定县翟城村试办模范村组织大纲》，模范村由全村人民组织，公举村长一人村佐二人，报县长委任。横向上，村一级自治组织分为村公所和村会。村公所负责办理本村一切事务，由村长、村佐和各股主任组成，分为庶

---

① 杨开道：《农村自治》，世界书局 1940 年版，第 3 页。

② 米迪刚：“三十年来之村治经验谈”，载《乡村建设》1931 年第 1 卷第 1 期，第 8 页。

务股和财务股。庶务股设职员四人，负责教育、保卫、户籍、劝业、慈善、土木、卫生、征兵、记录等事务。财政股设职员二人，负责全村纳税、银钱簿籍、出入款、预决算等事项。此外，另设一位学务委员负责普及本村教育。村公所负责组织村会公议本村重要事务，村会开会以村长为议长，以村佐和各股主任为会员。可见，翟城村自治组织中没有村民大会，村公所和村会在人员构成上是重叠的。也就是说翟城村治的民主性程度是有所欠缺的，这一点，杨开道先生表示："翟城村虽然有单头的村长，不过同时又有多头的村会，主持本村的重要事务，避免村长的独断独行。村会固然可以监督村长，然而由村长、村佐、股员和区长所组织的村会，仍不免为村长所操纵。没有村民大会的组织，使村民不能参加活动，恐怕要算翟城村的一个大缺点。"①

村内成立众多的村民团体构成翟城村治的又一特色，分别负责各项自治事务，涉及教育、慈善、卫生、实业、交通、合作以及地产清理、户口登记等。成立纳税组合，每届纳税期前由村长通知各纳税户于一定期日前将税金各交本区区长，汇交财政股；成立翟城勤俭储蓄会，劝导村民奋勉力崇简朴；成立辑睦会以联络村人感情，吉凶相问患难相助；成立爱国会促进村人爱国意识，提倡购买国债，劝导村人服兵役，劝用国货等一切有益国家的行为；成立卫生所促进公共卫生并负责疾病预防；成立农产物及制造物品评会，奖励开凿水利、改良肥料以及预防虫灾；成立教育会，以图发达全村教育事业；成立德业实践会，以促进村人养成完善人格；成立宣讲所，以开通村人知识，补助学校教育的不足；成立村义仓以防亏欠。但是据杨开道先生的考察，"除了凿井、兴学、看守禾稼、学生贷款，那几样能够充分实行以外，其余的不是不易实行，便是没有实行"。② 当然，在此不能否认翟城村治在村公益方面取得的成效，不能苛责在村这样狭小而基层的范围内完成社会事务的完全改善。团体内的会长和干事，有的由村长、区长兼充，有的由开会选举，有的由自治公所推举。推举村民团体职员的方式在一定程度扩大了村民参与，弥补了村民大会欠缺的制度不足。

---

① 杨开道："中国农村自治的现状"，载《农学杂志》1929 年特刊第 3 种，第 13 页。

② 同上书，第 14 页。

自治经费是村自治的重要问题，所谓自治就是指地方之人以地方之财办地方之事。翟城村自治一切费用均由本村人民负担，以村里公产收入作为主要来源。村自治职员均悉名誉职，不支薪金。1915 年，翟城村被省部定为“模范村”后，本村自治经费的预决算经由村会议决之后报县长核准公布。也就是说，之前的村治经费收入支出与管理只需由村内协商。正是由于村民要负担自治经费，因此引发了村治倡导者和村民的紧张关系。据《翟城村志》记载，1905 年米家及其合伙人由于筹集财政资源挪占了村戏剧社和灯节社拥有的田地。此举引起村民抗议并诉诸法律，形成一场旷日持久的诉讼。[①]可见自治财政来源问题确实是乡村自治必须面对的难题，如果不能保证充分的自治经费，自治事务的开展必将受到影响。在平教会将定县作为自治实验区之后，对村治经费投入了大量的外援，很大程度上缓解了村治自谋经费的窘境。

三、政府推动的乡村自治：定县村治

翟城村治开民国时期乡村自治的先河，从自治路径来看翟城村治主要依赖乡村精英的倡导和主持。绅治模式一方面成为村治成效的保证，另一方面这种门槛较高的小规模精英自治对其他地方而言难以具有可复制性。定县的其他农村原对翟城村治的成效颇为羡慕，但多意存观望。政府行政力量的介入为翟城村治在更广阔地域的推广提供了关键性的政治推动。1914 年孙发绪任定县县长后，将翟城村的办法在全县推广。1916 年孙发绪任山西省省长，意图将自治事业在山西推行，但任职不久即被调离。1927 年定县被中华平民教育会选定为改良乡村的基地，主要原因也在于翟城村素有模范村的声名，而定县积累了十多年乡村改造的良好基础。如果说翟城村的村治是自下而上的人民自主的村治，那么定县村治则是自上而下的政府提倡的村治。

为推广村治定县公署制定《定县村治大纲》，统一各村自治制度。从制度框架来看，村治规范除县定大纲及实施细则以外，各村还可由村长召集会议议决村规，呈报县署核准即可施行。从自治组织来看，定县村治与翟城村

---

① 杜赞奇：“中国近代史上的国家与公民社会”，见汪熙、魏斐德主编：《中国现代化问题——一个多方位的历史探索》，复旦大学出版社 1994 年版，第 372 页。

治不同，并未设置村会和村公所只规定了村自治人员。各村设置村长一人、村佐一人至二人，校董一人至四人，实业员一人，助理若干。政府对自治人员的产生具有最终决定权，村长、村佐的委任由县公署遴选，或由甲牌长加倍推选请县遴选，校董和实业员由县署或主管事务机关谕委。以此可见，在纵向划分上，定县村治没有采纳翟城村划分为八区的做法，而是沿用了五家为牌十家为甲的保甲旧制。与山西村治中的纵向闾邻划分相比，则基本单位更加狭小。村长在职位界定上虽然不隶属于行政系统，但对于行政机关具有陈述或报告的职责，由县长刊刻村长图章用于公文往来。政府对村治人员具有奖惩权，办理公务卓有成效者由县署择优奖励，办理公务有旷废或违背职务行为者，由县署按情节轻重分别撤惩。

此外，自治事务和村产、村款管理方面也体现出政府介入的特征。《定县村治大纲》明确区分了村长负责的公务分为村公务及村福利等与行政委办事务两大类，由此可见政府推动自治的目的是促进行政效用和促进村民自治并举。管理村款人员如从办公人员之外推选，则需由村长呈报县公署备案。村长交替时应将所有经手村务开具交代清册，呈报该管警区核查。就自治工作方式而言，《定县村治大纲》虽然没有规定村会的决策权，但是规定了每年一月、七月，村长召集办公人员及村中公正绅士开会，分享报告村中经办事务经过情形，同时议定将来各事务的进行办法。可见定县村治仍不脱乡绅自治的范围，离普遍的农民自治还有一定的距离。

四、乡村自治的近代转型

翟城村治、定县的出现标志着传统中国古典式的、自决式自治开始具有现代性特征。首先，在自治要素上近代乡村自治超越传统绅治，形成了完备的自治组织和相应的制度。近代地方自治的本旨，按照芦部信喜教授的解释，“地方自治的本意（本旨）”包括了居民自治与团体自治两个方面。前者是指“地方自治根据居民的意思来进行的这一民主主义要素”，后者是指“将地方自治委之于独立于国家的团体，由团体在自身的意思与责任之下进行自治的这一自由主义性质的、地方分权性质的要素”。[①] 日本学者阿部照哉等也认为

---

① ［日］芦部信喜：《宪法》，林来梵等译，北京大学出版社 2006 年版，第 320 页。

日本地方自治的本旨承继德国公法学说观点，由住民自治和团体自治二原则构成。“关于此住民自治及团体自治，一般认为住民自治系指一定地域内的行政，由该地域的住民行之，团体自治系指以国家内的一定地域为基础的地域团体，自主地处理地域的公共事务。要言之，地方自治团体系与国家相对独立存在的拥有自律性之法的主体，必须自己行使统治权（团体自治），而且此自治体的政治决定、事务处理，须依住民的意思而为之（住民自治）。”① 近代中国的地方自治既要从民间社会固有的自治传统寻求支持，受到传统自治的结构性约束，同时还兼容并蓄西方地方自治的制度性外衣。但是，不可否认的是，从精神内核来看，居民自治和团体自治两个要素在近代中国乡村自治中开始萌芽。

其次，近代乡村自治从自治路径上表现出民间自动与政府推动两种驱动模式。在现代民族国家建设的过程中，乡村本身即作为国家最基础的组成部分，乡村自治不再能够独善其身。像翟城村那样主要依靠乡绅兴办自治的情况较为特殊，政府基本上没有干涉翟城村治的具体事务。但是，翟城村治的举办也得到了政府的支持和提倡。如1915年定县公署曾拨款300元建筑村自治公所，之后不久翟城村自治公所正式成立。同年11月，孙发绪将翟城村标为模范，呈直隶巡按使公署和教育部、内务部立案。乡村自治从翟城一村到定县一县的扩张，反映了近代乡村自治与政府推动的密切联系。可以说从一开始近代乡村自治就刻上了政府推动和官主民辅的印记。

最后，乡村自治获得制度合法性支持。翟城村治的出现是对近代地方自治制度设计的完善。从规范层面，民国初年地方自治制度以县、区或乡为基本单位。现代化进程中国家政治和经济的发展趋向城市集中。然而，民国当时的农村已经呈现出普遍衰败凋敝的景象。农村呈现出的种种问题单纯依赖政府力量解决难以奏效，农村的危机反过来严重制约着社会发展。解决农村问题成为民族自救的出路。梁漱溟先生提出，中国只有复兴“以农立国”的中华文明，知识精英只有转向西方冲击最多的乡村，才能找到中国的出路。20世纪二三十年代在中国形成了改造农村、建设农村的强劲思潮。正是由于

---

① ［日］阿部照哉等编著：《宪法（上）》，周宗宪译，元照出版公司2004年版，第419页。

民间力量对乡村自治投入的努力，逐步促使政府重视和推广乡村自治工作，并最终将乡村自治规定到国家规范中。因此，最初由民间兴办的乡村自治不仅获得了理论上的支持，也获得了制度合法性支持。

第三节　山西当政者对地方治理的思考

清末开始建立的地方自治体制本身就是作为民主训练的工具和路径而设计的。清末新政建立了城镇乡和府厅州县二级并立的自治体制。关于地方自治从何处入手的问题，历来有不同意见。如梁启超先生认为“盖今日欲奖励自治非先从各省省会及繁盛之都市下手不可，以其民智较开通而筹办经费亦较易也”。[①] 到20世纪20年代也就是民国建立后的第一个十年，议会制度在中国遭遇了巨大的危机。代议制度被移植到中国，但因社会条件的不成熟和各方势力的利用破坏，民主政治没有发挥人们企望的救亡功效。在金钱和枪炮的威胁利诱之下，国会议员失去追求民主政治的热情和勇气。地方自治虽为政治上和社会上的重大创举，但实际参与的普遍程度并不高。张玉法先生研究了清末民初的山东地方自治，认为“形式多于实质”“有选举资格的人不足全人口的三百分之一，不足成年人口的一百九十分之一，不足成年男子人口的百分之一”。[②] “代议制”的风雨飘摇促使当时的思想界反思其补救方法。1916年之后孙中山大力倡导直接民权作为济穷之手段。他认为要使民主能真正落实，必须让人民有选举、创制、复决、罢免四大直接民权，使人民能直接参与国家事务。“民权发达了，平等自由才可以长存。如果没有民权，什么平等自由，都保守不住。”[③] 在孙中山的设计中，人民行使直接民权的主要路径是县自治。对直接民权的重视也是民国时期山西村治得以萌生并得到中央政府认可的背景。

---

① 沧江（梁启超）：“城镇乡自治章程质疑”，载《国风报》1909年第1卷第5号，第45页。

② 张玉法：“清末民初的山东地方自治”，载《“中央”研究院近代史研究所集刊》1977年第6期，第183－184页。

③ 孙中山：“民权主义”，见《孙中山文萃（下卷）》，广东人民出版社1996年版，第855－856页。

一、村制设想的萌生

无论是民国当时还是1949年之后的研究都普遍认同山西当政者的地方治理思想对山西村治的发展具有直接性影响，研究山西村治莫不能撇除与时代人物的直接关系。时代人物的思想本身具有多面性，因此需要避免标签化研究的倾向。就村治而言，民国肇建山西当政者对山西地方治理的探索则直接来源于山西省内举办新政、发展近代化农工商业的需要。

阎锡山兼管军民两政之后，于1917年10月至1922年3月大力提倡“六政三事”。“六政三事”为村政基础，为山西政治始基，有村政之实施，但没有标榜村政之名。六政为水利、蚕桑、种树、禁烟、天足、剪发。一方面，水利、蚕桑、种树为积极的兴利；禁烟、天足、剪发为消极的除弊。另一方面，水利、桑蚕、种树的功用在于尽地力，使地无遗利；禁烟、天足、剪发的功用在于尽人力，使人无遗力。为此，1917年10月1日山西省公署内成立特设机关——六政考核处，取代之前的考核禁烟成绩处，将政治研究所改为政治实察所。此机关专司考核成绩高下，不纳入山西省公署编制，属省公署内部组织，而非对外另设机关，与各厅、道、局、处权限无涉。处中经费不纳入省财政，与国家行政预算支出无碍，阎锡山将自己兼职薪俸全部拨充。省署任命候补学习人员40名，专充政治实察员，分赴各县实地调查，以免各县知事空文搪塞。半年后，六政推行渐有成效，又增加种棉、造林、牧畜三事，设立经济植棉试验场、林区和牧畜场。从实践效果看，“六政则剪发完全奏效，天足、水利、种树、蚕桑次之，禁烟因环境关系又次之。三事则种棉最好，造林次之，牧畜又次之”。①

举办“六政三事”要求政府提高社会动员能力，加强行政效能。“（六政之外）尚有三要事，一曰：编定村制，使有下级行政之机关；二曰：调查户口，使有一切行政之根据；三曰：普及教育。”政府负担的行政事务和社会功能在短时期内骤然增加，如何有效达成社会秩序、经济发展、民生保障等

① 刑振基：《山西村政纲要》，山西村政处旬刊社1929年版，第5页。

诸多目标成为地方治理的难题。“凡此兴利除害之六端，实为生众食寡之要政。如期望人民自行举办，如河清难俟！非以官力积极提倡，不足以树风声而资振作”（六政宣言）。若要达成政治目的，“固赖官吏及区村长副等之实力奉行，而尤贵有多数公民辅助”。[①] 可见在当时山西当政者的观念中已经形成重视民力、以官力提策民力的基本逻辑。1918 年 4 月 22 日，山西省署公布《山西临时政治会议大纲》，为决定省政方针，检讨得失，由政治会议求集思广益。由各村代表推选区代表一人，区代表集省举行行政会议。会议时兼省长阎锡山提出实行村制的设想。阎锡山认为：“村制实行，其法甚约，其效甚广。一县之境，大者不下数万户，次亦有五六万户不等。欲使一县之事，如视诸掌，诚非易易。若积户而成闾，积闾而成村，积村而成区，区统于县，则上下贯注，如身使臂，臂使指，一县之治，以此为基础，基础不立，虽有善政，不能见之实施也。盖祸莫大于盗贼，村制行，则稽查易，窝藏无术，匪徒可以肃清矣。害莫大于刁顽，村制行，则公理彰，教唆无法，棍徒可以敛迹矣。毒莫甚于鸦片，村制行，则揭告有人，查察易周，行之三月可以廓清矣。蠹莫大于游民，村制行，则干涉有人，综核最密，行之三月，可以获感化之益矣。不特此也，由斯而稽查学龄儿童，则义务教育可以兴也。由斯而人民可晓然于租税之担负，纯为国家保育行政之用，则急公之心生，而纳税之义务，不患中国之民不能充分以尽也。由斯而人民能知保卫事项之有待于人，不如自谋保卫之密切，身家子孙庐墓财产之念重，则了然于卫国即以自卫，勇于公职，有身充士兵之志，而执戈之勇可以鼓，则当兵之义务，不患中国之人不能行也。种种政治，靡不由此起点，法至善也。”[②]

以上可以看出，山西省内行政系统的效能主要在县一级，县级以下则涣散无组织。村制实行对于社会秩序、义务教育、治安保卫等国家行政职能大有裨益。从功能上看，村制的实行可以在缉捕盗贼、主持诉讼、查禁烟赌、义务教育等方面发挥官治所不及的功效。从可行性上看，村制的实行可将行

① 阎锡山：“告省议会初选当选人归乡后劝导要政文”，见《阎伯川先生言论类编（卷三）》，山西省图书馆藏 1939 年版。

② 阎伯川先生纪念会编：《民国阎伯川先生锡山年谱长编初稿（第 1 册）》，商务印书馆 1988 年版，第 270 页。

政任务一一分解到每一村民身上，形成上下一体的共治效果。正基于此，当时的推动者对村制可能实现的效果积极乐观，认为一旦村制实行，不出三个月就可以获得显著成效。然而，具体实践时还是相当谨慎的，为避免善法实行在县一级遇到阻滞，定六个月的协同实施期，派遣地方行政讲习所所员及六政实察员分赴各县协同实施。1918 年 5 月 31 日，北京政府指令，（六政）大裨民生，且指拨公费，极意提倡，深堪嘉尚，着即按照地方情形，循序渐进，期收实效。①

村制的功能能否发挥，根本上在于养成民治精神和气质，让民治在现实的生活中演进。在阎锡山呈大总统公函中阐明要巩固兴利除弊成效，避免腐败滋生必须从精神上实行自治，也就是说只有培养人民自治才能够巩固和发展官治成效。公函讲道，近来体察情形，利之所兴害即随之，弊除于此，复萌于彼。水利兴而习俗转奢，鸦片禁而金丹旋入……始悟商务繁盛之地，兴利难除弊尤难，交通便利之处，开通易腐败亦易。淳朴之风未著，财富适长其奢华；信实之性不存，开通适滋其浮薄；礼义之维不张，民智愈开而世风愈下；廉耻之志不励，学问愈博而济奸愈深……迩来征诸乡老之所见，博采僚属之敷陈，非实行精神上之自治，兴利除弊难收满而不溢之效，除弊难免此消彼长之虞。②

二、村治实践的理论指导：用民政治

民国时期山西的政治经济建设相对于其他省份而言，一开始就具有纲领性特征，政治经济改革总是在理论研究的指导下有计划地全面推进。无论是官僚行政体制的建立还是地方自治制度的深化，都以一定范围内的协商探讨为先导，并借助社会各界广泛的宣传大力推行。1918 年 4 月 13 日，阎锡山在山西军署召集用民政治大会，邀请军政学商农工代表百属人，议定设立政治研究会为用民政治之常设讨论机关，礼聘硕望巨绅、选派各机关重要职员充任会员。1918 年 4 月 20 日，阎锡山出席政治研究会，发表宣言，特标

① 阎伯川先生纪念会编：《民国阎伯川先生锡山年谱长编初稿（第 1 册）》，商务印书馆 1988 年版，第 273 页。

② 山西政书编辑处：《山西现行政治纲要》，大国民印刷厂 1921 年版，第 114 页。

“用民”两字。① 刘灵华从语词角度对“用民”两字作出考证，“用民”两字之由来，本诸《墨子》，《墨子》第一篇《亲士》云：太上无败，其次败而有以成，此之谓用民。他认为，盖太上无为自治，次则由有为以达于郅治，在古则尧舜是，在今即由少数官治，以达于全民自治之意。② 政治研究会于4月22日制定《用民政治大纲表》，并发布政治研究会开会宣言书，旨在以官治力量推动人民自用，使人民各能自用以发展其能力，“各能自用，以发展其能力，方合乎用民之真旨”。由上可见，作为山西村治指导思想的“用民政治”一词，虽然从概念上来源于阎锡山，但实质上是当时山西各界精英人士的集体共识。此外还需要指出的是，由于阎锡山的“用民政治”思想散见于他的政论演讲中，概念性成分往往重于理论性阐释。《用民政治大纲》为“用民政治”思想的重要组成部分，但后者的内涵显然远远大于前者。前人的研究更多集中于对《用民政治大纲》的解读，但是如果仅限于此则不能揭示全貌。可以说，也许正是以往研究中被忽略的部分能够揭示“用民政治”思想的价值预设、理论品格等重要问题。

“用官不如用民，用民不如民自用”，这是阎锡山最为警切的两句话。阎锡山的“用民政治”思想，最早产生于他留学日本期间。他在《军国主义谭》一书中写道：“无论帝国主义、国家主义或军国主义之国家，……其政治皆用民政治也。诚以国家不能外人民而求生存，非用民，绝不足以图富强，此合世界而言也。”③ 1918年4月，他在《用民政治》一文中正式提出了“用民政治”思想。阎锡山讲道，“民德、民智、民财三者，皆用民政治之实质也。民无德则为顽民，其弊则野蛮不化。民无智则为愚民，其弊则椎鲁劣钝，民无财则为贫民，其弊则救死不赡。故欲去其弊而群趋之于自用之途，必须先从此三者着手。”④ 刘灵华认为：“用民政治四字，简言之即民治二字之旨也。”《来复》和《新中国》杂志同时刊登山西日报社所撰文章，认为阎

① 阎伯川先生纪念会编：《民国阎伯川先生锡山年谱长编初稿（第1册）》，商务印书馆1988年版，第259－260页。

② 刘灵华：《山西政治述要》，山西省图书馆藏1922年版，第7页。

③ 绥靖公署办公处编：《阎伯川先生言论辑要（第1辑）》，山西省图书馆藏1937年版，第81页。

④ 阎伯川先生纪念会编：《民国阎伯川先生锡山年谱长编初稿（第1册）》，商务印书馆1988年版，第7－8页。

公之言民治也，以适时为主，适时政治，用民政治也，换言之，即发育民德、民智、民财，使人民各资自用，以抒展其本能，共趋于进化向上之途者也。[①]“用民政治”的根本精神在于“养成健全之人格，促成进步的社会”。

“用民政治”首重民德，《用民政治大纲表》虽然将民德、民智、民财并排列出，但从当时的阅读习惯而论民德排在第一位。这种排序方式既体现了伦理政治的要求，也反映出传统中国以道德为立国之本的政治观念。而民德的培养必须依靠教育和训练。由国家承担系统而全面的教育，则不得不依赖政府的整体规划和推进。因此，政府对于提高民智责任重大，既注重学校教育也注重社会教育，既注重在贫困者中普及义务教育，也注重富有者的受教育义务。《富民子弟特别义务教育条例》（颁布时间不详，推定在1918年）规定，凡财产在1万元以上者，其自身或子弟，皆有在中学毕业之义务，违者惩之。对于自治能力的训练既注重自治行政人才的培养，也注重提高普通民众的政治认知能力。民政最终施惠于民，则必须从发展实业、促进民财增长落实。综合来看，“用民政治”思想葆有正德、利用、厚生三方面的意涵。

民德方面包括国民道德和社会道德，国民道德以信、实、进取为主，社会道德以爱群为主。培育民德主要体现在三个领域：学校教育、行政司法与村政。学校教育方面要求于国民学校师范养成所注意、于国民学校课本中注意、于社会教育各事中注意、于奖励国民人格中注意、于各学校之风俗注意。行政司法方面要求于宣讲时注意、于传习地方行政时注意，于公立各机关人员注意、于发布文告时注意、于行政处分时注意、于判决词讼时注意。村政方面要求于《街村长副须知》和《人民须知》中注意。

美国学者季林评价道，“他（阎锡山）和中国的大多数保守主义者怀抱同一信念：改革是一个伦理问题，并表示相信只有通过民众道德上的更新，中国面临的问题方能解决。他企图在山西复兴孔子学说，使之再次成为一种可被普遍接受的思想。他在感情上崇拜孔子学说是由于他的教养，也因为它

---

① 山西日报社：“山西用民政治述略”，载《新中国》1919年第1卷第7期。

看来好像对当时混乱和动荡的局势提供了一种可以救世的替代办法”。[①] 季林敏锐地把握了传统儒家思想对阎锡山政治思想的影响，不过将其称为孔子学说的“复兴”则不甚准确。民国以降西方思潮涌入中国，但是在社会对基层的普通民众头脑中，占据主要地位的还是传统儒家思想。其实与其谓之“复兴”，毋宁谓之“改造”。客观来讲，民主、共和、自由、人权等概念离村民生活过于遥远，也难以解释，只有传统儒家文化的概念才是村民熟悉的和了解的，只有经由儒家文化才能够构筑起通往民治、民主的桥梁。

民智方面包括国民教育、职业教育、人才教育和社会教育。阎锡山认为，人民智识水平关系到共和政体的实现，他曾讲道：“共和国家主体在人民，必人民之智识发达，然后能运用良政治。如其不然，则政权必将由多数人民移之少数人之手，既移之少数人之手，则此少数人所运用之政治，必以少数人之利益为利益，可危孰甚！”[②] 国民教育以普及为主，具体措施在于厉行体操教科、整顿教育会、养成师范、广设国民学校、整顿劝学所、调查学龄儿童、试行强迫制度。职业教育以发展国民经济为主，要求于甲乙种实业学校筹划改良办法、于普通教育教材注意、于职业补习学校筹划改良办法、于安插游民收集贫民注意。人才教育以供给适应时代之行政、自治及社会等事业之用为主，具体措施包括设育才馆、整顿高等专门普通学校、设地方行政讲习所、设地方警察传习所。社会教育以改良风俗、开通知识为主，具体措施包括改良戏曲、通俗报章、通俗图书、注音字母、一致言文、露天学校、半日学校、春冬学校、夜学校、周行宣讲、颁发《村长副须知》《人民须知》《家庭须知》，设立全省街村长副传习所。

民财方面包括发展农、工、商、矿各项事业。农业发展以增加生产为主，具体包括促进水利、畜牧、农桑、种树、植棉、造林、草帽辫、特用作物，编制各村土地，各县设农桑分局，设立蚕桑工厂、设立中南北万桑园，各县设官苗圃，各村设公苗圃。工业发展以制熟土货仿造外货为主，具体包括促

---

① ［美］唐纳德·G. 季林：《阎锡山研究》，牛长岁等译，黑龙江出版社 1990 年版，第 54 页。

② 阎伯川先生纪念会编：《民国阎伯川先生锡山年谱长编初稿（第 1 册）》，商务印书馆 1988 年版，第 282 页。

进制芋、制肥料、酿造、制糖、制皮、造丝、造玻璃、设械器场、纺织、电气、建筑、道路、水利工程、造针、油脂、强水、苏打、窑业。商业发展以提倡输出、限制输入、发展金融为主，具体包括提倡银行、整顿货币、便利运输、整顿商会、奖励产业组合、恢复西北商务。发展矿业以开发地宝、利用投资为主，具体包括开发煤、铁、磺、矾、铜等。

综合来看，山西村治中所提倡的民智、民德、民财已经反映出现代国家建构过程中对民的重视以及对民力的扶持。然而，若是将其与梁启超先生提倡的“新民”比较，则会发现其中的微妙差异。梁任公先生认为，欲立国，必“新民”，而新民之道在于民力、民智、民德。其中尤重“民德”，尤其是“公德”。所谓公共德行，包括国家意识，争取和维护自由和权利的意识和勇气，自治的意识和技艺，自尊、自立、自强的意识，尚武精神，法律下的自由意识、义务意识、服务意识，服务公共包括国家的意识等。[①] 两相比较可以发现，山西村治中的民德仍不出修身齐家治国平天下的传统儒家价值，至多向前一步走入“爱群”的境界。而所谓爱群也更多强调个人对“群”的义务。这就与梁任公强调的自由和权利具有相当的差距。

三、地方自治的路径选择：村本政治

按照孙中山先生的建国大纲，地方自治以县为基本单位。理由在于两点：第一，县与人民之关系最切；第二，在政治上、经济上均须有一县之力，始可充分发展。民国时期较为宽松的央地关系是山西村治能够在中央地方自治体制建构之内开展基层自治实验的重要背景。任何基层制度设计都应当从解决问题入手，解决实际而紧迫的问题入手。日本学者杉原泰雄曾道：近代以来，人类以国家为单位的各个历史阶段，每走过一个艰难困苦的里程，都要通过宪法来制定为克服困难所需要的新规则，以此来继续人类的发展。[②] 也就是说，以宪法为代表的社会规则的发展，是以社会问题的解决为根本推动力的。这样的原理同样适用于对山西村治历史进程的分析。在中央政府无法

---

① 姚中秋：《儒家宪政主义》，中国政法大学出版社 2013 年版，第 208 页。

② ［日］杉原泰雄：《宪法的历史》，吕昶等译，社会科学文献出版社 2000 年版，第 1 页。

为地方发展供给政策导引及财政支持的情况下，山西的基层自治试验因其很快取得秩序成效而获得中央的认可。将村作为自治基本单位如何协调与国民中央政府的自治政策的关系？对此，山西地方政府首先从法制统一的角度完全支持并遵守国家法令。无论是袁世凯时期颁布的《地方自治试行条例》规定以区为自治单位，还是1919年北京国民政府时期颁布《县自治法》、1929年南京国民政府时期颁布的《县组织法》规定以县为自治单位，山西地方政府无一不表示遵章办理。但是在法理上进一步说明无论区自治还是县自治都以乡村自治为基础，但施行时仍然按照地方政府意志和安排逐步展开。阎锡山认为："一般从事政治之人，思想均失之太高。惟其太高，是以人之心思才力，不能在做好人有饭吃上，专在那点空架雾不着实际上用功夫。如英之自治制，如何完备也；法美之宪法，如何精密也；比利时之银行制度，如何妥善也。口讲指画，心摹手营，无非在此。然实际上之盗贼横行，民不聊生，行政官反不能尽心力以图之。"① 以此可见，1916年袁世凯倒台之后中央政府对于地方自治的策进多流于宏观架构，力不从心。实践中，没有乡村自治为基础的县自治实验也遭受到挫折。1921年广东曾制定《县自治暂行条例》及《县长选举》《县议员选举》各条例，但终究归于无效。理论上，学者陈公博提出，没有"田赋制度的厘定"和"乡村自治的养成"，县自治无从办起。② 山西省署（府）政治设计的重心不在省议会或县议会的建设，不仅仅注重官绅合治的模式，而是将制度重心下移到基层。"共和国家无不以'人民自治'为基础，扶植自治不由村子里着手，总是隔靴搔痒，成效难睹。……施行村政即以期达到人民自治之目的。"③ 在法制统一的层面维护以县为基本单位的全国性地方自治体制，但在实践层面致力于从乡村着手举办自治，由此山西村治在法理上不违背中央立法，而在实践上体现出较强的自主性特征。

---

① 阎锡山："面谕各知事人员，为政之要，在求人人做好人有饭吃1919年12月12日"，载《山西村政旬刊》1931年第4卷第5期，第25－26页。

② 陈公博："县自治单位的讨论"，载《革命评论》1928年第4期，第21页。

③ 阎锡山："1927年8月30日第五次告知委员并转官绅九事"，见阎伯川先生纪念会编：《民国阎伯川先生锡山年谱长编初稿（第2册）》，商务印书馆1988年版，第800页。

其次，山西地方当政者的治理思路在于注重基层，更大程度上考虑到解决其具体的施政问题。20 世纪初的山西经济衰退、民生凋敝，早已失去晚清时期“票号帝国”的辉煌，被现代工业生产的大潮远远抛于浅滩之上。民国初年山西开展兴利除弊诸项新政，但是其时的行政系统陈旧僵化，难以完成庞杂的行政任务。阎锡山总结“六政三事”举办时期的困厄之处，因此认为施行村政势在必行：“六政三事仅责成县长，而县长以下无供臂指之人，能力将有时而竭，此村制之设立，所以不容一日缓也。”[①]“六政三事”时期虽然没有明确提出“村本政治”概念，但村治精神就此萌发。1921 年 6 月至 1923 年 10 月，阎锡山召集山西学政各界人士在省公署内召开进山会议，广泛讨论山西建设发展的问题，形成“村本政治”的理论基础。1922 年在村制推行五年之后，阎锡山正式提出“行政之本在于村”的“村本政治”，全省乡村普遍实施以自治为中心内容的“村治”。《人民须知》（社会篇）对此有浅白明了的解释：“什么叫村政治呢？就是村中公共事务，由村人自己办理的意思。例如，整理村范，是为村中铲除坏人；村禁约，是由村民公议订定的规约；息讼会，是专为调息村民的争执；保卫团，是使好人结团体稽查坏人；村民会议，是发展民权，实现自治精神的根基。这几种事，都是由村人举出来的村长副、闾长和分管事务的人员，负责进行。恐怕他们发生弊病，每村又选五人或七人，组织个监察委员会，监督他们，使他们只能往好处办，不能往坏处走。”概言之就是“村人自了村中之事”。“用官不如用民，用民不如民自用，……村制制度是用民而到民自用的办法”。[②] 曾在山西游历考察的刘灵华先生也注意到村治思想的缘起具有开创性和实践性，他指出：“此村本办法，几为经验上之发明者，非徒诵古人观乡而知王道易易之陈文，亦非模仿外国村市自治之故套。盖若诵陈文，则古书只言天下之本在国，国之本在家，却少一句国之本在村，不知不分为村本，则民本主义散漫无准。又徒译新章，而外国所办的新村也是有限，亦不可用。故决定拟一政略，以改

---

① 刑振基：《山西村政纲要》，山西村政处村政旬刊社 1929 年版，第 11 页。

② 阎锡山：“对河北省训政学院学员讲话（1929 年 8 月 18 日）”，见阎伯川先生纪念会编：《民国阎伯川先生锡山年谱长编初稿（第 3 册）》，商务印书馆 1988 年版，第 1277 页。

进村制为主，一切施行重人情不重法律，重感化不重威权，重众治不重绅治，重民强不重兵强。”①

从上可见，民国山西村治虽然与中央政府规划的地方自治方略不尽相同，但仍可被视为省一级地方政府探索地方自治途径的尝试。当然所谓的尝试或试验也要基于一定的现实基础和理论指导。从现实基础来看，中国自古以来形成的农村自治传统为村治的开展奠定了心理基础。村为天然形成的人群共同体，为天然形成的基本政治单位。村以下之家族制度失之狭，村以上之地方团体失之泛。对于中国传统社会中的农村自治许多研究者早有观察。“虽然说，古代的大公无私仍然是一种遥远的愿景，但人们对于自己家乡社区自然而然的热爱也许为善政良治定能出现提供了最有力的证明。”② 普通中国人身上的德行，在地方性的环境中能够得到更好的彰显。关于政治参与的基础并不是个人权利，而是所有公民对自己社区的自然而然应当负起的责任。“凡系人民利益切身之事，切使人民自己为之，人民亦能自己为之，此方合民治之旨，亦即自治之精神。”③ 马克思在其对“东方农村公社”所作的著名讨论中就已经指出，乡村实行有效的自我管理。韦伯指出：“城市是达官贵人的聚居地，它们并不是自治的实体，而乡村在这两方都恰好与城市相反。乡村的争端，或由宗族，或由地方庙宇管理组织予以解决，人们积极地避免上衙门，国家对此也极少干预。地方庙宇管理组织负责修路、挖渠、防御入侵和公共安全，而国家不理会乡村是一个单元，会重复不断地涌现出纯粹的财政利益。”④ 就处于从传统到现代国家过渡的中国而言，上述判断依然具有相当的洞察力。有所变化的一点则在于国家与乡村的关系变得更加紧密，因此乡村自治就不再局限于一定的地理范围，而必然与上层的行政权力发生联系。乡村秩序与公益也在更广大的时空范围内被连接起来。阎锡山为《山西村政汇编》所撰序文中阐释其创办村政的施政方针，认为村者，人民聚集之

---

① 刘灵华：《山西政治述要》，山西省图书馆藏1922年版，第21页。

② ［美］孔飞力：《中国现代国家的起源》，陈兼等译，三联书店2013年版，第70页。

③ 《治晋政务全书初编》第1册（政论讲演），山西省图书馆藏，第72页。

④ ［英］安东尼·吉登斯：《民族—国家与暴力》，胡宗泽等译，三联书店1998年版，第71页。

所也。为政不达诸村，则政乃粉饰，自治不本于村，则治无根蒂。舍村而言政治，终非彻底之论也。于是创行村制，选任村长副等职，俾作行政之枢纽，即借以为自治之训练。①

第四节　山西村治的开创

一、村制的确立

开展村政施行村治首先必须对“村”的地位、职责和架构作出明确规定。1918 年山西省署颁布《各县村制简章》，简章第 1 条即表明：各县所属村庄，均须按照本简章编制，以立自治基础。虽然此时山西省内尚未标榜村自治，但从内容而言该简章已经确立了编村为单位的乡村自治。该简章在内容上整合了 1917 年 9 月的《县属村制通行简章》和 1918 年 4 月的《各县村编制暂行条例》的相关内容。该简章只有 22 个条文但粗而不陋，除附则外分为五章。总纲部分明确了编村的自治基础地位，并要求所有村内居民一律遵守。第二章规定村、闾的具体编制方法，明确了村长与县知事的职务关系。第三章对村长副资格、选任程序和具体职责作出规定。第四章规定村长副职务及奖惩。第五章规定村内办公经费的来源以及村政职员的给薪问题，初步确立了村自治财政的基础。由此可见，该简章已经勾勒出较为完整的村自治制度，从自治单位、自治机构、自治事务、自治财政方面都作出规定。

编村不同于自然村，要求大小、距离适宜。据山西村政处职员刑振基介绍，大小适宜是指能负担村经费，办理村中应办事项，过小的村庄可以联合编村。从实际情形来看，村制实施后联合村居占其大半。距离适宜是指村长与村长副交通往来不致感到困难。1917 年 9 月 12 日颁布的《县属村制通行简章》，最初规定满 300 户为一编村，联合数村为一编村的，择其中户口最多的村为主村，其他为附村。为提高效率山西省署不久即对编村规模作出调整，

① 山西村政处：《山西村政汇编》，1928 年版，序第 1 页。

到 1918 年 10 月 30 日公布《各县村制简章》时缩减了编村规模，规定以百户为标准编村。“村民不足一百户者，得察度情形，或一村设一村长，或指定主村、联合邻村设一村长，但联合村之距离不可太远”（《各县村制简章》第 5 条，1918 年 10 月 30 日公布）。每一编村设村长一人，村副一人，户数多者可增设村副，但最多不得超过四人。1927 年颁布《修订乡村编制简章》中依然规定以百户以上为一编村（《修订乡村编制简章》第 3 条，1927 年 8 月 18 日公布）。

编村的目的还在于弥补官力行政的不足，将编村纳入全省的行政网络。“众村环布而成一县，地旷情暌，向恃县知事一人耳目之觉察，势难遍及而兼顾。且六政推行以后，继以三事，而用民政治大纲所列各项均逐年举办。长官责成知事，而知事以下而无供臂指之人，能力将有时而竭，此村制之所以设立。”① 如果说规范意义上的村制建设着眼于侧重下沉行政网络，那么实践意义上的村治建设则侧重于推动乡村自治，建立灵活能动的乡村秩序。“村本政治”的核心在于将村编制为“圆满人群之组织”，以编村为施政单位。行政之本在村，“将村编为有机的活体”，达到“一村如一人”的效果。山西省政府印发的《改进村制纲要》开篇即说明：“村制是什么？就是把村子变成个活体，有管事的人，有管事的权，县里、区里管不到的事、应该交村里能自了的事，不必到县里、区里办，可见村制是自治根基、政治起点。”② 省署颁布整理村范原理七条，其中第 4 条说明编村组织对民治的重要意义：“民治云者，即人民有施政之活体组织之换言也。若人民无此组织，非特政治上如同无串之钱，散漫无纪，即以人民而论，弱受强欺、愚受智诈、寡受众暴，除向最不愿向之衙门求救，仰最不愿仰之劣绅土棍求指点外，别无他法。云官治乃贪官污吏之实况，云自治亦劣绅土棍之变名。村无活体之组织，是好人无有机之团体，不只无民治之足云，并官治亦不足道。”③ 由此可见，“村本政治”中的村不再是自然意义上的生活联合体，而是处于国家政权建设中的基础性层面存在，具有一定的自治功能和行政效用。

---

① 周成编：《山西地方自治纲要》，泰东书局 1925 年版，第 2 页。
② 山西村政处：《山西村政汇编（卷 5)》，1928 年版，告文第 2 页。
③ 刘灵华：《山西政治述要》，山西省图书馆藏 1922 年版，第 22 页。

相对于自然形成的家族、氏族而言，编村具有政治和经济双重意义。家族等团体以血统为纽带，并没有政治作用蕴含其中。编村组织将一定范围内的人群集合为具有共同政治、经济和社会利益的共同体。阎锡山认为：“市、村为政治经济具备之最低级组织。换言之，即以其有相当人口，居于一定区域，并有共谋保护进化与互助之关系故也。”① 吕振羽先生对村治组织评价甚高：“我国行政区域，一县之大，小则百里，大则数百里，勿谓中央及地方省政府与民众疏隔，即县政府亦除例行政事外，事实上等于与人民毫无关联；而民众方面，各个散漫，无集体之力量，匪特无从谋共同之利益，除共同之患害，而且无从图民意之发展，舒各个之本领。今于县与人民之间，添此一层小社会之活体组织，不仅使各级政治机关与全民构成一严密的灵活的社会，而且可以由互助合作的精神，去解决过渡的民生经济，由小范围的活体政治之组织，能完成平民教育，提高民智程度，去解决民权政治，……而进于大同社会。”② 可见作为“村治派”代表学者的吕振羽先生对村治寄予厚望，他认为村治是恢复民族精神、挽救国家命运的必由之路。

怎样才能使编村变为活体，关键在于在村一级形成职责分工的组织互相配合。“如人有首及心腹、四肢之义。谁为村首，首者为其首，孰是村心，心者寄其心，谁作手足股肱，则使之为村长副之扶助，谁是村中坏人，官厅当排除之，免为村中障碍。如此则能成活体。”③ 具体路径从两个方面进行。一方面，由官力推动，主要是将整理村范作为考核县知事的主要内容，“此后考核知事，以村范为主，自春节日起，逐日省出三两小时功夫，特办此事……于所属各县办理村范，特别注重，列为考察之第一要件。”④ 另一方面，注重编村组织的自治人选和内部机构设置。每一编村有村长一人，村副

---

① 阎锡山：“物产证券与按劳分配——阎伯川先生旅居大连时对新村制度研究会之讲话”，见阎伯川先生纪念会编：《民国阎伯川先生锡山年谱长编初稿（第4册）》，商务印书馆1988年版，第1352页。

② 吕振羽：“北方自治考察记”，载《村治月刊》1929年第1卷第1期。

③ 刘灵华：《山西政治述要》，山西省图书馆藏1922年版，第21－22页。

④ “致三道尹整理村范函（1923年2月10日）”，见山西省村政处：《山西村政汇编（卷3）》，1928年版，第261页。

一人或二人。25 家为一闾，有闾长一人。5 家为邻，设邻长一人，全省闾邻长，共计 501359 人。设置合理的村内办事机构，如最先成立的保卫团、息讼会，再到 1927 年之后形成村民会议—村公所—村监察委员会的架构。同时，设计合理的办事程序，如息讼会处理讼争的程序、村禁约的议定与处罚程序等。

村长如何产生对村治的进行至关重要，村制实行之前村长由村民推选产生，实行村制之后改为选举产生。1918 年的《各县村制简章》规定编村组织以 100 户为一村，设村长一人，村副一人，其住户尤多者，得酌增村副，但不得多于 4 人。住户不足 100 户者，可酌情设一村长，或指定主村联合邻村合设一村长，由指定主村内选任。村长办理公务直接禀承县知事。村长被选资格要求如下：（1）朴实公正，粗通文义；（2）30 岁以上，确无嗜好；（3）有不动产价值在 1000 元以上。具备上述三项之两者得选为村副。村长、村副由村民加倍选出，由县知事选任，并呈报省道公署备案。1927 年公布的《修订乡村编制简章》降低了村长副的年龄限制，取消了财产要求，规定：村民年在 25 岁以上，现未充当教员及在外别有职业，能够参与村民会议且朴实公正、粗通文义者，得选为村长副（《修订乡村编制简章》第 2 条，1927 年 8 月 18 日公布）。

1919 年 5 月 18 日山西省署公布《选任村长副、闾长暂行规定》，对村长选举的程序有所安排。其中规定村长副改选于每年 11 月举行，举行日期，由区长于 10 月以前，按村分日排定，预先通知。各村接到通知后，由现任村长，如期召集选民，照章选举。选民资格有三方面的限制：首先，性别限制，以男子为限；其次，年龄限制，要求年满 20 岁以上；最后，财产限制，要求具有财产但没有具体数额。具备选民资格的民户每户出一人参加选举。据统计，实行编村后，全省主村、附村有 44402 个，增设邻长、会计 379386 人，连同村长、村副、闾长，共有村干部 501359 人。[①] 按 20 世纪 20 年代山西农村人口 1100 万计，占农村人口 4.5%。村长副的职责包括：（1）承行政官之

---

① 山西省政协文史资料研究委员会：《阎锡山统治山西史实》，山西人民出版社 1981 年版，第 84 页。

委托，办理传布及进行事项；（2）本村民之公意，陈述利弊事项；（3）办理职务内应行报告，以及特别发生事项。

根据简章规定选举时先由村民投票加倍选出，再经县知事委任择定。实际上民选后再由官委的制度是对实践经验的总结。阎锡山在河北训政学院讲话中解释了民选村长由县长委任的现实考虑："初着手的时候很困难，山西村长原定二年一选，第一次选出的人，十分之八是坏的。三个月就改选了。第二次选出的人十分之五是坏的，三个月又改选了。第三次选的时候我叫县长负责——村长固不能不由民选，但选出坏的来，县长要负责任。结果十分之八是好人了。县长负责本是过渡时候的困难，一到民能自由的时候，就没有这种困难了。所以说用官不如用民，用民不如民自用。"[①] 在此情况之下还要求村长副选举时区长或助理员到场监视。以此可见，完全由民选实为村治的应然目标，只不过实践时需要结合一定的环境条件采取必要的权宜之策。1921 年出版的《山西现行行政纲要》中也对此问题作出说明，认为街村长副及闾长本应为民选，但"村闾机关既为官治之辅助"且"民治未开"，纯由民选不如官委。因此，各村村长副照定额加倍选出，呈由县知事择委。选举方法，以投票法行之。充当教职员的及在外别有职业的，都不能为被选任……各闾闾长于新村长接事后十日内，推选出来。[②]

山西村治中的村长副基本上都是无给薪制。村政之初曾有知事专门就村长副给薪问题询问省长，是否可仿照日本办法对村长副给予年金不用旅费？关于这一问题省署讨论的意见倾向于无给薪制，原因一方面在于财政困难经费无着，另一方面在于防止贿选流弊。"此事当村制初创之始，曾经几番讨论。有主张有给者，有主张无给者，孰是孰非，尚系一个问题。无给则不肯负责，有给则运动被选之弊起矣。"两害相权取其轻，"盖共和国之选举卖票，犹专制国之鬻爵卖官。……近世选举卖票，明目张胆，大庭广众之下，买者卖者均直言无忌，而闻之者亦不以为可耻而耻之。假使一国民以无耻而

---

① "阎总司令对河北训政学院学员讲演词（1929 年 8 月 8 日）"，见山西省村政处：《山西村政续编（第 2 集）》，1930 年版，讲话第 12 页。

② 《山西村政旬刊》1931 年第 4 卷第 5 期，第 8 页。

成为风俗，即是无耻之国家，国而无耻，前途尚堪问乎？”① “村治派”代表学者王鸿一先生对于民选村长副的意义分析深刻，他认为村本政治是民治之基础，民权之保障。“村本政治，一切权利，根本在民，政权操于民众，治权始于乡村……村之治权，则由村民直接选举本村贤良以治本村，并得直接参加。如选举者方面，则辨择有素，易得真才，在被选者方面，则休戚相关，治绩必美。村以上之区县道省，一切主要官吏及议员，更可……由服务村治人员，累升递进。”② 村长虽由村民选任，但县知事、区长对于村长具有监督、惩处和撤换之权。《各县村制简章》规定，村长副如有违抗要公、藉词阻挠或营私舞弊情形者，得由县知事呈报撤换。大致来说撤换理由包括不能主持公道、不认真整理村范等。官方一面加强对村长的监督，一面帮助村长树立权威。据1918年9月30日山西省署发给怀仁县的指令称，该县对不职村长既据撤换，应即分别开报查考，同时对于村中乡约会首遇事把持的不良之风，村长可随时检举。③

二、村自治分期进行办法

（一）分期办法

全省统一编制乡村解决了村治的基础性结构问题，就治理乡村而言只是第一步。组织起来的编村如何进行自我管理则是村治中的关键性问题。依靠民间力量自动完成治理显然难以奏效，乡村自治的推动力量主要来自政府一方。或者说官方权威机构在山西村治中起到决定性作用。就推进自治而言，山西省署官方态度鲜明：“晋省地方制度，虽经建设，然官治行政实多于自治行政，且设置伊始，本为自治预备之过渡，换言之即欲以官治促进自治也。”④ 然而，自治宜从最基本单位——村自治着手。“村自治者，区自治之基础，基础不立泛言自治无当也。即以村自治而论，遽然实行，亦恐扞格难入，故于事前尚须有种种之预备。”于此，1920年10月山西省署拟定村自治

① 刘灵华：《山西政治述要》，山西省图书馆藏1922年版，第24－25页。

② 王鸿一：“建设村本政治”，载《山西村政旬刊》1931年第4卷第1期，第32页。

③ 山西省村政处：《山西村政汇编（卷2）》，1928年版，第135页。

④ 山西政书编辑处：《山西现行政治纲要》，大国民印刷厂1921年版，第113页。

分期进行办法呈报中央政府核准施行。拟具村自治分四期进行。第一期：用官力消除莠民；第二期：用民力救济穷乏；第三期：拟定村范则例；第四期：实行村自治。分述如下：

第一期：以官力消除莠民。莠民为人群之大害，政治之阻碍，然良善人民“实无自行排除之能力，非用官治全力消除恐难实在收效”。根据1920年2月20日颁布《消除莠民规则》，莠民包括以下几类：（1）曾犯盗窃、聚赌、窝娼及累犯违警触犯者；（2）预备犯聚赌、窝娼及违警罪者；（3）土棍；（4）外来客民，无正当职业而形迹可疑者；（5）其他不正行为者。可见，所谓的莠民判断标准是正与不正，勤劳守法即为正，怠惰违法即不正。对莠民的惩戒分为名誉罚和身体罚两个阶段。莠民调查主要由村长副负责，村长副密报区长惩戒或由区长自行察觉后惩戒。首先进行文书训诫，考验期为两个月。经训诫后两个月内仍不悔改情形，由区长报县知事按豫戒法施以相当之豫戒或勒令强制劳动或按律惩治。此外，1921年3月13日山西省署颁布《化除土棍条例》。所谓土棍虽不属莠民，但对乡村秩序具有危害，具体指有下列行为者：（1）武断乡曲；（2）把持公务；（3）窝娼聚赌；（4）讹诈乡民；（5）聚众斗殴；（6）调唆词讼；（7）贩运烟丹。这一阶段的村自治规划中，管制性行政色彩非常浓厚，管制的范围宽泛并具有弹性。但是在实现管制的方式上突破传统政治单纯依赖行政力量的路径，积极吸纳民众力量进入管制渠道。

第二期：用民力救济穷乏。“保民之策，首当留意穷乏”，但官方能力有限，只有组织民力自救才可博施持久。根据《救济穷乏条例》安排，每一编村为一抚恤团体，救济“鳏寡孤独、疲隆残疾、实在无自觅生活能力又无亲属（父母、子女、夫妇）可依赖者”。救济费用先就各地方共有庙款、社款酌提，或设法向富绅、富户、大商劝集，但不得勒索。尽管救济团体和费用完全依靠民力，但若是组织救济机关，其管理方法和组织情形需报县知事核定，由省公署备案。

第三期：拟定村范则例。这一期在前期消除莠民基础上，从消极方面对村治基本效果提出总体要求：（1）村内无贩售、吸食鸦片、金丹之人；（2）村内无赌博之人；（3）村内无为盗之人；（4）村内无窝娼之人；

（5）村内无犯斗殴之人；（6）村内无乞丐之人。各乡村由区长督促村长副实行整理，具体方法可由村长副因地设施。合格之村由县转报省道公署，合格之村多寡作为县知事或区长年终考核的参考。

第四期：实行村自治。阎锡山呈大总统公函（1920年）中解释道："查县自治法，以县为自治团体，地方自治以分区为单位，逐年进行，部中均有规定，遵章办理。当先从乡村入手。盖县区团体之自治，以分子之乡村自治为基础。晋省地处偏颇，风气虽未甚开通，朴实尚不难提携，加以一二三其之再事整理，实现自治，当不至有名而无实。且于自治法令，有顺序之预备，并无筹集费用之困难。"①

这里需要注意的是，山西省署当时提出的四期进行办法在后续的村治过程中并未完全依次展开。消除莠民的规划后续在整理村范过程中进一步强化，村内济贫慈善事业的举办则并未形成单独而显著的一个时期。第三期和第四期的规划实际上更多体现为愿景目标。通过对村自治的分期规划，山西由村治达致县自治的雏形已经基本确立。

（二）《村自治暂行条例》

1920年的村治分期计划中为促进官治行政向自治行政过渡，山西省署拟定《村自治暂行条例》，规定村自治由村内公选合格人民承县知事之监督办理村自治事宜。村自治事宜包括村教育、村卫生、村道路、村风化、村公业、村保卫和村登记。村民按照资格划分为村民、住民和公民。并非所有村民都具备选举资格，首先加以性别限制，在本村居住的男子为住民。其次就住民加以国籍、年龄和财产限制。具备本国国籍、年满25岁以上、居住本村连续三年以上且年纳地丁米豆二元以上或有不动产价值在500元以上者，为村公民，具有选举资格。或者虽然不具备前述财产资格条件，但品学兼优由十人以上合格公民推许也可具备村公民资格。村自治职员由两部分组成：村长副、闾长以及村议事。村长副由本村公民按规定原额加倍选出，呈由县知事择任。闾长由村长副协议推任。村议事选举法暂未详定，但以四至十人为限。所有

① 山西政书编辑处：《山西现行政治纲要》，大国民印刷厂1921年版，第118页。

自治职员为名誉职，不支薪水，仅办公费用由村公费支给。村议事可议定自治规约，可监察或检阅村长执行事务及支出账目。县知事对所有自治职员具有监督权。如此一来，实行村自治无须靡费官方财力，又可得村自治效果。

需要指出的是，《村自治暂行条例》并未收诸于1927年的《山西村政汇编》，也就是说这个条例没有作为经过正式的立法程序提出并通过，而仅在1920年的村治规划中出现。而1922年山西省正式标榜村政建设之后，消除莠民、救济穷乏、制定村范规则各项措施并非按照时间次第展开，而是统括在整理村范事项之内。尽管《村自治暂行条例》不具有规范上的严格意义，但其明确划分出山西实行地方自治的区域层级。与当时中央政府的规划不同之处在于，山西的地方自治区分了行政区域和自治区域。亦即山西没有采纳中央提出的将行政区域与自治区域混同的思路，而是在保持省、县、区行政区域层级体系的前提下，另外开辟出不同于行政区域的自治区域。而自治区域与行政区域的有意区别也构成山西村治在体系上的特色。即便是南京国民政府采纳山西村治的办法在全国推行区村闾邻制度，仍然将县兼作为行政区域与自治区域，山西当局限制自治区域范围的思路也并未动摇。如果说民国地方自治制度体现出高度集权的中央向地方放权的面向，那么山西村治则并非在同一逻辑层面展开，其展现出国家权力确认乡村自治并推动乡村自治的面向。山西村治更大程度上是一种将非正式的乡村自治制度改造并吸纳为正式国家制度的变革过程。

三、村政的提出

“‘六政三事’之收效，仍藉官力之督促，尚非人民之自动。设使负责之人，恐利兴而不能普及，弊除而不能净尽，政治不放在民间。”① 1921年冬，阎锡山召集山西要员及军学各界人士在山西省军署召开进山会议，提出改进村制问题，拟定村制建设的思路和框架。1922年3月，阎锡山召集召开山西省第一次行政会议，正式提出“村政自治”的概念。村政者，村本政治之谓

① 陈芷庄：“三十年来山西六政三事与村政之过程及其概要”，见《晋阳日报卅周年纪念特刊——三十年来之山西》，1936年7月。

也，即以村为实行政治之单位也。[①] 所谓“村政自治”，就是希望山西由“官办自治”进入“村民自办村政时代”。“七年（1918 年）四月标举用民政治时，已具有实施村本政治之根本理想，加以推行六政三事，深感官力督办之困难，遂逐一弃保育政策而为村制之探讨。爰于十年（1921）冬，召集各机关、各学校领袖及富有政治学识经验之人，开进山会议于军署，提出改进村制问题，反复深究，询谋佥同。改进村制之实施，即于此而决定”（阎锡山语）。[②] 村政甫定之后，各项事业逐次展开。主要事项分为七类：第一，整理村范，凡村中不良嫌疑者均切实调查，逐一劝诫；第二，村民会议，使村民练习负荷政治的习惯；第三，村禁约，村民公议禁约禁止损害公益及伦理秩序的行为；第四，息讼会，调解村民争端化除讼累；第五，保卫团，使村民保护地方安全；第六，村财政，防止村中靡费村款；第七，村监察委员会，专司核查村款及纠察村务人员之责。其中前五项在 1922 年颁布的《改进村制办法》已有规定，村监察委员会至 1927 年年底由省府开始提倡。其他事项如村卫生、村积谷、产育改革等不一而足。至此山西村治在村一级完成类似立法、行政、司法分工配合的组织架构，具备了近代地方自治所要求的居民自治和团体自治要素。

小　结

荆知仁先生在总结中国立宪史的曲折历程时探究其背后的根本原因，认为政治系统只是社会系统的一个次级系统，因此政治系统要完成从专制到民主的转型必须以社会系统的转型为基础。“民主与专制政体，系两种不同的生活方式，各有其本身的文化背景和基础。文化乃成于长期的演进，实无法变之旦夕。”[③] 民国时期地方自治体制的建立为山西在其省内实践地方自治提

---

① 刑振基：《山西村政纲要》，山西村政处村政旬刊社 1929 年版，第 1 页。

② 同上书，第 7－8 页。

③ 荆知仁：《中国立宪史》，联经出版事业公司 1984 年版，第 168 页。

供了合法性支持和制度导向，然而制度变革的根本问题依然在于整个社会的文化转型。尤其面对社会结构最底层的农村，传统文化的惯性更为牢固。由此可以理解民国山西村治的思想依据徘徊于传统伦理政治和现代民治思想之间，希望搭建起两者沟通的桥梁，但又无法完全跨越两者的鸿沟。当后世的研究者回望这段思想遗迹，不由地为思想转型的艰难而唏嘘不已，也为实践者的应机智慧而报以同情。

第二章 山西村治的制度构成与变革

民国当时以及中华人民共和国成立后的研究者对山西村治的关注主要在于这种乡村自治的平面结构，如村治组织、村治事务、村治范围。当然，既然研究村治，以“村”本身作为关注切入点是非常必要的。但是这种水平化的研究也存在一些视角上的盲点，其中最典型的可能就是只看到村本政治之果，而淡化或忽略了政权策动之因。因而在研究结论上往往将策动之因简单等同于控制或统治。当然，这里并不否认山西地方实力派自我保存的私利性一面，但是从政府理性的角度出发，村本政治作为民国山西政府的长期施政措施更大程度上体现了政府行为理性选择的意涵。此外，政府理性的单一维度也不足以对山西村治作完整的阐释，还须结合近代中国地方自治实践的历史背景，才能作出更有说服力的分析。如果说翟城村治体现了绅治型自治的传统，那么山西村治则代表了官治型自治实践，而官治推动自治又可向前一直追溯到清末预备立宪。

正如吉登斯对现代国家与传统国家进行比较分析所持的观点，“传统国家的统治集团缺乏左右其臣民日常生活的固定手段。与此相对照，现代国家的一项主要特征就在于：国家行政人员的控制能力的巨大扩张，直至甚至能左右个人日常活动的最私密部分”。[①] 因此可以说，正是现代国家政权建设的纵深扩张促使山西一省之内建立起相对自足的地方治理制度。所谓“山西村治”绝非仅仅“一村之政”“一村之治”，实质上是山西全省范围内为实现秩序和发展而采取的一种制度化安排，其推动力在省，改革重心在县，着力点在村。1917 年开始山西为推行“六政三事”、义务教育等新政，展开了一系列改革，其覆盖范围由省至县再深入到每一村，每一项政务都会涉及组成政治共同体内的每一个人。根据吉登斯的观点，统治的“范围”是指居于支配

① ［英］安东尼·吉登斯：《民族—国家与暴力》，胡宗泽等译，三联书店 1998 年版，第 11 页。

位置的行动者对于那些屈从于其统治的人们的重要活动领域的控制程度，统治的“强度”是就那些能用来获得他人屈从的制裁措施而言。从统治的“范围”和统治的“强度”而言，“山西村治”实为山西省内推行政务、实施地方自治的概括。

需要注意的是，村治与现代化政治体制的建立密切相关。首先，山西省署（府）对村政计划有着详细的制度设计，山西村治展现出显著的制度化表征，形成了省、县、村三个层级的制度规范，并在省一级成立考核机构和实察机构。为考核新政办理效果，除在省署成立六政考核处、村政处进行书面考核外，还将行政研究所改为政治实察所，同时省议会代表组成议员观察团，专司实地考核。其次，县公署改组方面，改变清末县署的刑名书吏制度，建立起现代官僚体制的掾属制，县知事以下分设承政、主计、承审、视学、宣讲、技士、收发七部行政人员。分工明确的现代科层体制将省政、县政与村政连接起来。再次，纵向地方制度方面，逐步发展出“区村闾制”，行政网络愈加沉密；村内横向组织架构方面，为切实完成整理村范等事项，调动村民自了村内事务，具有现代权力分立制衡意味的村公所、村民会议、村监察委员会渐次成立。最后，建立起具有传统文化特色的息讼会以及为应对时局环境而成立的保卫团。伴随“六政三事”、义务教育、整理村范等山西新政的深入，山西省内建立起以编村为重心的纵向地方制度和横向组织架构。村政之所以能够步步推进与现代民族国家政权建设的历史潮流不可分割，在此过程中，山西村治具有的地方自治功能逐步凸显出来。

为了凸显国家政权建设与村本政治施行的关系，首先需要对本书研究方法的选择作一说明，阐释为何在此部分的研究中未采取惯常的历史分期方法。以历史分期方法对于山西村治进行研究有以下几种观点。第一种，1927 年之前山西村政建设的分期问题，山西省署以 1922 年为界划分为两个阶段，第一个阶段为“官治提倡村治之时代”，第二个阶段为“村民自办村政之时代”。或者说第一个阶段是尚未标榜村政的“六政三事”时期，第二个阶段则是进山会议之后标榜村政的时期。这种划分方式主要以名义上是否明确提出村本政治为标准，所谓的倡办和自办并非绝对意义上的区分。第二种，梁漱溟先生将“山西村治”划分为三期，第一期从1918年至1921年，以施行村制、六政为中心；第二期自1922年春至1927年夏，即所谓的村政时代，1928年提出“村村无讼家家有余”目标之后为第三期。[①] 第三种，山西村政处职员刑振基将山西村政发展分为萌芽、试办、改进、完成四期，在梁漱溟先生的三分期之上，单列出一个试办推广期。萌芽期从阎锡山兼任省长为起点，各村特设村长副为创建村制之嚆矢。试办期分为两个阶段，1922年3月以前为“村本政治之初步，乃官治提倡村制之时代，而尚非村民自办村政之时代”。1922年春开始拟定改进村制办法，提出“做好人有饭吃”的主张，期望人民以“主张公道、热心爱群”八字，先由阳曲、榆次、太原三县及省城市区试办，当年6月推行到平定、寿阳、太谷、忻县、定襄五县。改进期从1922年9～10月开始，前述八县试办已见成效，遂在全省推行。第一批次五十余县，第二批次四十余县。完成期增加村监察委员会，专门负责清查村款和纠察村务执行人员。基本完成期在1927年，设村监察委员会完成村级三权分立的组织架构。1928年山西省政府提出以“村村无讼、家家有余”作为村政目标，刑振基进一步指出，由是以观，山西之村政，已有发展民权、除莠安良，进而为化息讼争，充实民生之坦途。[②]

而实际上，山西省署的两分法标识出省级政权对村治进行的规划步骤，梁漱溟先生的三分法标识出山西村治各阶段事务的不同侧重，刑振基先生的四分法标识出村治试办推广的过程。这些分期的方法具有各自的优势，但并非完全清晰，因此本书借鉴历史分期方法但未采用。山西村治的进行无论是组织架构的完善还是村治事务的扩展都是一个动态而连续的过程。其中有两条线索并行，一是制度设计和组织架构，二是自治事务的推进。组织和制度的完善并非在某一时期完成，自治事务的扩展也是随着政治、社会条件的变化而在不同时期各有侧重。以历史时期划分虽然在时间线性上进行明确标识，但实质上则有可能割裂了山西村治发展的脉络。

---

① 梁漱溟：“北游所见纪略”，载《村治月刊》1929年第1卷第4期。

② 刑振基：“山西村政之近况”，载《山西村政旬刊》1929年第2卷第2期，第40页。

第一节 村治规范体系的形成

一、省级法规

如同柏拉图晚年从主张人治转向主张法治，但依然把法治界定为次优选择，山西地方当政者对于法律和情理关系的认知也并非同等对待。阎锡山曾告诫官员："万不得已，宁违法理，勿背人情"，并反复说明"用法不如用情"，用法是硬法子，用情是软法子。然而，中国法律体制的近代转型促使执政者重视成文法的效用，山西自然也不会超然于外。山西村治实施的过程形成了细密而完整的法规体系，据不完全统计村治法规达到近一百种。相较于民国当时其他地方的自治实践，山西村治的法规体系颇为庞杂。首先在数量上远远超过任何一省一地颁布的法规；其次在内容上涵盖广泛，有对村治宏观架构的规定，如《县属村制通行简章》《各县村编制暂行条例》《各县设区暂行条例》。绝大多数是针对具体事项的规定，几乎所有的村治事项都颁布有相应的法规（具体内容如表1所示）。山西村治的推行伴随着行政体制和行政区划的逐步变革，地方制度和组织制度首先以成文法的方式表现出来。通过从时间线性对这些村治法规的整理，能够反映山西村治从"六政三事"到"整理村范"再到"公营事业"的大致脉络，也反映出村制、村政、村治的拓展和深化。山西村治法规体系的形成昭示了近代地方自治由上而下推进的变迁过程。然而，法制完备的制度化表征并非西方意义上法治理念的深入。西方法治文明中积极倡导的权利和自由观念在民国山西村治法规体系中并不占据主导地位。

从内容上划分，村治法规大致可以分为三类。第一类，村治组织法。山西省署通过颁布《整理村界简章》《县属村制通行简章》《各县村编制暂行条例》《各县村制简章》以及《改进村制条例》等奠定村制组织结构；通过颁布《修订村闾邻长选任简章》《村民会议简章》《村公所简章》《修订息讼会简章》《村监察委员会简章》等架构了编村横向组织结构。县区体制改革方面，通过颁布《县公署组织条例》《各县地方设区暂行条例》《各县区公所组织法》《区公所经费支配法》《各县区公所建筑规则》《区长任免及候差条例》《区长奖励暂行条例》《区长惩戒暂行条例》等法规，完成县公署改组和区制的设立。山西村治由此形成纵向的省—县—区—村—闾—邻制以及横向的村民会议—村公所—村监察委员会—息讼会体制。

第二类，对人民一般性禁止的固化。村治法规中除组织法之外，很大一部分凸显了义务和罚则的成文化。以《严禁缠足条例》为例（1916 年 12 月 27 日公布），其颁布时间在“六政三事”开始之前。条例详细规定了禁止行为，要求幼女不得开始缠足（新缠），15 岁以下缠足未放的女子“一律解放”，15 岁以上者，其鞋不得饰以弓形“木底”。罚则方面的规定也极为细密。其中规定条例施行一个月之后，如发现新缠足的幼女，科其家长 3 元以上 30 元以下之罚金；如有工商人士继续制造、贩卖木底，亦处以同等罚锾。施行 3 个月之后，15 岁以下女子仍然缠足未放者，或是 15 岁以上女子仍饰以木底者，科其家长或本人 2 元以上 20 元以下之罚金。施行 6 个月之后，如有为缠足及饰木底之女子作媒的，科媒人 3 元以上 30 元以下之罚金。如无力缴纳罚金，可以每元换出拘留一日。[①] 诸如此类禁止性规定构成村治法规的主要部分。

村治事项的推行往往通过省级法规正式化、固定化，并根据社会发展情形不断增加或调整。整个过程并非单纯强调村治组织的作用，而是经由村治组织将行政意志最终贯彻执行。

若要完成移风易俗、改良实业等村治事项，仅有官方的倡导是远远不够的。这些法规体系落实和执行的过程也就是行政触角向社会向基层延伸的过程。如上述《严禁缠足条例》中规定的禁止行为，单纯倚靠官方力量的考察难以完成。在之后的推进中进一步规定了向各村派遣稽查员进行考察。由于男性稽查人员执行职务的不便和滥权，省署又决定派遣女稽查员考察，并责成村长副协同考察。1919 年 11 月 24 日同时颁布两项法规：《派遣女稽查员规则》和《女稽查员服务规则》。根据以上规则，理想的稽查员应当是年满

① 山西省村政处：《山西村政汇编（卷 1）》，1928 年版，第 42 页。

20 岁的中学毕业生，她们的薪金和下乡旅费由各县支付。女稽查员负责入户调查违法缠足情形，并向县属通报，检查之前须“会知村长副或闾长一同前往”。可见省级法规的增加和完善往往是回应执行中的问题，社会发展的需要构成法规体系发展的根本原因。

第三，倡导类法规。诸如积谷、凿井、水利等兴办实业事务，都通过省级立法进行详细规划。以《各县社仓积谷简章》为例，简章共 18 条，第一条规定简章宗旨，最后一条规定实行日期。其余各条分别对积谷目的、社仓设置、积谷数额、粮食种类、捐积方法、积谷地点、汇总报表、社仓保管、借放程序、村长副奖惩等事项作出规定。该简章将政府倡导的积谷事业层层下放到村级组织执行，由此完成了从政策到法规的转化，为实业推行规划出可操作的规则。

表 1　山西村政法规总览表

法规名称	公布时间	备注
整理村界简章	1915 年 8 月 7 日	—
修正严禁缠足条例	1916 年 12 月 27 日	—
县属村制通行简章	1917 年 9 月 12 日	1918 年 10 月 30 日废止
天足会简章	1917 年 9 月 25 日	—
政治实察员服务规则	1917 年 9 月 29 日	1919 年 12 月 5 日修订
六政考核处组织简章	1917 年 10 月 1 日	—
劝积义仓社仓简章	1917 年冬	—
县知事接待街村长副规则	1918 年 1 月 8 日	1928 年 5 月 3 日修订
人民早起规则	1918 年 2 月 1 日	1918 年 9 月 4 日
乡村接待警差规则	1918 年 3 月 26 日	—
各县村编制暂行条例	1918 年 4 月 11 日	时间又为 4 月 5 日 1918 年 10 月 30 日废止
政治研究会简章	1918 年 4 月 22 日	—
村长副支用公费规则	1918 年 5 月 9 日	—
各县地方设区暂行条例	1918 年 5 月 16 日	时间又为 5 月 11 日 1920 年 11 月 28 日修订

续表

法规名称	公布时间	备注
各县区公所组织法	1918 年 5 月 16 日	—
山西稽查队条例	1918 年 7 月 4 日	—
改订全省施行义务教育程序	1918 年 7 月 5 日	—
稽查队办事规则	1918 年 7 月 6 日	—
全省学生不娶缠足妇女会简章	1918 年 8 月 29 日	—
县知事召集街村长副规则	1918 年 8 月 30 日	—
村长副支用公费规则	1918 年 9 月 9 日	—
太原市烟民自首办法	1918 年 9 月 29 日	—
取缔乞丐规则	1918 年 10 月 22 日	—
调验密报烟民规则	1918 年 10 月 24 日	—
各县村制简章	1918 年 10 月 30 日	—
赴陕人民请领执照暂行章程	1918 年 11 月 5 日	—
县地方设区暂行条例	1918 年 11 月 15 日	—
禁止早婚条例	1918 年 11 月 20 日	—
县掾属任免条例、办事规则、俸给规则	1918 年 12 月 6 日	—
县公署组织条例	1918 年 12 月 21 日	—
设柜投票报告烟民办法	1918 年 12 月 21 日	—
各县户口编查暂行条例	1919 年 1 月 5 日	—
各县戒烟会组织条例	1919 年 1 月 15 日	—
修正禁赌条例	1919 年 1 月 23 日	时间又为 1 月 22 日
警察所组织条例	1919 年 2 月 4 日	—
县掾属区长分班委用规则	1919 年 2 月 20 日	—
消除莠民规则	1919 年 3 月 20 日	—
整理村界简章	1919 年 4 月 7 日	内容与 1915 年基本相同，增加“联合村所属各村均须各划村界”

续表

法规名称	公布时间	备注
街村长副兼充田房交易公证人规则	1919 年 4 月 13 日	—
选任村长副、闾长暂行规则	1919 年 5 月 18 日	—
土地编制条例	1919 年 6 月 29 日	—
各县区务会议暂行规则	1919 年 7 月 7 日	—
水利贷款章程	1919 年 7 月 12 日	—
稽查队总稽查服务规则	1919 年 11 月 6 日	—
取缔产婆规则	1919 年 11 月 9 日	—
修正禁赌条例	1919 年 11 月 23 日	—
委派女稽查员规则	1919 年 11 月 24 日	—
女稽查员服务规则	1919 年 11 月 24 日	—
考核各县禁烟成绩规则	1919 年 12 月 1 日	—
修正稽查队条例	1919 年 12 月 10 日	—
各县区自治戒烟会章程	1919 年 12 月 17 日	—
禁烟检查委员会规则	1920 年 2 月 27 日	—
核准宪兵路警会同铁路弹压在各车站监视铁路机车及机器厂、机车厂、库房住屋等处偷运私藏禁物规则	1920 年 12 月 8 日	—
禁止溺女办法	1920 年 2 月 19 日	—
禁烟检查委员会规则	1920 年 2 月 27 日	—
抚恤穷乏条例	1920 年 3 月 20 日	—
消除莠民规则	1920 年 3 月 20 日	—
试种区田规则	1920 年 9 月 8 日	—
掘井奖励条例	1920 年 9 月 22 日	1923 年 8 月 4 日修正
村自治暂行条例	1920 年	—
整理村范规则	1921 年 2 月 14 日	1922 年 8 月 16 日废止
化除土棍规则	1921 年 3 月 23 日	—
各县村社义仓积谷简章	1921 年 6 月 28 日	1922 年 10 月 28 日修正
各县村社仓积谷简章	1921 年 6 月 28 日	1922 年 10 月 28 日修正

续表

法规名称	公布时间	备注
区自治戒烟会内戒烟规则	1921 年 8 月 8 日	时间又为 8 月 18 日
核准正太铁路巡警公所侦缉队规则	1921 年 2 月 27 日	—
地方保卫团施行细则	1922 年 1 月 21 日	1927 年 8 月废止
取缔商户运售金丹鸦片规则	1922 年 1 月 25 日	—
办理戒烟奖励条例	1922 年 1 月 25 日	—
改订地方保卫团施行细则	1922 年 2 月	—
村葬条例	1922 年 2 月 4 日	—
查验包裹条例	1922 年 2 月 16 日	—
各县查获烟土金丹案发赏章程	1922 年 3 月 21 日	—
查禁贩吸烟民条例	1922 年 9 月 8 日	—
整理村范原理七条	1922 年 9 月 10 日	—
村政纲要	1922 年 9 月 10 日	—
村民会议规则	1922 年 9 月 10 日	—
厅道掾属、县掾属、管狱员、区长、技术员任用及升任条例	1922 年 9 月 28 日	—
村政奖励条例	1922 年 9 月 30 日	—
村政考核条例	1922 年 10 月 12 日	—
修订烟案给赏条例	1922 年 11 月 4 日	时间又为 11 月 5 日
山西人事登记条例	1922 年 11 月 27 日	—
修正汽路种树章程	1923 年 1 月 24 日	—
戒烟善后条例	1923 年 2 月 13 日	—
各县人民出省领照暂行章程	1923 年 4 月 11 日	—
维持村长副职务办法（重颁）	1924 年 1 月 24 日	—
修正领用各种和平戒烟丸药戒烟章程	1924 年 2 月 16 日	1927 年 4 月 1 日修正 1928 年 4 月 16 日再修订
提倡试种区田或畦田规则	1924 年 3 月 6 日	—
清理村财政简章	1924 年 8 月 1 日	—

续表

法规名称	公布时间	备注
保卫团练习长矛八法手掷弹奖励章程	1925 年 5 月 1 日	—
村禁约之规定及执行简章	1925 年 6 月 8 日	—
村民演讲法	1926 年 10 月	—
村监察委员会简章	1926 年 10 月	1927 年 8 月 18 日修订
送达《村政周报》规则	1926 年 10 月	1928 年 2 月 25 日修订
改订村政处组织简章	1926 年 12 月 11 日	—
清理村款办法	1926 年具体日期不详	—
各县查获烟土金丹案赏金期限及处分规则	1927 年 3 月 5 日	—
规定各县领发各种和平戒烟药丸章程	1927 年 8 月 11 日	—
改进村制条例	1927 年 8 月 18 日	—
修订乡村编制简章	1927 年 8 月 18 日	—
修订村闾邻长选任简章	1927 年 8 月 18 日	1929 年 1 月 17 日修订
村民会议简章	1927 年 8 月 18 日	—
村公所简章	1927 年 8 月 18 日	—
修订息讼会简章	1927 年 8 月 18 日	—
修订地方保卫团条例	1927 年 8 月 18 日	—
清查村款条例	1927 年 8 月 18 日	—
村政实察员及密察员服务规则	1927 年 9 月 29 日	1929 年 2 月 13 日修正
各村经理村款注意事项	1928 年 2 月 13 日	—
村民讲演办法	1928 年 2 月 17 日	—
化除家庭残忍办法	1928 年 2 月 17 日	—
送达村政周报及革命墙报规则	1928 年 2 月 25 日	—
产育研究会简章	1928 年 2 月 26 日	—
村长图记启用办法	1928 年 3 月 3 日	—
各县区保管《山西村政旬刊》办法	1928 年 3 月 8 日	—
修正领用各种和平戒烟药丸章程	1928 年 4 月 17 日	—

续表

法规名称	公布时间	备注
修正商号代发官制戒烟药丸章程	1928 年 4 月 17 日	—
村长副训练会简章	1928 年 9 月 13 日	—
奖励农家副业暂行条例	1928 年 12 月	—
实施村村无讼家家有余各办法简章	1929 年 2 月 6 日	—
维持村公道办法	1929 年 2 月 6 日	—
整顿息讼会办法	1929 年 2 月 6 日	—
普及法律知识办法	1929 年 2 月 6 日	—
奖励农家副业办法	1929 年 2 月 6 日	—
奖励农家工业办法	1929 年 2 月 6 日	—
提倡村水利办法	1929 年 2 月 6 日	—
提倡村林业办法	1929 年 2 月 6 日	—
合作社暂行简章	1929 年 2 月 6 日	—
提倡村民储蓄办法	1929 年 2 月 6 日	—
各村办理勤俭会简章	1929 年 2 月 6 日	—
取缔游民办法	1929 年 2 月 6 日	—
奖励上坡人家扶导下坡人家办法	1929 年 2 月 6 日	—
修正村政实察员服务规则	1929 年 2 月 8 日	—
训练村监察员简章	1929 年 2 月 28 日	—
修正禁烟稽查队章程	1929 年 3 月 1 日	—
训练村监察员简章	1929 年 3 月 4 日	—
村卫生简章	1929 年 3 月 26 日	—
各县禁烟禁赌办法	1929 年 5 月 22 日	—
取缔贩运制造丹料原料办法	1929 年 8 月 13 日	—
禁烟稽查对查办烟丹案奖惩办法	1929 年 8 月 13 日	—
凿泉指导委员会服务规则	1929 年 9 月 1 日	—
抗战期间山西省编村组织章程	1937 年	—
修正山西各县村民会议章程	时间不详	1941 年 7 月 1 日施行

续表

法规名称	公布时间	备注
补助瘠苦县分区费条例	时间不详	1918 年之后 1922 年之前
政治实察所简章	时间不详	应在 1918 年
省议会议员视察团规则	时间不详	应在 1921 年之前
修理道路桥梁规则	时间不详	应在 1921 年之前
区长督修道路条例	时间不详	应在 1921 年之前

二、县级办法

20 世纪二三十年代山西省内共分 105 县，为完成省署（府）要求的村治事项，县级政权就某些重要事项颁布细则，数量庞杂名称不一。有的称为“细则”，例如，平鲁县制定了《整理村范实施细则》。有的称为“办法”，如为禁烟各县颁布的用众办法。还有的称为“简章”，如兴县颁布的《兴县自新工厂简章》。为行文方便本书将其统称为县级办法。

从立法主体来看，当时山西县级政权立法与行政职责尚未分工，县级行政长官负责县级办法的制定，例如，1923 年 2 月 7 日山西省署指令介休县呈报拟定戒烟会办法，强调村戒烟会“一切居住、送饭、服药、出会等事，均须知事亲为规定”。[①] 当然，执行之责也由县级行政长官完全负责。

从程序方面来看，这些县级办法需要报省署（府）审核备案保存，核准立案之后方得施行。遇有特殊注意事项省署以个别指令的方式强调指出或直接修改。如 1923 年兴县设立自新工厂问题，省署接到兴县呈报简章后下发指令。首先对简章意旨和内容进行肯定，“立厂意旨甚是，办法亦属切实，以工作之收入为工厂之经费尤为得法”。其次对于设立自新工厂的办理精神进行重申和解释，指令写道：“唯办理人员不存以官办事之心，而常念以人治

① “指令介休县呈报拟定戒烟会办法文”，见山西省村政处：《山西村政汇编》卷 2（令文），1928 年版，第 150 页。

人之道，方有良果。”[①] 又如有些情况下省署对特别问题作出强调。对于临汾县所拟禁烟善后和奖惩村间办法，省署指令：“知事为一县重心，再能认明此旨费力去做方能鼓舞群众，如县内贩吸烟民应由知事特别注意者，万不可尽委之主任协助，恐知事之心不到众人之心亦有不到也。”[②] 再如审核过程也有直接修改的情形。1924 年 10 月山西省署对于灵石县所拟《村政报告录办法》审核后认为“簿录应省则省，稽查闾邻长及各段主任，须在事实上着眼，不可仅凭簿录，村长副每月簿报省署及传话方式，殊不可靠应即删去。村政报告录第三条应改为：邻长直接报告，或由闾长代为报告，以期周密”。[③] 由此可见，对县级办法的实体审查和程序审查合并，呈报备案程序服务于实质审核的要求。既为实质审查，省署对于县级办法具有驳回权，一旦被驳回则意味着审核没有通过，办法不能生效实施，需修改后呈送再次审核。例如，1923 年 9 月山西省署驳回离石县所拟设立分区训诫所办法，认为该办法对于“分等真义尚未明了，应再细心体会……从事实上着想”。[④]

从立法范围和内容来看，县级所拟办法具有较强的针对性，也就是主要针对具体问题具体事务拟定一定的规则。县级办法并非对省级部署的重复，并非所有的村治事项都需要县级政府制定细则。因此，县级办法往往是省级政府有所布置有所规划之后，针对个别问题的具体办法。例如，为联合相邻村共同查禁赌博问题，左云县拟定《邻封各县接界村庄查禁赌博办法》。县级立法切合各县面临的紧切问题，构成了指导村治开展的重要规范来源。例如，垣曲县地处山西边界，地势偏僻，因此保卫事项成为该县村治事项的重中之重。“该县知事对于此点颇能注意，曾规定《十五年冬防整顿保卫团办法》甲乙丙丁四条，令各村一律遵办；又订《城关商团简章》七条、《沿边

---

① “指令兴县设立工厂须于办理人员时加检点文（1923 年 7 月 12 日）”，山西省村政处：《山西村政汇编》卷 2（令文），1928 年版，第 164 页。

② “指令临汾县贩吸烟民应由知事特别注意不可尽委之主任协理文（1923 年 9 月 10 日）”，山西省村政处：《山西村政汇编》卷 2（令文），1928 年版，第 164 页。

③ “指令灵石县用众办法及村政报告录办法文（1924 年 10 月 13 日）”，山西省村政处：《山西村政汇编》卷 2（令文），1928 年版，第 179 页。

④ “指令离石县各区分设训诫所应从事实上着想文（1923 年 9 月 29 日）”，山西省村政处：《山西村政汇编》卷 2（令文），1928 年版，第 165 页。

各村团防匪办法》三条、《沿河各村团长防匪偷渡办法》四条、《清查盗匪办法》四条、《保卫总团简章》八条，令城关各村分别遵守，规划详细兼能实行。”① 从现有资料来看，县级办法在回应当地立法需求解决实际问题时，所采取的办法、调动的行政资源也不一致。对于所办事项县级办法可以设立相关机关、设置负责人员及薪金、规定各自职责并设立罚则。例如，为调动村长副、闾邻长积极办理村政，省署发布《用众办法纲要》（1924 年 9 月 10 日公布），强调“全县邻长每人各出一分力，较知事一人出百分力尚多几万倍，邻长十分钟间可各劝说检查邻民一次，知事十年间未必能普劝全县人民一次”，所以应当重视对村闾邻长的工作。《用众办法纲要》提出能否调动村闾邻长，全凭县知事是否用心，授权具体规则由“各县本‘简、易、顺’三字自行规定”。根据上述授权，各县分别制定用众办法。具有代表性的有两类：第一类，如《汾城县用众办法》（1924 年 10 月公布）提出“责成、鼓舞、督促、指导、辅助”五项具体措施；第二类，如《崞县用众办法》（1924 年 11 月公布），细化了 25 种责任情形。

三、村规民约

（一）官方倡导村禁约的缘由

山西村治法规体系中除官方制定的规则之外，还存在相当数量的村规民约。例如，1922 年 4 月怀仁县何家堡村村民公议，决定停止演剧，将所余款项办理积谷，因此制定《停剧积谷简章》。这一村简章承接了 1917 年山西省署颁布的《劝积义仓社仓简章》以及 1921 年的《各县义仓积谷简章》和《各县社仓积谷简章》。按照省署简章的规定义仓由士绅劝积，社仓则按照村中住户分别摊派。何家堡村的简章在这两种摊款积谷的方法之外另创了将演剧资金用于积谷的新方法，不失为一种因地制宜之策。

此外，与传统自治中自发形成的村规民约不同，山西省政府要求各村将一定的事项经村民公议后订立为村禁约，各村可以根据情形进行增加。早在

① “各县保卫团进行概况（十五年七月至十六年六月据实察员报告）”，载《山西村政旬刊》1929 年第 2 卷第 5 期，第 21 页。

提出之前山西省署就曾要求将禁止缠足一事订入村禁约。1921 年 8 月，山西省署重申禁止缠足令，一面要求各县知事及掾属下乡时严加调查，另外饬令各村将此订入村禁约，再有违反由村社公议进行处罚，所交村费均作为本村国民学校经费。[①] 此时尚未在全省村庄成立村民会议。可见，政府推动自治的力量渗入到村民生活的方方面面。后发型自治的国家推动特征在此表现得非常明显。这些规则与其说是村民的禁约，毋宁说是在行政权威之外附加一层村民公议的权威。

整理村范办理过程中，山西省署发现只是依靠行政力量由外向内督导难以收到实效。阎锡山在致三道尹及各县知事函（1923 年 7 月 10 日）中解释了自治对官治的补充作用："按之法理，有人民公断与国家追诉之别。人民公断，则民间议罚之权甚大，只与国家所向不背，虽重罚亦许可其自治也。国家追诉，取'国家万能'主义，以国家为原告，凡有犯罪者，均由检察官员负责检查出之。吾国今日所取，是国家追诉之法。吾辈官吏，自当遵守之。惟试思今日知事所兼之检察官，能否有罪必罚耶？试问今日之失教之人民，犯法之多，现有之监狱，能否收容耶？恐再加十倍，亦不足以收容罪犯也！现在之警察程度之低，能否尽此检举之责？即使程度够，以此少数警察，能否在村庄偏设耶？恐再加十倍，亦不足布满村镇也！过渡时代，法固不可不讲，事亦不能不办，若只徒讲法，而置罪犯不问，必至盗贼横行……法官力量，既有未足，再不提倡有力之'自治'，犹有何法可以救济？村社议罚，为有力之自治，亦为严重之舆论表示也。"[②]

有感于官方督导不如村民自我约束，山西省署决定由村民自行订立村禁约。村禁约与村范相辅而行，以村范开其先，以禁约善其后。阎锡山在告谕中写道："今阅卢视察员察关于整理村范之陈述，读至官厅条教颁发到村，即村长副视为具文，张贴通衢，缙绅且怠于卒读，何论一般村民等句。本省长不禁汗流。即于是深悟我辈从前逐日汗劳，真可谓白费力三字。其所以致

① 《山西村政旬刊》1929 年第 2 卷第 9 期，第 13 页。

② 阎伯川先生纪念会编：《民国阎伯川先生锡山年谱长编初稿（第 2 册）》，商务印书馆 1988 年版，第 541 – 543 页。

此者，由于我辈距民间之痛痒太远之过。此后务须降心于民间，以施政。”①由此指令“各村人民将整理村范所应除去坏事，议作禁条，公布全村，俾各自检勿犯耳”。1922 年 2 月 7 日山西省署令各县知事转饬村民公议禁条，此为村禁约的起源。同时，命令到当年 5 月 30 日办理完竣。当年 8 月各县公议村约事项多次第办俊，省署命令各县汇集各村禁约，由县审核，去除其中重复内容，变为一县禁约，并送省候核。

（二）村禁约的订立

村自定禁约本为传统习惯，所订立的内容往往具有灵活性和个性。在官方提倡各村订立禁约之后，村禁约为实验村民自治能力的基础，其注重实效的特征仍然受到重视。“何项须用何种方法，始能办到，由村公议可也，村中议下能办到即由村办，如议下村中不能办则县办也可，甲村议下能办，即以能办为条文，乙村议下不能办即以不能办为条文，不必拘定一法。”② 也就是说村禁约的产生应当最大程度体现基层农村遇到的实际问题，官方对于村民禁约只有倡导之责并无强制之权。

1925 年 6 月 8 日公布的《村禁约之规定及执行简章》规定：村禁约由村民会议议定。村禁约之范围如此：妨害公共安宁者，妨害公共秩序者，妨害公共财产及身体者，妨害一村风俗者，妨害公共交通者，妨害公共卫生者。前项范围须由官厅人员逐一解释明白，使村民会议按村情应禁之事一一提出，共同表决。如上年议定禁约，下年会议议定应增应删之事，亦得提出公决。可见凡是与全村有利害关系，对公共利益有所妨害同时又不与国家法律相抵触的事项都可以定在村禁约中。从内容上看，禁约规定事项多限于消极方面，如女子不准缠足、树木不准毁损之类。村禁约参考格式如下：

某村公议禁约：不准贩卖金丹洋烟；不准吸食金丹洋烟；不准聚赌窝娼；不准打架斗殴；不准游手好闲；不准忤逆不孝；不准儿童无故失学；不准偷窃田禾；不准毁坏树木；不准挑唆词讼；不准缠足；不准放牧牛羊踏毁田禾；

---

① 《山西村政旬刊》1931 年第 4 卷第 10 期，第 13 – 14 页。

② “指令平鲁县村议禁约应令村长副就本村情形规定文（1922 年 4 月 15 日）”，见山西省村政处：《山西村政汇编》卷 2（令文），1928 年版，第 194 页。

不准侵占别人财产；不准……（说明）如违本禁约所列各项应由各村按照村中习惯酌量处罚或送区惩治。

各级官吏对于村禁约负有帮助、考查之责。“凡应禁之事，均宜由县知事督饬各小段主任，参照村禁约之规定及执行简章，帮助各村开村民会议，订入村禁约。……各段主任每到一村，务将此意说明，随时考查，训练人民上民治路子。”① 村中执行禁约有困难时，区长应帮助解决，但不得从交纳村费中提成分文。此外，官方对于村禁约议处事件具有审核权，《村禁约之规定及执行简章》（1925 年 6 月 8 日公布）第 5 条规定，凡情节重大，非禁约所能禁止者，送请官厅重惩。若依禁约办有不服者即报区送县核办。

一般情况下官厅不直接介入村禁约的制定，但是如果发现极不合理的禁约规定，官方可以直接命令废止。山西省政府行知考字第 276 号记载：晋城县二圣头等村妇女生育以后非过百日不准出门并不准看见神庙，且被订入村禁约，下令该县知事纠正此种迷信做法。② 由上可见，官厅对于村禁约具有督导、协助以及废止之权能与权责，从而说明所谓村治必须在官方的监督之下进行，官方的监督对于自治而言既形成约束又构成保障。

（三）村禁约的独立价值

村民与乡村的联系要远远比与省县政府的联系紧密，所以虽然官方示范禁约内容占到村禁约的主要部分，但由村级组织再次确认这些内容具有独立而重要的意义。对村民而言，村禁约注重村民对集体的责任和义务，特别是对公共秩序维护的责任和义务，较少涉及调整个人之间关系，并规定了相应的惩罚措施，处罚之款充为村费。这些禁约一方面是体现乡村共同体所属成员公意的合约，另一方面通过公议形式增加了治理规则的权威性。近世日本的村落共同体内部也存在着自己的村法。这种村法极为严格，对所有村民都具有约束力。这种具有约束力的村法的存在，加大了日本村落共同体社会内部的自我管理和自我约束。村禁约的订立从一定程度上反映了当时行政权威在最基层的乡村强度逐层淡化，不得不依靠乡村固有的社会权威。

---

① 阎伯川先生纪念会编：《民国阎伯川先生锡山年谱长编初稿（第 2 册）》，商务印书馆 1988 年版，第 634 页。

② 《山西村政旬刊》1928 年第 1 卷第 15 期，第 7 页。

村禁约的实质为村公意的体现，所有人均具有遵守公意的义务。“民治国之精神，人人均须守法；非特被治者须守法，治人者尤须守法。村禁约者，村人共守之法也。依禁约以罚人，非村长与执行诸人罚之，是禁约罚之也。”[①] 因此，村禁约的处罚程序要求禁约议惩采合议制，“遇有违反禁约，每村有闾长七人以上者，须由村闾长合议处理。其愿加入邻长更好。闾长不足七人者，必须加入邻长，共同商酌。如村中向有习惯办法，合乎村民公意者，得仍旧施行”（《村禁约之规定及执行简章》第4条）。村禁约具有民间法的性质，但具有一定的强制力，违反禁约的处罚方式除罚金外，也要充分考虑并尊重村中习惯。《村禁约之规定及执行简章》第3条将处罚方式分为三类：第一，交纳村费，15元以下1角以上，省署未颁布《村禁约之规定及执行简章》之前，各村自定议处额度而流弊丛生，有甚者议处金额达到数十元、上百元；第二，习惯上之处罚，如就公庙罚跪、或跪香、凡沿用习惯足资警戒不涉凌虐行为者，不妨酌用，但从前纠首、社首相沿之吊打恶习，绝对严禁；第三，训诫。可见，在实施方面相对于国家机关惩处，村禁约议惩具有顾及人情、便于施行的益处，这一点从村禁约实施的经验可以看出。阎锡山曾与临县议员面谈，述及该县村议禁约之事，官厅亦曾主张赌案送县惩办，而各村长佥谓：“由村议罚，不送县惩，事能实行。若村获送县，谁肯将熟习之村邻，投入法网，自造无穷之后患？由村议罚，固不无疑轻之虑，实则，赌犯畏惧，有犯必惩，其罚虽轻，吾辈村长副亦敢为之，故可不论，较由官厅检发，密致多多。若欲委托村中禁赌，非准村社议罚不可。”[②]

办理村禁约一方面为人民扫除妨害，另一方面为民治指导路途。从精神上看，村禁约具有全民参政的精神，村禁约由全村村民公议，而非官方代办，也非村中少数人议定。“整理村范，原为精神上之自治，虽举办伊始，督促扶助，不能不有藉于官厅，要必人民自动，方能日起其功。……乡村人民，虽久处于被治之下，而天赋自治能力，相沿自治习惯，未稍泯灭，其功效仍

---

① 阎伯川先生纪念会编：《民国阎伯川先生锡山年谱长编初稿（第2册）》，商务印书馆1988年版，第634页。

② 同上书，第541－433页。

远甚于官治”。晋省素有乡约、社规，沿传已久，可借助传统习惯由村民会议按各村习惯自行订立禁约，共同遵守。“由村公议禁条，经一番集议，必增一层了解。”①

村禁约制度本身具有独立性价值，议定村禁约的过程就具有相当重要的程序性价值，村民存于村禁约议定的过程即为训练民权的过程。“整理村范，重在发展民治，人民能了之事，官厅即可令其自治，如果处理不当，官厅仍当为之矫正……因村情不同，则村议禁约，自属可大可小，可轻可重；若由县定一律章条，交村照办，仍是一个药方欲治百样病症，太省事，终无效。且各知事能使村中真真讨论一次，成文与不成文，已收十分之八之效，盖人民皆知其事之当禁及官厅之意向如何矣。”② 可见村范既为自治之根基，村禁约实为自治之基础训练，借助人民固有的自治能力和自治习惯促进整理村范，增加村民恪守村范的精神约束力。吕振羽先生评价：“全省各村组织制度，均由政府制定颁布，独于村禁约一项，由全村村民，按其各个习惯之环境情形，自行议决。前者为用政治力量提倡民治之本能，后者为村民自决之精神，亦即小社会人民创造法律之权能。”③ 村禁约与村民会议选举村长副以及村民检举村长过失，均为“小社会内全民之精神”，也即行使选举、罢免、创制、复决四权。

第二节 县区制度改革

查利斯·蒂利认为国家是一个在特定领域掌管主要高压手段的组织，它与同一领域中运作的其他组织的不同之处是自主、中央集权和正式调控。④

---

① “行知三道尹、各县知事对卢实察员报告须细阅深思文，附实察员卢宗孚原函（1922 年 2 月 7 日）”，见山西省村政处：《山西村政汇编》卷 2（令文），1928 年版，第 190 页。

② 阎伯川先生纪念会编：《民国阎伯川先生锡山年谱长编初稿（第 2 册）》，商务印书馆 1988 年版，第 634 页。

③ 吕振羽：“北方自治考察记”，载《村治月刊》1929 年第 1 卷第 1 期。

④ ［美］查利斯·蒂利：《西欧民族国家之形成》，普林斯顿大学出版社 1975 年版，第 70 页。转引自［美］张信：《二十世纪初期中国社会之演变——国家与河南地方精英 1900 - 1937》，岳谦厚等译，中华书局 2004 年版，第 191 页。

这一概念被西方研究中国的学者普遍认同。但是就民国时期特别是民国早期的中国而言，中央集权的努力尚在进行之中，并没有形成一个强劲有力的中央集权体制。米哈伊·曼在之后的研究中提出另一种国家概念，可能更为适合民国时期。他认为："国家不是一个单一的而是一个多形的实体。这样的一个实体包括许多不同的区域认同和阶级以及派系认同。"① 笔者在此引入多形实体的国家概念，旨在说明山西地方自治形成的背景不仅基于中央政府的地方自治体制，而且与山西省级政权机构的现代化转型有直接联系。当时的山西省级政权在全国范围内率先致力于强化行政官僚制度，完善省、县政府组织机构，强化对社会的管理和控制，增强政府提供公共产品的职能。从这一方面来看，以官力积极推行地方自治也是加强国家政权建设的重要组成部分；另一方面要注意到，村治的开展确实吸纳更多的民众参与行政事务和自身事务，两者相伴相生、相辅相成。因此，民国时期山西村治是典型意义上近现代地方自治实践，是在国家政权建设背景之下开展的自治实践。也就是说，应当注意到山西省内行政官僚系统的专业化和科层化是村治展开的前行条件。

一、县公署改制

"被人称为中国文化政治层面的所谓'秦汉之制'至清代发展到了巅峰阶段。本世纪初当中国社会面临近代化历史任务时，作为这种制度重要组成部分的州县行政体制明显暴露出两大弊端——社会功能缺位和监督机制疲软。"② 这里所谓的州县体制或者说郡县制是与"封建制"相对的地方制度，是指朝廷将州县地方行政责成州县官一人，州县公署不再设置职能机构，所有行政、司法政务需要州县官招募私人身份的胥吏完成。③ 面对为数众多又

---

① ［美］查利斯·蒂利：《西欧民族国家之形成》，普林斯顿大学出版社 1975 年版，第 70 页。转引自［美］张信：《二十世纪初期中国社会之演变——国家与河南地方精英 1900－1937》，岳谦厚等译，中华书局 2004 年版，第 191 页。

② 魏光奇："地方自治与直隶'四局'"，载《历史研究》1998 年第 2 期，第 96 页。

③ 齐延平教授的研究表明："封建"一词本是西学东渐的产物。"封建"在西方学术界，首先指的是一种土地占有制度，其次指称在封土制基础上形成的封君与封臣关系模式。参见齐延平：《自由大宪章研究》，中国政法大学出版社 2007 年版，第 98－103 页。

没有被纳入国家财政体系的胥吏、衙役，州县官无法以一人之力对他们实行有效监督，从而导致腐败丛生。从功能主义观点审视，延续千年的州县体制无法供给近代化所需的治安、交通、教育、卫生、社会福利等公共产品。改革势在必行，而改革的途径分为两种：一种是将近代化的各项地方事业全部纳入国家行政，另一种是在国家行政体系之外培植自治性系统，既完成民生所需事业，又与国家行政衔接。前者可以被称为一种完全行政化、国家化的路径，成效显著但短期内成本巨大。后者可以被称为一种自治化的路径，能够利用现有资源发挥民力。民国初年各地县行政实际存在着两个各自为政的平行系统，即官治的县公署和自治的"四局"（教育、警察、实业、财务四种局所）。县级政府主要负责传统的国家征税与司法审判职责，社会公益职责则主要由县级行政体制之外成立的教育局、实业局、警察局及财务局等局所负担。直至1929年《县组织法》颁布，这些具有自治意义的局所才被统一归入县级行政体制。

县行政中的这种双轨制设置，在大多数省区直至20世纪30年代中期在国民政府实行"裁局改科"之后才得以改变。山西省内掾属制改革走在全国改革的前沿。1917年以前，山西的地方自治活动，同全国一样，只是在省成立了谘议局和议会，在县属区内实行了名义上的"自治"……山西村治并非只关系到村一级的组织变革，而是省以下所有行政机构职能与组成的变革。具体表现为：省公署内专门监督机构的设置——六政考核处、村政处、政治实察所，改革县公署组成，"将清末之刑名书吏制，一变而为掾属制"。[①] 陈乙和称之为"山西政制之起点"。山西省署在村治之初就颁布《县公署组织条例》《各掾属办事规则》《县公署吏警处务规则及吏警规则》。掾属制改革之后，县公署人员由考选产生，不再是县知事的私人幕友，而纳入公务人员管理序列。山西省署制定《县公署组织条例》规定，县公署应置以下工作人员：（1）承政员一人，助理一切政务，撰拟文牍，回避原籍400里；（2）主计员一人，助理一切财政事宜，撰拟文牍，回避原籍200里；（3）承审员一

① 陈乙和："三十年来之山西政制"，见《晋阳日报卅周年纪念特刊——三十年来之山西》，1936年版。

人，助理一切审判事宜，撰拟文牍，回避原籍400里；（4）县视学一人，视察学务，并助理筹办推广改良学务方法，暨撰拟文牍，回避本县；（5）实业技士一人，助理筹办一切实业行政，撰拟文牍；（6）宣讲员一人，专任周行宣讲，回避本县用邻县相当人员；（7）收发员一人，专司收发登记，来往文件，回避本县。县署各职员应按职就任，遴选专门毕业或具有相当学识人员充任。所有佐治掾属的遴选任命权不归属县知事，而是经过考试后送行政研究所训练，毕业后由省委派各县。1918年山西省署公布《行政研究所规程》，以训练县掾属人员，如承政员、承审员、主计员、县视学、实业技士、宣讲员、检验吏、农业技术员。讲授普通科、专修科、政治新知识、各项新技术、分派各县。其中宣讲员专习科目中就包括《人民须知》和《村长副须知》。承政员办理事项中有关于村长副及闾长任免事项、地方保卫团及冬防事项。其他与村政有关事项包含在行政职责当中，不一而足。

以行政职能划分的科层制的现代行政官僚体系由此建立。20世纪40年代阎锡山总结村政施行二十余年来的经验时写道："县政府，是具有斟酌现实性之基能的施政机构；他是村的直接领导者，在村本政治的体制上，从县村施政机能的关联上说，就是县基能的村本政治。"① 综上所述，相对于20世纪20年代全国其他地方在县级行政体制之外设立地方自治机构的尝试，又于30年代完成行政体制对自治机构的吸纳，山西当时的行政体制变革显然没有经过如此的曲折。国家政权建设在县一级行政体制内明显具有强大的渗透力，县级行政体制的官僚化转型为乡村自治提供了组织制度上的有力支持。

二、行政人员的村治职责

需要特别注意的是，山西省内县级政府的行政人员除本职工作以外都负担一定的村治职责。阎锡山提出过渡时代官吏的职责与方向在于扶植人民走入自治，"君主专制时代官吏之办法，不适用于共和国家之官吏，……专制时代之官吏，普通以能办事，并事事能以交代长官，即算好官。共和国之官吏，非办到事事适合人民公意不可，尤非办到事事取得人民信仰不可。……

① 阎锡山：《县基能的村本政治》，山西省图书馆藏1941年版，第3页。

现在普通人民于自治，虽已下种，尚未发芽，正赖官吏设法滋长，非勤于培植，勿忘勿助，不足于过渡时代尽官吏之职务”。[①] 按照这样的思路安排，村治的着力点虽然在最基层的编村组织，但是推动力量却来源于行政权能和行政精英。从这个意义上说，村治本身就是省政和县政的重要组成部分。

首先，县知事（县长）既是县政府的行政长官，同时对于自治负有督导、查察、惩戒之权责。“县长为亲民之官，又为官治自治的个交关处，民之情伪，须县长识别，政之得失，须县长衡量。……组训民众，为发展民主之基础工作，但必须得其情，适其需，获其心，用其力，组训方有效果。不只要学习组训，而且要会与民合谋，方能得其情，适其需，获其心，用其力。”[②] 所谓的“个交关处”之责很大程度上体现在县政府对村政人员具有委任之权，对于省署交办的村政事项负有督导之责，对于村政人员失职情事具有惩戒之权。省政府根据村政处及村政协助员、村政实察员的报告发现实施中的具体问题，但并不直接处理，而是以行知、训令或指令的方式交由县知事承办。这样的制度设计有力地避免行政力量对村治的直接干涉，尽可能地保障了村治的自主性。

其次，村政开始之后山西省署将一县之内划分为若干小段，由区长和掾属分别督办各段的村政，并要求实地下乡考察。负责事项按照个人能力和本职工作之繁简分配。“区长应担任者，划段宜大。掾属系帮助区长担任之段，并应就本管职务之繁简，与本人能力，酌为分配；本管职务繁者，少管几村，职务简者，多管几村；能力优长者，分几个难办村庄，能力平常者，分几个易办村庄。”[③] 掾属区长对村政分别负责，督饬指导。区长分区执行，掾属随时协助。1922 年村政开始办理之后，沁源县制定《督察掾属区长下乡规则》，具体规定三种办法：分路线以期周密，定期限以计程功，征其考察日记以觇实状。同年 8 月山西省署函令各县知事按照地方情形参订《督察掾属区长下

① “1925 年 8 月 20 日对第三次村政会议讲词”，见阎伯川先生纪念会编：《民国阎伯川先生锡山年谱长编初稿（第 2 册）》，商务印书馆 1988 年版，第 633 页。

② “1947 年阎锡山在对当年考取县长训话”，见阎伯川先生纪念会编：《民国阎伯川先生锡山年谱长编初稿（第 6 册）》，商务印书馆 1988 年版，第 2270 页。

③ 同上书，第 636 页。

乡规则》。除明定负有村政督导职责外，山西省政府于 1928 年发布行知考字第 608 号，饬令教育厅转饬各县视学员“除办理本管职务外，对于村政仍应负督察指导责任，毋得推诿”。[①] 可见督导村治之责构成行政人员普遍性的责任。

最后，掾属制改革为山西政治奠定现代官僚科层体制，在此体制之下县知事对于掾属具有上下级关系，而不具有人身支配关系；与之对比，县知事与村长副则更多为职务协作关系，而不具有上下级服从关系。为避免县知事将村制视为保甲专供催科奔走之弊，将村长副视为保甲之职任意怠慢，山西省署公布《各县知事接待村长规则》《各县知事召集村长规则》。《各县知事接待村长规则》（1918 年 2 月 8 日公布）规定：（1）知事对于村长应随到随见；（2）知事接见村长，应加以礼貌，不得轻慢；（3）村长来见知事时，县署公役务须即时传达，不得任意留难需索；（4）村长来见知事，除商榷应办事件外，不得有所请托；（5）村长遇有紧要事件，得用函迳报知事。《各县知事召集村长规则》（1918 年 8 月 30 日分布）规定：（1）每年须集合街村长二次，分类宣布政事，其集合时期，由县知事酌量地方情形行之，以不扰及农忙为准；（2）凡省令饬办之要政，须将所属各村长陆续延见，详询各村现状；（3）知事到任两月内，须将所属各村长陆续延见，详询各村现状；（4）除一二三之外，县知事对于村长，寻常政务以行知行之，催办之件，以警戒行之，不有妨公职；（5）村长经警戒后，仍置不理，县知事得单独传查，或委员查明，察度情形核办；（6）知事每月内至少须轮赴各大村镇，查催要政两次，以代召集之烦乱。由上可见，村长副虽然承担一定的行政职能，但是并非县知事的掾属。县知事不仅须礼待村长副，并且在没有特别恶劣情事之外不得对村长副直接惩处、训诫。

综上可见，在国家政权建设层层推进的背景下，“山西村治”无法离开县政、省政而独立展开，省、县与（编）村实为一体。就“山西村治”而言，整个改革过程的推动力直接来自省级政府，经由县政府深入最基层的编村。前辈学者已经注意到“山西村治”的纵向结构，并绘制出直线向下的组

① 《山西村政旬刊》1928 年第 1 卷第 31 期，第 3 页。

织机构图。省政—村政处—禁烟股、考核股、总务股—区主任—县知事—小段主任—区长、承审员、承政员、主计员、实业技士、视学员、宣讲员、警佐、巡官—编村—闾—邻—民户。

这种纵向单线的组织结构在一定程度上说明，虽然从表象上看山西村治仅为以村为单位的地方自治，但实际上每一级行政部门都各有所职、各有所属。这样的分析虽然一定程度上反映了客观现实，但若不能结合当时办理村治的政治、时代背景来进行解释，则容易忽略山西村治的核心精神要素。纵向单线的组织结构图也会带来一定的误解，误认为山西村治是在层级官僚制下将村治的任务层层重压到村级组织，多层级的督导只是增加了村治的负担。正如在《阎锡山统治山西史实》一书中描述的那样，“阎锡山实行‘村本政治’时，改‘六政考核处’为‘村政处’，分设各股负督促考察总责。把全省划分为十二个区，每区管八、九县，考核股里，每区设置区主任，每区两人，一人在股里处理公文，一人外出，到所管区各县实地考察，督促知事、委员等，办理村政，三个月轮换一次。……另派有村范委员，每县一人，经常驻县督导。各县又按村庄距离远近，人口多寡，划分若干小段，由区长、承政员、承审员、主计员、实业技士、视学员、宣讲员、警佐、巡官，分兼小段主任，直接管村管闾管邻，一直到户。……由邻长到省长，共有九层之多。所以，当时人民有个怨言：头上顶的九层天，千查万问永没完。压得人民头也抬不起来。”①

在此需要指出的是，各项行政任务以及村治事务当然最终由村级组织承担，由编村内的每个村民承担，但是上级官员以及不同的机关亦负有一定的协助、督导、监察职责。上级的督导监察并不能完全视为外力压迫，也不能因为官力的介入而覆盖村治本身的自治属性。因此，笔者认为这样的组织架构应当以一种同心圆式的结构呈现更为恰当。从村治的推动、规划到实施来看，省政府为同心圆结构的最内层，县区政府为中间层，编村为最外层。最内层形成推动山西村治实施的动力，在省级政权的规划之下县区政府层层策

---

① 山西省政协文史资料研究委员会：《阎锡山统治山西史实》，山西人民出版社 1981 年版，第 82 页。

进，而编村组织则处于动力波的最末端。山西村治首先是以县级掾属制改革以及省内区制改革作为前提，是涵摄了省以下各个层级、不同部门、不同行政官员的系统工程，每一层级都负担不同职责，各自着力共同推进地方自治。

三、设立区制

区制的设立为山西省级政权建设的开创之举，是在中央政府默许下的行政体制试验。1917 年 2 月北京国民政府内务部有“自治制”之拟议，尚未颁行。1917 年 2 月山西即先行划区分治。区制为山西所首创，“南京政府，对于此点，曾有驳斥，认为不合自治之意，后来乃改称区行政长，表明是行政官吏之意”。[①] 区制设立的主要动机在于解决弥补县政府职能不足问题。“以一县之大，举国家与地方之行政，悉委之县长，无论其人才如何，纵为极富有经纶之人才，欲从前兵刑钱谷之消极政治外而言建设，必无能胜任者，此乃最明之事，故设立区制，为山西政制基础上要点之一。”[②] 编村既定，每县所辖村落错综复杂，山居谷处阻碍犹多，村长副多至数百人，少则几十人。以县长一人之力难以完全督察。区制成立大大加强了省级政权的地方控制和社会动员能力，村制所承担的行政事务由区长直接监督，分散了县长督饬村长副的行政压力。

区制的设立从 1918 年 2 月开始进行，8 月组设完竣。1918 年 4 月召开的山西政治会议上，阎锡山提议区自治。1918 年 5 月 16 日省署颁布《各县地方设区暂行条例》及《各县区公所组织法》，规定就各县辖境之形势，户口之多寡，习惯上之便利，划分全县为三区以至六区。山西村制实行以后，即废除从前的乡镇团保，而仅存其区域，由省公署委派地方行政讲习所毕业人员为区长，并兼管警察。每区设区长一人，区警若干人。区长由省长委任，直隶于县知事区长承知事之命，督察区内的村长副。村长不再“直接商承县知事”办理公务。1919 年 1 月 13 日初委区长 276 人，是为区制实行之始。

---

① 梁漱溟：“北游所见纪略”，载《村治月刊》1929 年第 1 卷第 4 期，第 12 页。

② 陈乙和：“三十年来之山西政制”，见《晋阳日报卅周年纪念特刊——三十年来之山西》，1936 年 7 月。

可见，所谓的“区”并非自治机关，而是属于行政体系的最下层级，起到联系县与编村的作用。这一点有别于前述南京国民政府初期的地方自治体制，其中将区设置为县自治体制中的一级。南京国民政府直至1935年12月才进行区制设置，将《县组织法》（1928年颁布）中作为自治组织的“区公所”改为行政体统内的“区署”，并扩大区署组织，增加经费，提高区长薪俸，使“区”正式成为国家行政组织中的一级。①

区长负有承受知事命令，督查所管区内村长之责。区长负责事项包括：（1）长官委任执行事件；（2）督饬村长副办理行政事宜、登记事宜及调查户口；（3）保管调查户口册副本；（4）保管登记簿副本（参见《各县区公所组织法》）。1919年阎锡山在行政讲习所对区长讲《区制之意义与区长之责任》，1月13日讲《区长当前应做的二十件事》，具体分为：（1）调查选送学兵；（2）修理道路桥梁；（3）迅速报告盗匪；（4）划一度量衡；（5）选送合格区警；（6）提倡男女合校；（7）提倡设立女学；（8）提倡人民办学；（9）改良家庭教育；（10）选送合格农民；（11）严密禁烟苗；（12）选送学医学生；（13）讲演选举利害；（14）妥慎编查户口；（15）推行注音字母；（16）普设洗心社；（17）各区均设邮柜；（18）编造各项统计；（19）转送府刊周刊；（20）讲明包税缘故。②

区长兼管警务，兼任警官职务，由警务处加给委任状。区内设区公所，区公所成立后，区中警察分所及裁撤。所以附近城区以原有警署兼任区长。区长负责督察管内村闾邻长。区长如有不尽职务时，由县知事查明呈请省长撤换。区办公经费原则上由县财政自力筹措，瘠苦县份按照收入情况酌情补助。区长、雇员、区警的薪俸、服装费、办公费等均由县财政负担。

1920年11月28日山西省署颁布《修正山西县地方设区暂行条例》。这次修订从立法主旨、区长委任、负责事宜、自治财政各个方面，增强了区长地方自治事务的职责，也增加了村长副向国家正式行政体系流动的途径。主

---

① 王奇生：“战前中国的区乡行政：以江苏省为中心”，载《民国档案》2006年第1期，第66～67页。

② 阎伯川先生纪念会编：《民国阎伯川先生锡山年谱长编初稿（第1册）》，商务印书馆1988年版，第330页。

要修正之处有四点：(1) 于原条例第 1 条促进地方之行政下，更加试验地方自治事宜一项。(2) 原条例第 5 条，区长由省长委任，改为由本区街村长副推选二人，由县知事呈请省长委任一人，但被选者以本县人为限。(3) 原条例第 6 条，改为区长应办事宜如下：第一，省长及县知事委任办理行政事宜；第二，试办本区自治事宜。(4) 原条例第 9 条，改为各区经费，作为自治专款，分区保管，不列地方预算，并不准挪作别用，但有城区警察经费项下拨充者，不在此限。

区制实行后各县乡村所设之巡警分卡一律裁撤，归并城区，由县警佐节制。城市以外各区内警察事宜归区长执行。根据《设区暂行条例》第 2 条规定，每县分为三至六区，每大区设区警六名，小区设区警四名。区警资格以高等小学毕业或家资 500 元以上，粗识文字为限，有县选送省学习后委任。此外扩充村警，以区警名额为基数，按户数多寡分五期设置。第一期按 800 户增设一名，第二期按 700 户增设一名，以此类推。

第三节　编村内部组织的完善

地方制度不确立，无以树立地方自治的基础。民国时期山西省署（府）确立了以编村为基本单位的地方自治体制，村治组织的建立从整理村界开始。1915 年 8 月 7 日，山西省署颁布《整理村界简章》，规定包括联合村在内的各村各自划定村界，以便确定土地管辖。其中第 2 条规定，确定村界应由连界之村长副协商办理，如有纠葛互争情事，应陈由该管区长查明，秉公评议转呈县知事决定之。这说明当时村中已有村长副的设置，但没有确切资料说明村长副的产生和职权问题。同时说明县政府之下设有区，区长应隶属于县知事。同样鲜有资料说明当时区一级政府的具体职权，是否与 1918 年设区时的职权相同。1917 年 9 月 12 日山西省署颁布《县属村制通行简章》，规定在村中设置村长副。1918 年 10 月 30 日颁布《修正各县村制简章》。1919 年 1 月 5 日制定《各县户口编查暂行条例》。1919 年 4 月 7 日再次制定《整理村界简章》，免除编村划界的纠葛。1920 年 10 月拟定村自治分期进行办法。直到

1922年增设邻长，由此完成纵向的编村组织建设。山西省内地方制度条理绵密，以建立（编）村制为开端，并续添闾制、区制、邻制，形成严密而灵活的行政网络，为策进行政事务提供必备的制度保障。同时，编村虽然承办行政事务，但又兼具自治组织性质。村闾邻制的制度设计在一定程度上有助于将政治经验普及于人民。

一、村闾邻制

（一）缩小编村

将自然村改编为行政村为推行村制的前提，编村规模的大小以及主、附村的设置都需要考虑村政事项推行的需要。1917年9月村政开始时山西省署最初确定300户为一编村，但经过近一年的实施很快发现300户的编制仍过于繁冗。“没有适当编制势必使烟赌易藏匿，盗匪难以防备，一切村政均不能整理完好，从前村人所受之害，即不能扫除。”① 因此，次年10月改为100户为一编村。在偏僻县份村民居住零散，一编村中除主村外往往有多至四五十个附村。可见山西省署对于编村设置的基本思路是希望能够严密组织，有利于查禁烟赌、防备盗匪、训练保卫团等事项的切实执行。所以也就不难理解为何在编村基础上进一步设置闾邻制度。当然，缩小编村也并非一劳永逸的制度选择。民国时期教育家严慎修先生曾对此表示异议，认为以村为自治单位存在经费平均负担、自治人才、相邻村民易生事端、保卫团势单力孤、各村各为一体易起争执五大弊端，因此他提出扩大村治范围，推行乡治。尽管在形式上山西村治没有采纳扩大编村规模的方式，但实际推行中为解决上述问题各编村之间采取协助方式。如为查禁铁路沿线烟盗问题，阳曲、榆次等五县沿铁路村联合整理村范，各村保卫团互相协助查缉烟盗，大同、阳高、天镇三县接壤并近邻铁路，也采取类似的联合方式。②

---

① “指令高平县应先改编村制俾村政得推行顺利文”，见山西省村政处：《山西村政汇编》卷2（令文），1928年版，第134页。

② “训令阳高、天镇县办理沿铁路村联合整理村范并派员帮助文”，见山西省村政处：《山西村政汇编》卷2（令文），1928年版，第147页。

（二）增设闾制

闾制设置的初衷既有增进行政效能的考虑，也有借鉴传统自治经验的考量。村制实施之后，“村长副之设，多则事权不一，少则管理难周，于是复按村内住户，分设闾制，置闾长一人，闾长受村长副之指挥执行职务，于事实上可收敏捷之效，而政治经验亦可普及于人民”。1918 年 10 月 27 日阎锡山面谕省垣街长副、闾长说明编村编闾主旨：古来 25 家为闾，五家为比，这个分得还细致，所以那时候能守望相助，疾病相扶持，社会上多们（么）安宁。后世人情益渐偷薄，社会腐败，就是把那古人编制的好法子坏了的过。这个法子一坏，就是政令不能下达，民情不能上闻。①

关于闾长的产生机制，与村长副的民选官委有所不同，闾长的产生更大程度上尊重民意，以闾民推选为主要依据。1918 年 4 月 11 日山西省署颁布《各县村编制暂行条例》，增设闾长，规定凡村内住户足 25 家者为一闾，设闾长一人，满 50 家者设闾长二人，多者递加。因居住团结成习惯上之便利，在 50 家以上、50 家以下或不满 25 家，亦得设闾长一人（《各县村制简章》第 8 条，1918 年 10 月 30 日公布）。闾长于每年新村长接事后 10 日内，由本闾居民推选，选定后送由村长报区转县给证（《修订村闾邻长选任简章》第 6 条，1927 年 8 月 18 日公布）。可见，自治层级越往下沉，行政力量的退出与民治力量的递增呈现正相关状态。闾制不仅在编村推广，也在城镇商户中推广。1918 年 10 月 4 日省署电令各知事委员规定商户编闾办法：凡商户应另编为商闾，闾长由商户选出……唯街村仅有商户二家或三四家，不能成闾者，即附民闾编制。1918 年 10 月 30 日公布《各县村制简章》将《县属村制通行简章》（1917 年 9 月 20 日）及《各县村编制暂行条例》（1918 年 4 月 5 日）归纳融合。《各县村制简章》的变革主要有两点，第一，是将闾制在规范层面固定下来，第二，则是缩小原来规定 300 户为一编村的规模，改为 100 户为一编村。增设闾制和缩小编村规模的目的都是解决村长之下不易控制的问题。

自治层级的继续下移意味着自治职责的愈加明晰，参与到自治系统内的

① 《山西村政旬刊》1931 年第 4 卷第 4 期，第 9 页。

人民数量呈几何倍增长，村治中的民治因素的涵摄面愈加广泛。1921 年，阎锡山在山西霍县洗心社演讲时表示，现行的“村本政治”，尤重在闾，闾长为大家办事，必须“主张公道，办事省钱”。为广泛宣传闾制，山西省署编制印发《闾长须知》。首先，对闾长的职责进行说明：闾长受村长副之指挥，办理本闾一切事务，亦可以帮助村长副分担村中的一切事务（《村公所简章》第 6 条）。其次，说明设置闾长的必要性和可行性。“闾长管理 25 家，比村长管理一村，情形较熟，故本闾内的好人好事、坏人坏事，须平日留心检点清楚，自己能奖励者则奖励之，不能者报告村长副商量的去办，万不可怠惰不理，贻误了一闾的事务，自己担错！”最后，对闾长执行公务的程序进行了规定。闾长对外是一闾的代表。如遇村中有事，召集时，闾长必须到场，本着本闾各户的公意，提出议办；返闾时，须将议办情形，报明各户。闾里有了什么事件，闾长得随时召集本闾邻长开会讨论办理，或报告村长副办理，闾里各户，如有公共的意思，需要向村长副陈说，闾长也必要依着去陈述。

（三）增设邻制

邻长设立的契机是在 1922 年春，伴随着改进村制，扩大整理村范内容而产生的。1921 年 2 月 10 日，山西颁布整理村范规则，着手整理村范，首先确定六项内容。后又增加为十项，如前所述分别为：（1）贩卖金丹洋烟者；（2）吸食金丹洋烟者；（3）窝娼者；（4）窝赌者及赌博者；（5）窃盗者；（6）平素好与人斗殴及持刀行凶者；（7）壮年男子游手好闲者；（8）家庭有残忍情形者；（9）忤逆不孝者；（10）失学儿童。为严密查察村中嫌疑人员，必然要求增加管理密度。因此闾下设邻的措施得到山西当局的认可。1922 年 2 月山西省署经实察员报告偏关吊子沟村村长王树兰办理村政，成绩素著，发令表彰。令曰：据报该县吊子沟村长王树兰将该地方一切恶习编制五十余条，张贴各联合村庄，选为禁约。五家选一邻长负责，补闾长之不逮等语。查该村长王树兰自动整理，急公后私，实属不可多得。[①] 1922 年 3 月 1 日，山西省署电令各县推广，不论主、附村庄一律按五家设一邻长，但未规定添

① 《山西村政旬刊》1931 年第 4 卷第 10 期，第 14 页。

选办法，只要求手续简单易行。1927 年 8 月 18 日公布的《修订乡村编制简章》将邻长的设置从法律上固定下来，规定邻长于每年闾长改选时，由本邻居民推选（《修订乡村编制简章》第 7 条）。

综上来看，编村的形成可谓是民国时期山西村治的核心内容，地方自治团体的确立对于自治行政的展开具有重要的意义。1919 年《县自治法》赋予县自治团体法人地位，尽管当时山西省内的法规并未在规范层面赋予编村公法人地位，但是实质上可以看到，正是在编村组织架构基础上才得以发展出相对独立的人事选举权能、相应的自治事务范围、议事执行监察机构以及一定的自治财政制度。这些特征都是中国传统地方自治所不具备的。之所以会形成编村闾邻结构，除了尊重吸纳传统自治经验以外，更多的推动力来自国家政权建设对基层社会的管理和渗透（见表 2）。

表 2　山西各县区村及村长副闾邻长数目统计表（1929 年 10 月）

县名	区数	主村数	附村数	村长数	村副数	闾长数	邻长数
阳曲	6	156	587	156	265	1617	6715
太原	5	84	206	84	185	783	3617
榆次	5	141	171	141	360	1093	4819
太谷	5	125	245	125	225	1073	2505
祁县	4	137	136	137	221	1114	5166
徐沟	3	50	18	50	77	342	1432
清源	3	76	72	76	98	607	2715
交城	4	104	363	104	171	1084	3898
文水	4	168	55	168	315	1348	5926
岢岚	3	61	616	61	75	433	1571
岚县	3	76	265	76	—	436	1893
兴县	3	162	676	162	532	1029	3384
汾阳	5	215	134	215	411	1331	6302
孝义	5	201	241	201	361	1006	4311
平遥	5	254	123	254	543	1714	8139
介休	4	145	78	145	222	1071	4652

续表

县名	区数	主村数	附村数	村长数	村副数	闾长数	邻长数
石楼	3	34	523	34	35	463	2315
临县	4	120	1003	120	340	1778	7773
离石	5	146	755	146	185	1181	4986
方山	2	22	151	22	86	330	1345
中阳	3	80	740	80	113	659	2599
长治	4	150	195	150	270	1303	5993
长子	5	177	118	177	274	1114	5350
屯留	4	95	272	95	87	773	3555
襄垣	3	102	585	102	212	1143	5403
潞城	5	82	141	82	173	843	4215
壶关	3	117	277	117	300	935	4176
黎城	5	77	197	77	178	667	3272
平顺	3	96	260	96	196	769	3187
晋城	5	144	1125	144	432	2262	10195
高平	5	91	515	91	210	1726	7861
阳城	5	106	1496	106	230	1354	6107
陵川	3	79	502	79	282	1068	4636
沁水	4	54	824	54	87	771	3560
辽县	3	72	274	72	111	588	2628
和顺	3	85	528	85	183	511	2500
榆社	3	58	452	58	224	454	2003
沁县	4	97	714	97	249	882	4110
沁源	3	133	344	133	175	535	2551
武乡	3	84	708	84	174	1033	5046
平定	5	199	492	199	286	2130	10230
昔阳	4	100	351	100	212	945	4358

续表

县名	区数	主村数	附村数	村长数	村副数	闾长数	邻长数
盂县	4	147	458	147	322	1549	6401
寿阳	4	132	477	132	366	1483	6928
汾阳	5	153	162	153	245	1015	4733
洪洞	4	163	141	163	245	822	3910
浮山	4	45	557	45	145	383	1639
乡宁	4	85	1256	85	87	406	1653
安泽	4	54	2908	54	116	627	2669
曲沃	5	204	36	204	94	748	2830
翼城	5	79	307	79	260	756	2406
汾城	4	105	85	105	220	697	2588
襄陵	3	56	71	56	178	499	2161
吉县	3	46	627	46	55	289	1086
永济	5	116	340	116	168	912	3553
临晋	5	68	210	68	210	716	3303
虞乡	4	76	47	76	82	451	1893
荣河	4	97	66	97	125	539	2368
万泉	4	124	—	124	81	626	2779
猗氏	5	108	87	108	229	679	2767
解县	3	75	70	75	80	458	1947
安邑	6	100	101	100	194	815	2946
夏县	5	140	189	140	231	851	3552
平陆	4	97	450	97	197	639	2517
芮城	3	45	267	45	144	529	2102
新绛	4	88	111	88	191	826	3700
垣曲	3	71	361	71	149	3565	1683
闻喜	6	144	178	144	296	930	4266

续表

县名	区数	主村数	附村数	村长数	村副数	闾长数	邻长数
绛县	4	92	93	92	120	456	2119
河津	3	109	73	109	91	634	2948
霍县	4	65	144	65	109	489	2213
赵城	4	93	97	93	185	725	3476
灵石	5	58	429	58	106	684	2698
汾西	3	56	415	56	80	464	1653
隰县	4	58	799	58	188	702	2330
大宁	3	26	211	26	31	212	606
永和	3	28	292	28	31	323	629
蒲县	3	17	861	17	66	198	994
大同	5	206	420	206	636	2158	10165
怀仁	4	80	59	80	120	481	2492
浑源	5	130	354	130	392	1340	4858
应县	5	123	99	123	154	893	4027
山阴	3	47	63	47	69	413	1983
阳高	3	88	79	88	79	849	3862
天镇	4	101	180	101	153	803	3534
广灵	4	65	166	65	189	771	3271
灵丘	6	155	282	155	231	1044	4009
右玉	5	83	391	83	205	701	2801
朔县	5	280	260	280	479	1044	5115
左云	3	92	213	92	140	508	2348
平鲁	3	29	169	29	61	257	1188
宁武	3	57	429	57	103	579	2163
偏关	3	23	407	23	45	339	1099
神池	3	55	234	55	57	425	1771

续表

县名	区数	主村数	附村数	村长数	村副数	闾长数	邻长数
五寨	3	45	279	45	47	360	1581
忻县	6	221	160	221	265	1438	6400
定襄	3	101	30	101	111	767	3617
静乐	3	73	578	73	125	910	3520
五台	6	189	448	189	346	1264	5828
崞县	5	220	231	220	420	1771	7218
繁峙	4	173	476	173	257	1004	4453
保德	3	42	288	42	69	513	1630
河曲	4	68	593	68	149	803	3374
总计	421	10980	37791	10980	20698	98004	386061

数据来源：《山西村政旬刊》第 3 卷第 1、2 期。

二、编村内横向自治组织

编村纵向闾邻制度逐步完善的同时，横向自治组织也逐步建立起来，分别具备不同的组织程序、承担不同的职责。从产生时间来分，编村内首先成立民众组织为保卫团，负责维持地方秩序；1922 年 7 月山西省署颁发《改进村制办法》，又增加息讼会的设置。［改进村制办法总共四项：（1）整理村范；（2）村禁约；（3）息讼会；（4）保卫团。］1927 年 8 月 18 日山西省署颁布《改进村制条例》，以“立全民政治之基础”为宗旨，规定各编村内按事务性质设立村民会议、村公所、息讼会和村监察委员会（《改进村制条例》第 3 条）。根据《改进村制条例》的规定，村民会议的职权在于规定全村一年中一切重要事务，以及选举办理村务各项人员；村公所负责办理全村执行事务；息讼会负责调理村民争执事件；监察委员会专司监察事务。同日颁布的法规还有《修订乡村编制简章》《修订村闾邻长选任简章》《村民会议简章》《村公所简章》《修订息讼会简章》《村监察委员会简章》《清查村款条例》和《修订地方保卫团条例》。至此，从成文法上完成村内横向组织设置，建立起以村民会议为议决机构、村公所为执行机构、村监察委员会为监督机构的权力分立与制衡机制。在此需要注意的是，在规范层面保卫团并未被列为编村自治组织，而属于地方保卫组织，根据《改订地方保卫团施行细则》隶属于县—区—村保卫团序列。因此，本书将在村治事务中对此进行分析。

（一）村民会议

传统中国的政治是官绅结合的类型，传统政治中的官绅结合是由社会发展需要自发形成的。清末民初地方自治体制建立之后，因为选举受到财产、教育程度等条件的限制，官绅合治的局面并未发生根本性变化。一般人民并没有普遍参政的机会。尽管如此，选举制度仍然具有重大的历史进步意义。有论者指出："选举制度建立后，与官合治的绅是由士绅阶层公议产生。这样看来，变动虽然不大，但多数决的精神即由此孕育产生。"①

村民会议并非伴随着村制产生而同时产生，而是在具体实践中因实际需要而由省署统一指导成立，这一点也充分表明了民国时期山西村治的非自发性。盖伊·阿利多（Guy S Alitto）曾提出，自清朝灭亡以来，地方农村社会最重要的变化之一是观念方面的：地方精英不再相信他们的权威来自中国传统的"天子"观念；相反，他们认为他们的合法性来自"人民"。② 传统中国经历了从"天下"到"国家"的观念转变，"天命观"被"主权在民"的观念所替代。思想基础的变化正是近代地方自治与传统地方自治的核心区别之处。另外，办理村政的根本动力还是来自村民自身。在《致□县张知事办理村政亟应设法改进函》（1924 年 6 月 20 日）中，省府明确表示：村政精神即是民治。因此，办理村政须人民彻底明白，有切肤之痛痒，才不至生出反感与松懈！村本政治为人民自办政治的实现方式，将政治放在民间，即是促进人民参加政治。村民会议的正式设立，一方面顺应村中遇事众人商议的历史习惯，另一方面则为民治训练的基础。阎锡山认为："村民会议，即全民政

① 张玉法："清末民初的山东地方自治"，载《"中央"研究院近代史研究所集刊》1977 年第 6 期，第 184 页。

② ［美］盖伊·阿利多："转型中的农村精英：中国文化危机与合法性问题"，转引自［美］张信：《二十世纪初期中国社会之演变——国家与河南地方精英 1900－1937》，岳谦厚等译，中华书局 2004 年版，第 161 页。

治之基础，平民政治之雏形，借此练习民权，唤起民众。”[1] 同时，村本政治也包含训练人民监督政治的政治意味。阎锡山曾讲道，“提倡人民监政，须先教人民明了政治，是全体人民的政治，不是少数人的政治。官吏是替人民办事的，但他们不是全知全能的，他们的一切措施，都应当随时加以监督。民主国家的政治，应当放在民间。村是行政的最低级单位，村政人员是最接近人民的，应当随时对村民将人民与国家政治和行政人员的关系讲说清楚，引起人民对政治的兴趣，随时随地给予他们监政的机会，练习监政的方法，务必使他们有了兴趣与方法，方能达到监政的目的”。[2]

早在1920年4月山西省内曾提倡试办村务评议会，但具体做法没有在资料中记载。1921年山西省内开始整理村范，1922年2月省署指令各县知事转饬村民公议村禁约，将整理村范所应除去的坏事作为禁条公布全村，此时尚未成立村民会议。1922年3月改进村制纲要中提出“村本政治”的概念，正式提出建立村民会议。“村民会议为民权发展之根基，此会议办不好，则自治精神不能实现。应按照‘民权初步’的办法，每区县择较大的几村，实地训练，逐渐推广，务使人民知会议之形式，发言及表决之手续。凡本村有兴利除弊等事，即由该会议决，交村长副执行，以完成全民政治，亦可免少数不良分子把持村事之弊。”[3] 同年8月，山西省署告谕全省街村长副、闾邻长及所有人民举办村民会议，9月省署制定《村民会议规则》。

就当时的社会条件而言，在社会最基层的乡村中实践直接民权实属不易。山西省署官员陈乙和分析民权实践的客观条件：“选举、创制、复决、罢免四权，在瑞士等国，虽早有实行者，然必须具备三个条件：（一）须教育普及，人民粗通文字；（二）须交通便利，人民能于最短期内有集中于一定地点之机会；（三）须机器发达，印刷迅速；无此三者，则全民政治虽在乡村难以奏效。”[4] 而无论是教育程度、交通便利还是印刷工具等诸方面的条件，

---

① 阎伯川先生纪念会编：《民国阎伯川先生锡山年谱长编初稿（第1册）》，商务印书馆1988年版，第377页。

② 邱仰浚：《村政实务》，军政训练委员会行政训练部印1937年版，第5页。

③ “1927年8月30日第五次告知委员并转官绅九事”，见阎伯川先生纪念会编：《民国阎伯川先生锡山年谱长编初稿（第2册）》，商务印书馆1988年版，第802页。

④ “1927年9月3日山西三民五权政治研究会会议纪要”，见阎伯川先生纪念会编：《民国阎伯川先生锡山年谱长编初稿（第2册）》，商务印书馆1988年版，第805页。

当时的山西并非出于全国各省份中的前列。王赐余曾坦言湖南制定省宪时对此问题的纠结："湖南宪法，曾将四权订入，嗣因人民程度过低，举手表决时，其真好恶不能表现，投票选举时，又因交通机器之不便，印票运票毫无办法。故实行大感困难……"尽管如此，村政正式开始施行之后山西很快在全省之内普及了村民会议的设置，当时山西的地方实力派阎锡山的看法是："四权之制，虽难且高，然却在民主正轨上，必当排除万难，使之实现……"

克服民主实践的难题涉及三方面的问题：第一，首先确定拥有权利者的资格；第二，明确权利者行使权利的可行性；第三，集体权力必须通过一定的程序设计表达。按照这种民主政治的逻辑，村民会议的设置宗旨就在于使村人均有负荷政治的习惯，以巩固民治基础。就第一方面权利者资格而言，阎锡山在1922年呈大总统文中讲道："村民者，村之主人也，一村之权应归之一村之民，一村之民应参与一村之政。代议乃后起之制，施之于村落则不宜。"村民会议举办之初，举办方法由各村自定。"一家出一人，或按成年男子全数到会，何项事件必须村民会议通过才行，何项事件可由村长副闾邻长议定就算，以及会议时如何取决，均听各村自先自定办法。遇有争执，区长或知事为之解决。"① 1927年颁布的《村民会议简章》对村民会议参加资格进行了限制。积极方面的限制要求为两项，第一是本村居民，第二是年龄20岁以上。消极方面的限制要求不得有以下情形：第一，品行不端营私舞弊确有实据者；第二，贩吸鸦片金丹及含有吗啡等毒质者；第三，窝赌及赌博者；第四，窝盗及盗窃者；第五，有精神病者；第六，曾受刑事处分尚未复权者；第七，因故被村民会议议决不准参与会议者。

就第二方面权利的行使而言，民治体制的进入界限成为至关重要的问题。与西方民主制度发生时对进入权的严格限制有所区别，西方民主制度往往以表征个人自治的独立工作和自定权威作为自治的前提，也就是说在理论上假定具有前两者基本资格的个人才拥有自主决定命运的能力。然而，民国山西村治中对于民治体制进入权的界限要求显然与西方的标准不同。阎锡山驳斥

---

① "山西督军兼省长阎告谕街村长副闾邻长及人民举办村民会议文（1922年8月）"，载《山西村政旬刊》1929年第2卷第2期，第9页。

了以村民程度不足而不能普遍实行直接民主的观点，认为只要人心存有公道就可以行使权利。“有人说民治主义不能实行是人民程度不够的缘故，我问他甚叫程度，他答有真智识是程度。我又问：明白是非曲直是真智识，抑是知道条文法理是真智识。”（山西督军兼省长阎告语街村长副闾邻长及人民举办村民会议文）况且晋省乡村素有乡社遗风，遇事多公开商办。举办村民会议既是推行民治之举，又是承袭旧有习惯。可见，个人自主或个人自治并未成为民国山西村治普遍推行村民会议的理论障碍。相反，传统儒家文化的人性观解决了村治合意可能性的问题。村民会议的职权包括：（1）选举村长副、村监察委员、息讼会公断员等；（2）议决省、县法令规定应议事项；（3）行政官厅交议事项；（4）监察委员提交事项；（5）议定和修改村禁约；（6）村长副提议事项；（7）议决关于本村兴利除弊事项；（8）审议村民20人以上提议事项。村民会议章程由村中自定，依习惯而行，不以成文法约束。通过正当程序作出的决议，所有村民都应当遵守执行。由上可见，民主选举与议决为村民会议的主要职责，也是构成民治训练的主要内容。

就第三方面集体权力的行使程序而言，村民会议的议决过程受到县政府的指导和监督。村民会议体现了所谓自治是在国家法律监督之下一定范围内的自治，村民会议受到县级行政的提策和监督。同时，从村民会议的决议程序来看融入了现代议事规则与民主协商的精神。有资料记载1926年和顺县村民会议的情况：开会之前一日，由县派掾属召集该村村闾邻长，先为之说明村民会议之关系；并为之指导次日开会之程序，届时知事临场，按村情演说一段，退入参观席，斯时村人俱坐场中，学生、保卫团坐两旁，邻村村人之参观者入参观席。然后由村长主席，先议定村禁约，后议村中应兴办之事。发言者起立，意见不同者，几经辩论仍不能解决，则请县长为之解决。……会后由知事将参观者召齐，问对于此村会议有何批评？与其本村比较若何？如其本村未开会，则问将来开会能否如此村之有精神？[①] 以此可见，在程序上村民会议既吸纳了直接民主的因素，又具有浓厚的官方指导色彩，县级政

---

① “1926年函勉和顺县知事——村民会议绩效卓著”，见阎伯川先生纪念会编：《民国阎伯川先生锡山年谱长编初稿（第2册）》，商务印书馆1988年版，第688页。

府对村民会议的召开前期负责指导、事中临场参与、事后总结评价，并在重大问题的决议上起到决定性作用。在此阶段官治推动民治的特点表现得极为明显。

（二）村公所

村长一职为各村所共有，未实施村治之前由村民推选产生，基本不受行政系统的干预。村公所的设置也如同村民会议一样，并非经验的产物也非伴随村制的提出而立即产生。村公所为村务的执行机关，由村长副和间长组成，如村长副间长不足七人时，得由村民选补，如过 13 人则分班任事。村公所的职权主要由官办事项和村办事项构成：（1）办理行政官厅委办事项；（2）执行村民会议议决事项；（3）根据村民公意，陈述利弊；（4）报告职务内的办理情形和特别发生事件。村公所处理事务采取简单多数决的合意制。在职责分工上，村长副召集间邻长开会互选，分别负责村款、积谷、保卫团、学务各项事务，所有人员都受到村长副的指挥。相对于村民会议，村公所在重大事务议决和办公费用两个方面受到限制：首先遇有特别重要村务，须提交村民会议议决执行，其次村公所办公费用由村民会议议定。

各村设村长一人，户口较多的村增设村副若干人（至多四人）；均由村民会议加倍选出，经区报县择委，并报省政府备案。村长副任期一年，连选得连任。为防止村长一职垄断于个别人之手，1929 年 1 月 17 日修改《村间邻长选任简章》第 4 条，规定村长副连任不得超过三年。

（三）村监察委员会

村监察委员会的设置，一方面为村制组织的监督机构，另一方面为县区行政监督村财政提供途径，除区长掾属自上而下、由外而内视察发现问题外，又增加一种自下而上、由内而外的途径。1927 年 8 月 18 日山西省根据《改进村制条例》第 7 条规定制定《村监察委员会简章》。监察委员会由村民会议于村民中选举五人或七人组成。监察委员会负有两项职务：第一，清查村财政；第二，举发执行村务人员之弊端。如查有村务人员事项，应报区转县核办。监察员任期一年，得连选连任。

梁漱溟先生对于这种模仿西方三权分立式的构架能否适用于我国显然持

保留态度。在此梁先生提出一个非常重要的问题，即从西方移植的法律制度是否能够适用于我国。梁漱溟先生从民族精神的角度剖析制度问题，认为欧洲近代民主制度，那是“安排这要人打架的制度”①，在中国行不通。他在《中国文化要义》中阐明中国人没有集团生活的传统，以多数决为原则的民主制度不符合中国社会的精神条件。他曾亲自与阎锡山交流村监察委员会设置是否得当，阎锡山亦认为只是试办。的确，在山西村政的早期，并没有设置监察委员会，直到 1925 年后才有一些地方试行，1927 年山西省政府发布《村监察委员会简章》推行全省。据梁先生的介绍“我在河边村，与阎公谈，曾提到此点，他不待我说出，即云：我亦不认此办法为好，当时增设此机关，实有特别缘故，且亦只算试办。所以内政部，订列乡村自治法令，多半采自山西，而独没有监察委员会；因为我劝内政部说先莫采用，待山西试验试验再看罢”。② 但是，梁先生在讨论时没有提出可行的办法，感叹道：“设监察委员会不好，难道不设监察委员会就好吗?”尽管如此，南京国民政府在 1929 年 9 月 18 日公布，并于 1930 年 7 月 7 日修正的《乡镇自治施行法》中专章列出乡镇监察委员会的设置，机构职能、组织方式与山西村政中的设计几乎完全一致。

应当看到梁漱溟先生对此问题具有相当的洞察力。1927 年之后，虽然从规范上确立了村监察委员会的组织和职权，但是从当时山西省政府官方行知内容可见，村中迟迟不选举村监察委员会或选举不符合法定人数的情形较为严重。自治规则原本应当是在乡村共同生活过程中自然发展而来。无论规则以什么方式存在，它首先应当实际规范人们的行为，其次它应当包含一系列人们熟悉、效法乃至认同的基本原则，否则就会发生文本表达与实践的背离。这些外在于他们生活方式的规则能否真正起到促进村中共同事务以及保障村民权益的作用，实在需要打一个大大的问号。

（四）息讼会

息讼会的设立从经验而言是顺应民情风俗的制度设计，将村中之绅耆、

① 梁漱溟：“敢告今之言地方自治者”，载《村治》1931 年第 2 卷第 2 期。
② 梁漱溟：“北游所见纪略”，载《村治月刊》1929 年第 1 卷第 4 期。

社首调解民间争端的传统加以制度化和法治化。这也可以视作国家法对民间法的吸收和同化。传统文化和现代文化在这里不被看作互相排斥的，而是互相辅助、互相依存。传统社会处理法律争端的经验为息讼会制度的建立提供法理和情理的支撑。“民间讼事之苦，耗财失时，兴仇结怨，贻害无穷。息讼会之设，系使人民厚风俗，以救争讼之凶，且令人民有练习评判之机会，有主张公道之事权。”① 息讼会制度化又反过来使得传统经验在乡村权力结构现代化转型中得以再生。

除吸收民间调解经验的意义外，息讼会的设置意义还在于将官方的裁判权下放到民间。全县各村果能主张公道息讼，就可将县公署的管理诉讼权放到民间，是无异把一个法庭，分为几百个法庭。山西省署倡导各村办理息讼会最早可追溯到 1922 年颁发《息讼会条文》，要求各村悬挂于村公所内。具体办法为：第一，每编村设立息讼会，由村中公举公断员四名或六名，由村长兼充会长，均为义务职。公推后，将公断人姓名报由区长，转报县署立案。第二，村中除命案外，凡有两造争讼事件，均自愿请他们公断和解。如遇涉及两村人民争讼时，由两村公断人员组临时公断会，组织办法由两村公断人员协定。从实施情况来看，息讼会处理的争讼多为亲属或村民间的民事纠纷，包括继承问题、财产共有纠纷、相邻权问题等等。第三，公断时以公断人多数取决，如遇同数，由会长决定。第四，息讼会公断没有强制性。“息讼会办法，只有公公道道为人调和事的权柄，没有强制人的权柄”（阎锡山语），当事人若不愿公断或不服公断，可以在公断之后自由提起诉讼。第五，息讼人员回避制度。公断事件如有涉及会长或公断人之本身者，会长或公断人应自行回避，由公断人推举临时会长。第六，任期。公断人之任期于每届村长改选时为满期，但得连举连任。1927 年 8 月 18 日山西省署又颁布《修订息讼会简章》，主旨没有根本性变化，只从组织制度方面调整了息讼会的成立及组成。将选举公断员的权力赋予村民会议，并变更公断员人数为五人或七人，公断员应互推一人为会长，会长和公断员任期均为一年，得连选连任。

---

① 陈芷庄：“三十年来山西六政三事与村政之过程及其概要”，见《晋阳日报卅周年纪念特刊——三十年来之山西》，1936 年版。

第四节 村治财政

财政对于自治兴办具有至关重要的意义，有关自治财政的规定自清末启动地方自治以来即在自治法律法规中占据重要地位。例如，1909 年颁布的《城镇乡地方自治章程》专章规定自治经费，对自治经费的类别、管理及征收、预决算及检查均作出详细规定。民国时期学者孟森有言“私人之用财，不过日行之一事，团体则无事不待财而理，财政举则无政不举矣”。[①] 就山西村治而言，村财政事项也包含了村费来源、支出管理、监督检查等方面的问题。在村财政制度建设上，山西村治实践提示了一条从由上而下的法律控制、行政监察到在村内设置监察机构的路径。村治之初省级政府往往通过制定一定数量的法规进行规定，要求编村自治组织按照成文法规执行。但村费不清而导致腐败的问题一直没有得到有效解决。1927 年之后省政府要求在村一级普遍设立村监察委员会。

一、村费来源

《山西省政十年建设计划案》中规定原则上自治经费来源有五种：第一，省县区村原有属于自治范围经费者；第二，整理土地、山林、矿产、水利收入之一部；第三，依法治自治经费；第四，补助费；第五，自治捐。从这个计划案中可以看到，若要获得自治事业的持续发展必须首先充实自治经费，理论上自治经费来自公产收益、国家补助、专门赋税收入以及人民摊派。但是结合民国时期山西农村普遍窘迫的财政状况，各村公产几乎是没有的，希望得到省县财政的补助也是微乎其微。因此，最为切实的村款来源只能是由各村村民摊派。不仅如此，随着战争局面的升级，中原大战之后征粮摊款几乎成为村自治职员最主要的任务。

1918 年《各县村制简章》正文最后一章规定村费，共三条分别规定村内

---

① 孟森：《地方自治浅说》，商务印书馆 2014 年版，第 27 页。

办公经费分摊、村长副给薪及村内经费管理。相对于区费原则上由县财政承担，村费则完全由村民公摊，公摊办法依照惯例。1920年初省署下发训令，规定联合村对于村费摊款应由主村、附村两方商议同意，不得勒派。其中对于国民学校摊款问题另有规定。除村长副应需公费之外的村费按各联村民户多寡均摊或者按旧日社会摊款办法办理。[①] 除村民遇事摊派之外，村费来源还主要依赖罚金收入。如1918年颁布的《各县人事登记暂行条例》第6条规定，凡民户有应登记事项，延不报明，逾期限十日，经闾长督催，仍然不理者，得由街村长副呈明区长，酌处一元以上五元以下之过怠金，留村公用。

1921年山西开始整理村范之后，禁烟罚款和村禁约罚款成为村款的两种新来源，但罚款不得为村长副办公费用。1922年11月4日公布的《修订烟案给赏条例》明确规定，不论贩卖吸食，凡经村人或保卫团发觉，依村禁约处理交纳村费者，应就所交村费内提出三成奖给发觉人以旌公道。交纳村费只准各归各村，尽先作国民学校或村戒烟会经费，并须将收支数目每月榜示村公所。1923年5月2日山西省署颁发训令，对于各县烟贩烟民取保后仍有贩吸情事，保人认罚之款悉数拨归村社，县区不得扣留。[②] 同日又发训令指示对于违反村禁约但不肯缴纳村费者，区长代追村费除烟赌案件有明令准予提赏外，其余不得扣留分文作为区办公经费。[③]

二、村费支出

村费支出主要分为两大部分，第一部分为村内办公费用，第二部分为办理村治事务费用，例如，人口调查登记簿第一次由省印发由县垫付，之后所需由街村公费支付。又如《训练各村息讼会公断员简章》第6条规定，公断员训练时所需食宿费由村公款内支出，但每人每日不得超过三角。1918年的《各县村制简章》对村费支出管理规定极为粗疏，仅规定村长副应当随时宣

---

① “训令各县联合村筹款办法文（1920年1月6日）”，见山西省村政处：《山西村政汇编》卷2（令文），1928年版，第216页。

② “训令各县烟贩烟民取保后仍查有贩吸情事保人认罚之款悉数拨归村社文”，见山西省村政处：《山西村政汇编》卷2（令文），第155页。

③ “训令各县转饬各区长对于代追村费不得扣留分文文”，见山西省村政处：《山西村政汇编》卷2（令文），第216页。

示收支数目，没有相应的细则和制度保障。村长副是否给薪也依照惯例，但实际上多为名誉职。“各村情形不同，……一县之中办法各异，有给费者，有不给费者，给费之中议给三十五十者有之，年底议送者有之，村长贴钱者亦有之。甚至一村办法，今年明年，此人彼人不同”，由村公议决定。①

为加强对村办公费用的规范，1918 年 9 月 9 日山西省署公布的《村长副支出公费规则》对于村长副支出公费的项目和数额均有严格而详细的限制。其中规定村长副公费分为车马费和膳宿费，村长每次赴城办公十里以内往返的，可支车马费大洋二角；路远者按里数递增，但以赴城办公为限。自赴城办公之日起至公毕回村之日止，每日膳宿费不得超过大洋三角，但因私事耽延及不能支用公费。村长遣人赴城办公或往邻村商办事件，得由村长酌量情形发给川资，由办公杂费内开支。所有公费杂费都由村民摊认支付，并按月宣示。此外省署要求编村组织减少不必要的开支。山西省政府行知考字第 229 号记载，“谷县东炉村每有警差到村催粮即给予赏钱，全年所费五十余千之多”。另外，“该县王村办理保卫团靡费太多，该村系与白燕村在一处合操，相距仅里许，去操一次每一即给洋五角，如到阳邑镇会操，每人给洋一元。”②

为规范行政警差到村引发的村费滥支问题，1918 年 3 月 26 日山西省署公布《乡村接待警差规则》细化相关支出，缩减不必要的开支。其中规定，警差到村所须事务应自行公平价买，如遇小村购买不便时可以有村长副指定地方代为料理。警差到村如必须住宿应由村长副指定地方，不得另索宿费。再如《委派女稽查员规则》（1919 年 11 月 24 日公布）第 5 条规定，女稽查员下乡一应饭馔杂费均由自备，不准各村支给。1926 年 10 月 18 日山西省署行知寿阳县，无论何项官员下乡不准各村帮贴脚费。此外，对于行政征用靡费村款的问题也提出警告。例如，1936 年 10 月 20 日阎锡山对县村主张公道团干部训练结业讲话中举例：某县向一村要车一辆，等了六天，用了一点钟，

① “覆襄垣县鲁知事此次办法是法律与感化并重村长副公费不可由县署一律规定函（1922 年 10 月 22 日）”，见山西省村政处：《山西村政汇编》卷 3（公函），1928 年版，第 9 页。

② 《山西村政旬刊》1928 年第 1 卷第 13 期，第 3 页。

发了一角五分的价；而村中雇车每日三元，竟因此花了十八元。尽管有如上严格规定，村费公开和村费清查问题始终未能得到有效解决。形式上虽然有诸多法规颁布，但执行方面大打折扣。由此直接导致了引入村监察会制度解决村费使用混乱以及腐败问题。

三、村费监督

村款清查始终是村治进行难以有效解决的问题。村款不清导致的腐败反过来又严重损害了自治权威的维持。例如，山西省政府行知（1929 年 1 月 5 日）记载：洪洞县公民代表陈怀玉等禀控塾堡村长贺怀德恃权剥民一案，……行仰该县长速将贺怀德传县，按照所控各节彻底查究，事关公款，勿得稍事含糊。[①] 官方对村费清理的督导主要体现在以下四个方面：第一类，宣传劝导。“现在靡费过多之村，多为习惯相沿者，应将靡费之害切实动人处，宣传若干十日，至人心承认之后，使之逐渐撙节”（《清理村财政简章》第 1 条，1924 年 8 月 1 日公布）。第二类，由官方自行降低行政人员下乡所耗村费。“招待官委差警之酒饭、脚费等，尚有少数未能尽除者，应由官委自行劝阻，再次清理，如仍未改者官委并负其责”（《清理村财政简章》第 2 条）。第三类，加强行政问责。“有一村不能清理者，该段主管人员记过一次，该员等记过三次者，知事记过一次。……委员……应于（1924 年）10 月底查报……逾限一月不报或报告不实者，记过一次”（《清理村财政简章》第 6 条、第 8 条）。第四类，加强督查。1924 年省署发布《告知委员事项》第 11 条要求：村中花钱逐条公布为村政中之紧要事件，应切实指导，有纠葛者速为清理。要求各县清理村款工作在 1924 年 8 月底完成。

在加强官方督查之外，编村内部对村费问题的解决主要从清理村费和分工管理两方面入手。从现有资料来看，省级法规对于清理村费的规定多流于倡导，仅规定各县应当每年清理一次，款项有纠葛应当从速解决，款项有侵蚀之弊者应当从速究办，新旧村长副交接时应当在一个月内交代账簿及款项。然而，法规用语模糊、责任不清或者责任不实，村费清理问题未能有效解决。

---

① 《山西村政旬刊》1929 年第 2 卷第 3 期，第 2 页。

各地村政实察员的报告中，村款多未切实清理一项成为较为普遍的问题。例如，1927 年 4 月 23 日省署下发行知特别批评了安邑县村款公布和清查问题，第一区之军屯村、第二区之下段村、第四区之西流村、第五区之三路里村等村尚未开出清单；第六区之张村、冯村等村、第二区之从善村、东李庄等村出清单后仍发生纠葛。

就编村内部而言，村费管理没有职责分工也是导致村费不清的主要原因。1921 年 12 月 19 日山西省署颁发指令：令各县知事取缔村长运动选举并将村中公款令推一人经营。据实察员报告，霍县各村改选村长，往往因村长经手村款，虽不冒支侵蚀，但也可暂时挪用，因此在村长选举时不惜多方游说。省署要求各村，凡村内公款，应由村长副及闾长内公推家资殷实、诚笃可靠数人专门管理，支出一切款项都须公同处办，不得由村长一人任意主持。① 为解决村长兼管村款发生流弊问题，1926 年省署曾发布行知“督令各村妥筹办法，或由村中令举公正人员专管村款或公推闾长二人，一人管账，一人管钱，村长用款必须经管理村款者之收，互相监视”。② 为避免村长副办理摊款事宜因未经多数人同意或因无一定手续明白宣布招致村民嫌怨，1928 灵石县县知事规定村中摊款办法，共九条。除最后一条附则外，详细规定了办理摊款的程序：（1）凡遇摊派款项，务须召集全体闾长公议，取决多数，不得由村长副一二人独自主；（2）村长副、闾长及其他办公人员，应与村民同样摊款；（3）每次收款，除详细注账外，并须开单公布，俾众周知；（4）村民无论出款多寡，均须交款后割付收据；（5）收据系三联式，一联付出款人，一联送区，一联留村，骑缝处盖村长戳记，村长姓名之下并须盖章；（6）收据由本管区公所代印发交村长，应用工料，由各村担任；（7）此收据须自 1927 年春季派收公债等款起一律补发；（8）清理村款，应遵照《修正山西村政法规辑要》所载《清理村款办法》办理。

村治施行十多年的经验昭示自上而下的行政督察并不能有效解决村财政

---

① “训令各县取缔村长运动选举并将村中公款另推一人经营”，见山西省村政处：《山西村政汇编》卷 2（令文），1928 年版，第 143 页。

② “行知赵城县督令各村妥筹管理村款办法以免舞弊而息纷争文（1926 年 5 月 17 日）”，见山西省村政处：《山西村政汇编》卷 2（令文），1928 年版，第 143 页。

问题，只有转换思路将监督权下移，以平面化的监督与纵向监督相结合。1926年第四次村政会议特别提出村财政问题，“至清理村财政一端，尤为重要……因村政而花费人民钱财，第一要有道理，第二要出入清楚，各县村财政亟待清理，……新村制之村财政，要公开的，人人有监察之权”（1926年10月13日第四次村政会议）。1926年10月开第八次整理村范会议时，特别提出应注意清理财政。当年应战事增多支应兵差，需款较往年数倍。清理账目，防范贪腐。一方面，要求各县知事区长到村考查，首先询问账目是否明白，清单是否公布；另一方面，倡导人民负责监督村款之责。①

1927年山西省政府颁发《改进村制条例》明确规定编村内设置村监察委员会，由村民会议选举村民五至七人成立专门机构专司监察事务，主要负责清查村财政和举发执行村务人员的弊端。同时颁布《清查村款条例》作出进一步的规定：各村村款由村监察委员会监察员清查；村长副于每年春节后20日内将上年村款收支一切账簿送交监察员详细查算；监察员对村款有疑义时可以随时通知村长副进行答复；村长副如不遵照规定依限送交账簿，及账目不清故意蒙混或不向监察员说明疑义时，由监察员报告区长予以纠正，如系查有重大弊端应报区转县惩办；监察员清查账簿以20日为限，清查后如无弊端应即会同村长副开列清单联名公布；监察员清查村款，如有徇隐或作弊情事村民可以告发。

尽管以成文法的形式将村监察委员会制度固定下来，但从执行来看则出现很多问题。各县发生村监察委员会迟迟没有成立或人数不符合规定、或违反回避原则情形。如据《山西村政旬刊》第1卷第12期记载，至1928年5月夏县第一区湾里石桥、第三区下渰底、北吴、郭村、第四区上牛沙流、第五区崔家河、南郭、西谷、西下冯等村，村监察委员会尚未选举。该县第五区堰掌镇监察委员只选出上年村长吴存一人，人数不符合定章，且村监察委员会职责系清查上年村款，上年村长应当回避。

① 阎伯川先生纪念会编：《民国阎伯川先生锡山年谱长编初稿（第2册）》，商务印书馆1988年版，第703页。

小　结

所谓地方自治，表面上看意思浅显，即由地方之人处理地方之事，不受他人干涉。然而把握自治的实质则需要区分政治意义上的自治与法律意义上的自治。“政治上意义之所谓地方自治者，地方行政绝对不受国家之干涉，至实际事务之执行，必由地方人民公选之名誉职员，应其责任之谓也。……法律上意义之所谓自治者，一种之团体，以执行国家公共行政为目的，于一定范围内，得于国家监督之下，依一己独立之意思，处理其一己之事务之谓也。”① 可见，地方自治不能等同于绝对的自主。民国时期山西村治的步步推进与省级政权的倡导、规划、推动息息相关，与现代化官僚行政体制的建立密不可分。无论是其纵向的村闾邻制还是横向的村民会议、村公所与村监察委员会的架构，都并非自发产生，而是国家法律规范的产物。以官治推动自治的路径选择正是近代地方自治区别于传统自治之处，此种路径表征体现了现代国家政权建设的必然性，也具有符合国情民性的现实正当性与合理性。

① 《地方自治概论讲义》，河南书局1929年版，第5页。

第二章

山西村治的基本事务

- 第一节　行政委办事项
- 第二节　官民协办事项之一：整理村范
- 第三节　官民协办事项之二：治安保卫
- 第四节　官民协办事项之三：公断息讼
- 小　结

民主政治从一定侧面来说就是以地方自治为基础的一种政治，试图变革“以官治民”的政治，最终达到“以民制官、以官治事”（孙中山语）的理想状态。地方自治按照一般的理解就是指“一个地方的人民，在一定的区域之内，依照国家的法律，根据地方的公共意见去处理那一个地方内的事务”。在政治层面，地方自治制度注重为个人寻求取得平等运用政权的地位；在法律层面，地方自治制度注重自治团体的法律地位。在民国地方自治制度实行中，中央政府的谋划较为注重政治层面的“四权”运用。与此不同，山西村治的重心在于自治团体的职能，以团体的活动为地方利益和国家利益服务。编村团体虽然在法律上具有相当的地位，但仍然是在国家法律上拟制的团体，具有一定的法律人格，而非国家组织之外的一部分。

自治事务难以与政府行政事务完全分开，只能做相对意义的区分。孙中山先生在《地方自治开始实行法》中提出自治开始之六事：清户口、立机关、定地价、修道路、垦荒地、设学校。“如办有成效，当逐渐推广，及于他事。此后之要事，为地方自治团体所办者，则农业合作、工业合作、交易合作、银行合作、保险合作等事。”1929 年国民政府颁布的《乡镇自治施行法》列出的自治事项更为繁杂，包括户口调查及人事登记，土地调查事项，道路、桥梁、公园等土木建筑、修理事项，教育、保卫、国民体育事项，卫生、疗养事项，水利、森林培育及保护事项，农工商业改良及保护事项，粮食储备及调节事项，垦、牧、渔、猎保护及取缔，合作社组织及指导，风俗改良，育幼、养老、济贫、救灾等设备，公营业事项，自治公约拟定事项，财政收支，公款公产管理、预算、决算编造事项以及其他县政府及区公所委办事项。从自治条件的视角观察，由地方上的人民负担自治经费以及地方上的人民选举出名誉职处理地方事务就可以归入自治的范畴。

村治事务与官办事务在很大程度上存在分工、配合，除村公益、村救济、村仁化等少数事项之外，绝大多数村治事务都与行政系统发生联系。以联系紧密程度以及村自主性的大小进行区分，大致又可以分为行政委派事项和官民协办事项两大类。概括而言，1922 年之前以“六政三事”为代表的村治事务大多属于行政委办事项，之后进行的“整理村范”与“村公营”事项则为官民协办事项，此外还有较少的一部分主要依赖村民自办的事项。

在标榜村政之前的“六政三事”时期，构成“六政三事”的“水利、蚕桑、种树，禁烟、天足、剪发、种棉、造林、牧畜”自然是村治事务的主要部分。此类事务的落实需要依赖村自治职员及村民的配合，但是其主要的兴办、规划更多依赖行政官僚系统。

官民协办事项以整理村范诸事项以及治安保卫为代表，这些事项对于社会秩序的维护具有重要意义，但是官方力量不足以有效办理，因此在官方督导之下更大程度上仰靠村自治组织各自办理。1921 年之后山西省署特别提出“整理村范”，整顿村中“不良分子”。为此 1922 年 3 月至 8 月山西省署连续召开十次整理村范会议。南京国民政府成立之后，山西省内的村政事项全面铺开，除之前注重的除弊方面之外，添加了诸多兴办事项，尤其注重促进民生事项。1923 年 7 月至 1929 年 8 月山西省共召开七次村政会议。1928 年山西省政府提出“村村无讼、家家有余”计划，以此作为新的村政目标。“村村无讼”包括奖励村仁化、维持村公道、整顿息讼会、消除讼多原因。“家家有余”包括提倡农家副业、提倡家庭工业、提倡村水利、提倡村林业、提倡合作社、提倡储蓄、尚勤俭、取缔游民、奖励走上坡路人家扶导走下坡人家。20 世纪 30 年代山西省政建设十年计划中有关村政的部分，也是在上述计划的基础上特别提出村公营事业，并将村公营与县公营、省公营联为一体。就民国时期山西村治而言，编村组织所负担的行政事务颇为繁杂，村治事务本身就是公共行政不可分割的部分。这些行政事务本身涉及省、县、区、村各个层级，在最基层的面向上要求村长副执行或落实。行政事务的层层推进一般都有法规的明文规定或行政机关的具体指令。

第一节 行政委办事项

一、行政委办中的自治因素

西方法谚讲道："民治制度最好的学校及其成功的最好的保证，就是实习地方自治。"[①] 在小范围内参与公共事务的训练为广大范围内的民主实践提供必不可少、不可逾越的基础。尽管对于民国时期山西村治的自治性程度问题，当时的学者和当代的学者都认为并非完善，甚至从根本上否定其为自治。研究者观点的分歧其实在于对自治认知的分歧。自治之意义滥觞于英国，关于地方自治的认知，英国学派认为：最初英人所谓自治者，凡以非专任之官吏而参与国权之行使之谓也。[②] 由此，无论是立法、行政、司法事项，只要是由非国家官吏执行的事项都可划归到自治的范围。如果以这样的视角将民国时期山西村治作为我国近代地方自治实践的初步尝试看待，那么对于自治程度的争论则可以转化为提高自治程度的建设性意见。

对自治内涵的选择为何以距现今最为遥远时的定义？是否有削足适履之嫌或牵强附会之弊？恰恰相反，在最宽泛的意义上定义自治，以最宽泛的自治概念回照民国时期山西村治，正是希望能够披沙沥金，从中抓住这段历史最具有历史意义的部分。不能忽略的是清末民国时开始的民治转型是在现代民族国家建立过程中同时进行的。现代民族国家的特征之一就是国家行政的扩张性，国家与国民联系的紧密性。以投票作为基本实现手段的民治制度，首先需要清查户口，其次需要兴办义务教育以使最大多数人获得最基本的智识和能力。国家行政职能和社会服务职能的扩张是地方自治事项越来越繁杂的根本推动因素，自治只是实现这些职能的手段之一而已。

---

① ［英］詹姆斯·布赖斯：《现代民治政体》，张慰慈等译，吉林人民出版社2011年版，第114页。

② 《地方自治概论讲义》，河南书局1929年版，第1页。

就行政官厅委办事项而言，这部分事项构成了村治的绝大部分，也就是说明村治本身就是国家政权建设和国家行政事务扩张的组成部分，地方自治事务也属于公共行政的组成部分。村治事务需要在国家行政的统一规划和倡导下分时期、按步骤不断扩展。这部分村治事务本身不具有独立性，而具有较强的依赖性。当然，所谓依赖并不是说失去自主性。数十万计非官吏身份的村治职员发挥能动完成村治事项，这正是民国山西村治所提出的“用众办法”。以上述村长副负责兴办村中义务教育责任为例，成文法规规定村长副应当查明失学儿童人数及失学原因，根据具体情形实行处罚。但是仅仅完成这些工作尚不足以推动村内的义务教育，还需要村长副发挥能动作用。《山西村政旬刊》记载，武乡县东村村长段邵曾充膺村长业已数年，对于男女学校，每年于春节后趁村人闲暇时候特招男女学生父兄开恳亲大会一次，规定勤学者得奖，旷课者受罚，并规定于学款项下每年预备赏钱若干吊，村人莫不赞许。……故该村男女学生成绩均有可观。[①] 又如，据武乡县村政实察员杜元善日记记载，在1927年招募义男队时，该县东村召集村民开尊重军人大会，切实讲解尊重军人事实，并拟定有待充义男队人员待遇数条：第一，安家费大洋20元以上30元以下；第二，验准后取具切实保结先给洋10元；第三，任期以退伍为限；第四，村中设备酒席一桌，并用鼓乐吹唱以昭欢送。……该村所送义勇兵仅出安家费20元，比他村出洋少而招募易。[②]

从上可见，官治与自治并非是绝对对立的，绝对的官治和绝对的自治也难以在实践中寻找到支撑案例。仅勾勒出山西村治事项的广泛性特征并不能说明现代地方自治与传统地方自治的根本性区别。村治事务的广泛性实质上反映了现代民族国家行政事务的扩张，然而现代与传统的区别并非是量上的，更本质地体现在完成这些事务的方式。在村治组织制度之下，村治事务的执行方式在制度外观和精神内涵上都发生了根本性变化。数量庞大而无给薪的村长副、闾邻长构成国家行政系统之外的自治性力量。村政事务需要通过村民会议、村公所等组织程序落实到每一个村民身上，因此村民具有了一定的参与权和决定权。

---

① 《山西村政旬刊》1929年第2卷第3期，第27页。

② 《山西村政旬刊》1928年第1卷第20期，第24页。

二、“六政三事”中的村治内容

“民可于乐成而难于图始”，推行“六政三事”主要依靠官力，辅以官督商办或官督民办。为推行生财利生的事业，省级政府设立了考核机关、编制实业计划、发布法规条例、编写指导教材并组织宣传教育。山西省署设立六政考核处和政治实察所等专门机构，负责考核、监督事宜；成立农桑总局、棉业试验厂、模范畜牧场等官办机构和试验基地，专门从事新品种的引进和培育；编制《山西水利计划案》《山西蚕桑进行计划案》《山西棉业逐年计划案》和《山西林业逐年计划案》；编写《蚕桑浅说》《杨柳种植法》《种棉教科书》《山西农业造林论》《牧羊教科书》等通俗读物；举办女子蚕桑传习所、农民传习所、林业传习所等培训机构推广技术。

“六政三事”时期村制甫定，村长副主要职责在于执行政府委任事项。1919 年 1 月山西根据内务部《县治户口编查规则》，制定了《各县户口编查暂行条例》及《各县人事登记暂行条例》，规定每年春节后 6 日起（旧历正月六日）由街村长副，督同闾长实施编查。自编查之日期，统限于 10 日内编订本年本村户口编查表及本村户口总表，并限于 20 日内缮定成册，一式两份，一份由街村长保管，一份送交区长，由区长抽查。村长副在编查户口的同时，还须随时就村民的出生、死亡、婚姻、继承、分居、迁徙、失踪七项进行人事登记，每月月终，将所登记之事汇报区长。

以水利来看或以公款补助，或以官力督办，或纯由人民集资。晋省素少水利，亢旱时虞，旧有渠道，兴废无常。山西省署制定水利贷金办法，如民力不及者，可以官力辅助。到 1918 年 5 月襄陵、汾城、夏县、阳曲等处，新开之渠共增加水田二百余顷。繁峙、保德、榆次、太谷、长子等处，以开未浚之渠，可灌地一千五百余顷。其他省北广济、富山各水利公司，商办有年，灌域尤广。又有广裕公司，可灌地八千顷，以官力督助。到 1918 年年底，全省共开渠 156 道，其中属于各公司所开之渠，可灌田 44.7 万余亩，属于民户所开之渠，可灌田 26.8 万余亩。

以蚕桑推广来看，省城设立蚕桑总局从外省购入湖桑、湖桑接穗数十万株及桑籽几十万石以备发给各县。各县按区调选农民300名进入女子桑蚕传习所学习，以备回县后担任助手工头。省署编制《蚕桑浅说》等书分散各县，并令全省区长、村长及小学教员随时讲演倡导。省城设立蚕桑工厂，委托各县农桑分局代收蚕茧，工厂附设蚕桑传习所学习缫丝、纺织技术。

以天足来看各县设天足会，县属机关职员及村长副均有义务充其会员。省内学校学生发起“学生不娶缠足妇女会”，各自告诫家属。寒暑假期间，政府委任省内外各学校学生组织讲演团，下乡演讲天足利弊。1919年11月24日公布《委派女稽查员规则》和《女稽查员服务规则》，规定由各县委派毕业女学生分赴城乡实查。女稽查员入户检查时须知会街村长副或闾长一同前往，如须登记妇女家主或其夫之姓名，问明街村长副、闾长填写。稽查时倘遇有抗拒及诟骂情事，女稽查员向村长副、闾长询明家主或其夫之姓名，报告县知事。女稽查员下乡一应饭馔杂费，均由自备，不准由各村支给。①

交通事务方面，山西省署颁布《村道桥梁规则》，其中规定：应修之道路桥梁，属某村界内者，即责成某村村长拨夫修理，其有界关两村或数村者，得由各该村会同修理，先期由县知事通告办理。拨夫办法，应依照各该村旧日村规，公平抽拨，如富家不能出夫时，得出资代雇。路工所需车马及零星土石等料，应各由该村自行摊购备用（《村道桥梁修理规则》第2、3、5条）。也就是说，在修理省署（府）规划道路时，所涉编村负有修理义务。而具体如何在村民中分担修路义务，如何抽拨夫役则需要各编村具体决定，村内具有一定的裁量权。相对于各村负责修理村内道路而言，行政系统负有督察之责。各村如有故意违抗不办者，由县知事酌予处分，修理完成后由县知事分别勘验，并报明道署复查。为规范区长责任，山西省署颁发《区长督修道路条例》，责成区长随时查勘各区所辖道路桥梁修理情况。凡道路桥梁应行修理即由区长督饬村长副速办，各区所辖道路如有未修理或修理不齐者，给予该区长相当惩处（《区长督修道路条例》第1、4、5、6条）。此外为解决修路占用土地补偿问题，省署颁发《修正山西省路收用土地及给价办法》。

---

① “1918－1920年阎锡山分呈大总统文”，见山西省政书处：《山西现行政治纲要》，大国民印刷厂1921年版，第22－37页。

民用土地由县署派员会同路工局，督同村长副勘丈。收用各土地经省署核准后由县知事将业主应得租价及价值，按村分别标榜造册，发交各村长存查。

三、行政委办事项的执行方式

随着国家行政职能扩张以及社会服务功能的增加，落实到基层编村的事项也必然繁杂琐碎。执行这些事务既是完成行政任务，也是“山西村治”地方自治制度的具体实施。按照编村组织执行村治事务时裁量程度的不同，大致可以将村治事务的执行方式分为以下两种。

（一）由村长副执行行政官厅委派事务，不需要经过村民公议，因此村长副只有执行之责没有机动之权

此种执行方式如清查户口（户是人家，口是人丁）是地方自治第一步工作，因为将来实行选举、征兵、教育、养老、育幼、济贫、救灾、弥盗、公营都要以人口为标准。清朝中叶以来实行摊丁入亩，地方官只注重负责征收，不负责编查户口，因此没有全国人口的确切统计。民国以来户口编查又多有不实。山西参酌本省情形厘定《户口编查条例》，规定每年依期编查一次，由区长督率街村长副、闾长执行。调查户口的工作最终由村长副负责承担。“就现在各县知事之情形论之，所有调查户口之事，即不能举办，即办不过敷衍而已。欲为真实之调查，非责成区长村长副不可。村长副于本村既甚熟习，办甚易。其有力不能逮者，则由区长助理之。调查户口之机关，即决定之于区长及村长副，县知事则监督之，以总其成而已。”① 再如1920年2月19日山西省署颁布《禁止溺女办法》严禁溺女，责成各村长副负监察之责，如违反法规包庇隐瞒将受到相应的惩罚。该办法规定无论村长大小，应设女稽查员二人，对于村中孕妇随时侦查，并事先通知稳婆。生产之家不论生男生女应按人事登记法立刻报明村长，随时登记。如有溺女及溺男情事，一经村闾长察觉，或被人告发，应由村长报由该管区长转报县署。如各生产者故

① “1918年6月18日召集各级官吏讨论强迫教育，调查登记师资及课本问题”，载《山西村政旬刊》1931年第4卷第2期，第18页。

意溺女，稳婆明知而不劝阻，或劝阻而主人不听，稳婆又不立时报告，村长反代稳婆隐饰者，并与科罚。①

又如民国时期山西省大力兴办义务教育，得益于村政者颇多。1917 年 5 月 15 日山西公布施行义务教育程序，计划自 1918 年 4 月至 1921 年 2 月分 7 次推进义务教育，每半年一次。（说明：1918 年 7 月 5 日，山西公布《改订施行义务教育程序》，即修正 1917 年 5 月 15 日所颁行义务教育之程序。全省施行义务教育程序分为省城、县城、乡镇、200 家以上村庄、100 家以上村庄、50 家以上村庄 6 种。时期限 1918 年 9 月、1919 年 2 月、1919 年 8 月、1920 年 2 月、1920 年 9 月及 1921 年 2 月办理完成。）对于义务教育事项的职责分工，山西省署有明文规定。实行义务教育应先筹备以下事项：第一，造就师资；第二，调查学龄儿童；第三，筹款设学；第四，劝导入学；第五，实行强迫。其中除造就师资一项由县知事办理外，调查学龄儿童和强迫就学由县知事分令各区长督令各街村长副办理；筹款设学一项由县知事分令劝学所会同各区长督饬各街村长副办理；劝导就学一项由劝学所及宣讲员、各区助理员及各街村长副分头办理。

为协助村长副完成行政任务，成文法赋予村长副一定范围的处罚权。1918 年 10 月 9 日省署制定《山西全省施行义务教育规程》，规程中首先对强迫教育的适用对象作出规定，凡满 6 周岁不满 13 周岁的为学龄儿童，强迫接受国民学校教育。其次，对于不满 18 周岁的失学儿童，可以与学龄儿童一同教育。学龄儿童及失学儿童之调查和劝勉责任委任于街村长副、区长、劝学所人员以及各区的学务委员。一切办学费用由办理人协商筹措，同时办理人对于无故不入学者，具有惩罚权。“凡学龄儿童暨 18 岁以下之失学儿童，无故之不入学者，经各区长、各街村副查明呈请县知事核准，处其家长以 1 - 5 元罚金，此项罚金自学龄儿童 10 岁起每岁迟追加 1 元；凡有意破坏或阻挠学务暨抗不交纳本地方应行公派担负相当数目之学款者，应呈由知事处以相当之罚金，使其数至多以 30 元为限”（《山西省施行义务教育规程》）。在此也要看到，兴办义务教育的费用由省、县、村三级共同承担。省立小学由省款支给；县立小学校由县款支给；区立小学除酌由县款略事补助外，其余则由

① “村政大事记”，载《山西村政旬刊》1931 年第 4 卷第 6 期，第 12 页。

区内各村或依地亩分摊，或依其他标准分配；村立小学则完全由村内地亩分摊或寺庙收入款支付。1919 年 6 月 14 日省署颁布《国民教育补习学校规程》规定凡年在 25 岁以下之失学人民，均须入学补习。课程由省署编定颁发。此项学校或专设或附设，均应于夜间行之。但每年花费专设者不得过 40 元，附设者不得过 20 元，并责成各村长副切实办理。可见，村长副负责强迫适龄村民入校补习，到 1921 年各县均已陆续筹设国民教育补习学校。

（二）行政任务层层下派之后，需要村长副根据村中情形具体设法实施

如直接利益编村并需要村民积极配合的村公益事项，积谷、卫生、济贫、村仁化等，都需要村长副结合村中情形设法筹办。如救济穷乏作为村慈善事业的重要事项，兴办此项事业不仅需要组织力量，还要解决善款筹集问题。1920 年 3 月 20 日颁布《抚恤穷乏条例》，规定各处人民凡属鳏寡孤独、疲隆残疾实在无觅生活能力又无亲属可依赖者，均认为穷乏。按编村制为一抚恤团，所需抚恤公费，就地方公款酌提，或设法向富绅富户劝捐。再如在防止瘟疫方面，村长副承担着重要职责。村长副负责随时检查村中疫情，发现后迅速报告县署，告知村人防疫注意事项。同时严令其家人及村人严密防范。遇有军队驻扎、巡警把守时，村长副负责组织村人帮助。如遭遇病家无人照料或饮食不继或死后无人埋葬，村长副应负责同村人公议办理。

行政事项的层层下放本身并不是村治的特别之处，村治与传统行政的不同在于执行这些行政事项的方式。传统行政手段仅依靠有限的行政官吏，执行过程也不允许普通村民表达意见。村治实行之后，下发到村里的行政任务具体如何实施需要通过村民会议议定，或者村公所决定。只有村民能够在行使参与权利的过程中收获实在的利益才可能对村治产生持久的支持，才可能将村治逐步接纳为一种公共生活方式。据山西省村政处调查，汾西县为村民会议模范县，村民觉得有兴趣欢喜参加，“该县共同议定于第一区城内及神符等村、第二区勍香等村、第三区干河等村，责成区长负训练开会的责任，并派委员下乡负指导开会的责任，知事负抽查各会成绩的责任”。[①] 村内开村

① “村民会议模范”，载《山西村政旬刊》1929 年第 2 卷第 2 期，第 29 页。

民会议有的是商量摊派骡款，有的是商量征收粮秣，开会时先讨论后表决，表决时用起立举手的方法，以多数表决为结果，秩序井然。民主普及的今天我们看待这些程序性过程可能认为并不是多么重大的历史事件，但是对于民国时期山西的普通村民而言，讨论表决确是其政治生活中翻天覆地的变化。参与讨论与多数决的自治训练能够使民权形式逐渐成为村民熟悉而习惯的政治生活方式。

第二节 官民协办事项之一：整理村范

一、整理村范的治理思路

世界各国地方自治的发展历史，大多都是以提倡社会服务、改善地方生活作为出发点。如英国地方自治制度以济贫工作作为中心而展开，在地方上做事的职员大多为名誉职。地方自治以一定地域范围内人们结成的团体作为基本单位，其直接目的是服务于该团体的整体利益。以团体为基础开展的政治、经济、文化生活构成了近代地方自治最为显著的特征。整理村范是山西省署明确提出村自治分期进行办法后开展的首要工作。这项村政工作的确定具有考量省情经济状况的因素。1920 年山西旱灾奇重，诸政停顿与民休息。阎锡山尝言：费钱之政治不能做，应将不费钱之政治先作之，于是特定村范规则，以为改良人群之起点。[1] 可见，这一时期整理村范的着眼点在于改良社会，改造和建设农村与地方自治合而为一。当时有学者也提出："农村建设"和"地方自治"，原来就是一个问题的两方面，一件工作的两种称呼而已![2]

1920 年 3 月山西省署颁布《消除莠民规则》，其治理思路都是从消除乡村秩序中的消极方面入手。凡各处人民曾犯窝盗、聚赌、窝娼及累犯违警处

① 刘灵华：《山西政治述要》，山西省图书馆藏 1922 年版，第 9 页。
② 苏珊："从官治绅治痛论地方自治"，载《清议》1948 年第 2 卷第 7 期。

分者，预备犯聚赌、窝娼及违警罪者、土棍、外来客民无正当职业而形迹可疑者，其他不正当行为者，均为莠民。调查工作由各村长副负责，密报区长。1920 年 6 月 20 日阎锡山对区行政讲习所提出“做好人有饭吃为施政之目标”，达此目标须从消除莠民、抚恤穷乏入手。整理村范的入手处即在使村中无不良分子和失学儿童。凡有不良之嫌疑人，当范之而不使为过。1921 年 2 月 10 日山西省署颁布《整理村范规则》，“盖以乡村为群众集合之单位，欲改良人群，须先改良乡村”。规定山西编村制合于下列六项者，为自治模范村。第一，无贩卖金丹、吗啡者；第二，无窝赌及赌博者；第三，无为盗者；第四，无窝娼者；第五，无斗殴及持刀行凶者；第六，壮年男子无游手好闲者（15 岁以上 50 岁以下）。要求各乡村村长副协同闾长切实整理，确无以上六项情形至六个月者，由村长副报明区长，区长考查一月，报明县知事查核后，由县知事呈请省署给予村长副双穗奖章。俟一年以后，再不发生前项情弊者，由知事报明省公署发给某村自治模范村匾额。1922 年 3 月，于原列六项之外增加四项：第一，吸食鸦片、金丹者；第二，忤逆不孝者；第三，家庭残忍者，并将失学儿童一并调查。1922 年 8 月，山西省署将消除莠民一项归入整理村范内办理。

由上可见，山西省署推行整理村范的原始动机在于以行政力量促进社会改良，因此村范整理的开展领域虽然在各个乡村，但最终职责承担者仍是行政官员。以禁烟为例，省署要求“应以知事为村禁烟会会长，区长副之，村长副为管理员，择闾长负责者帮助监察。……村戒烟会不是村民的戒烟会，是知事为村民便利起见，在村中设立之戒烟会，委托村闾邻长等代为管理者也”。[①] 整理村范的目标是村中无不良分子，无失学儿童。上述九项都是官力难以考察的情形，至多在其犯事之后进行惩罚，“莫若村中自办，既可知道清楚，又能化之于事前”。[②] 因此，在整理村范过程中编村组织的工作具有基础性和关键性作用，整理村范的推进需要依赖官方和乡村的协作配合。

---

① “电令忻县各村吸贩嫌疑人应切实惩儆文”，见山西省村政处：《山西村政汇编》卷2（令文），1928 年版，第 149 页。

② 梁漱溟：“北游所见纪略”，载《村治月刊》1929 年第 1 卷第 4 期。

二、从官办到协办：以禁烟为例

相对于“六政三事”时期村治事务主要以执行行政命令，落实省署提出的经济社会发展计划而言，整理村范事项与普通村民的联系广度和深度大大推进。正因如此，行政能力的不足也就较为充分的体现出来。在此情况之下，以官方力量推动民间力量的自治体制得以彰显，以村为单位的自治能力得以实际训练。一方面，从官方而言推动自治弥补官治不足具有明显的利益驱动；另一方面，从民间力量而言，发展村治成为增进村落共同体公共福利的有效方式。

民国时期全国各地烟毒泛滥，禁烟工作不仅关系到人民健康而且关系到国家财政的平衡。山西省内禁烟工作开始较早，在中原大战之前山西省内基本上完成禁种鸦片的工作。但是从外省流入山西的鸦片、烟丹无法禁绝，省内烟民更难以完全统计。整理村范开展之前，禁烟工作主要依靠行政力量加强控制。将禁烟成绩作为考核县知事的重要内容，对于禁种则每月出具切结并由委员协同搜查。对于禁吸和禁售问题，限令各县烟瘾鉴定所凡查获烟民勒令戒除并治以重罪，凡是烟案每周统计报告。凡运送贩卖吗啡药丸等犯，以《吗啡治罪条例》从重处断。禁运一项所有关津局卡人员均负有稽查之责，并与正大铁路局、邮政管理局协商搜检。① 由此可见，为禁止鸦片烟丹的运售和吸食，官方层面在沿边和铁路沿线可布控较为严密的稽查体系，并对发现的吸食者处以严厉惩罚。但是仅依靠少数行政人员的力量进行防控难免疏漏。1918 年，山西省署表示“实际考查，烟犯之未查获者尚多，加以邻疆匪扰边境绵长，贩运尤难杜绝，现拟另筹根本廓清之法，必其实际一无烟犯而后已”。这里所谓的根本廓清之法即是逐步吸纳村长副和村民加入禁烟工作。

1919 年，省署设立各县戒烟局，并将之前的烟瘾鉴定所和烟后病所全部改为戒烟局。吸纳社会精英进入行政系统，县戒烟局由局长、副局长、监察员、医士等组成。主要由县知事兼任局长，由各县绅董公举有德望者充任监

---

① “1918 年 5 月 20 日阎锡山呈报大总统文”，见山西政书编辑处：《山西现行政治纲要》，大国民印刷厂 1921 年版，第 22－22 页。

察员。同时设立区自治戒烟会，纯为慈善事业，以区为单位，区长兼任会长，本区内各街村长为会员。设立之初调戒方式主要由会外戒除为主，即所有烟民都可以向戒烟会领药戒烟。经济等条件优越之县具备相关设备的可以呈由县知事核准后进行会内戒除。如村长副等察觉有烟瘾者，劝诫不成，即可报告县署按律惩办。特别出力并成绩卓著的街村长可由县知事呈请省长核奖（《各县区自治戒烟会章程》）。1922 年山西制定《改进村制纲要》，明确将整理村范作为改进办法之一。1922 年 3 月开第一次整理村范会议，议定村范十项，令阳曲、太原、榆次三县试办。

整理村范办法首重宣传感化，其次详细调查，再次处分。宣传则沿村宣讲，调查则按户检举，处分之法以悔过自新为主，既不犯罪又不罚金，只是分别取保监视警戒。各县在整理村范过程中，可以分级分期办理。省公署的指导政策认为整理村范的关键在于慎选村长副，调查村内风俗、劝诫村民行为以及检举不良分子全要依赖村长副。① 如《化除土棍条例》（1921 年 3 月 23 日公布）第 2 条规定：县知事、区长、街村长副应随时将……不法情形（武断乡曲、把持公务、窝娼聚赌、讹诈乡民、聚众斗殴、调唆词讼、贩运烟丹）之毒弊向一般人民剀切晓谕。如发现有前两项行为可设法戒饬，发现有其他行为则依法惩治。

编村主要负责调查烟民、举发烟民，自行戒除并协助查获烟贩。审理烟贩并进行处罚之权归于县。调查烟民首先由村内举发，在村内自行戒除，戒除后即免除法律制裁。此外各县委派密报人若干到村查察，如发现未举发的烟民先由县知事调验。如有敷衍袒护情形则调省检验或派员赴该县监验。查验确实之后的烟民则不能免除法律责任（《调验密报烟民规则》，1918 年 10 月 24 日公布）。对贩卖金丹洋烟者，“令三家以上之保结，以后绝不再有贩卖情事。若有取不下保或不取保者，知事应当予以相当之戒监。其戒监之法，由知事斟酌情形为之，并可手谕村闾邻长等监视其行动，并报告与区公所”。对吸食金丹洋烟者，“令其戒退之”。各村设立戒烟会，吸食者一律入会调验

---

① “指令平顺县整理村范以慎选村长副为最要……”见山西省村政处：《山西村政汇编》卷 2（令文），1928 年版，第 141 页。

戒除。其戒退之法，是服用省署制造的戒烟丸药。特种和平戒烟丸，收钱三角；甲种和平戒烟丸，收钱二角；和平戒烟丸，收钱一角。对赤贫无力者，在查报核准后免缴戒烟丸费，但只限和平戒烟丸一种。所收戒烟丸药费“全数解省”。1922 年 9 月 8 日颁布的《查禁贩吸烟民条例》第 1 条说明制定该条例的宗旨：按照整理村范办法查禁贩吸烟民，就其情节轻重以情法并重处办之。该条例在法律规范层面进行两种方式的区分。第一种是按照贩卖或吸食烟丹程度进行区分，分别由村、区、县、省负责调戒。第二种是按照查获主体进行区分，具体分为三种情形。第一，由本省沿边所设稽查队、检查卡查获的依法办理；第二，由各县官警查获的仍依法办理，但情节轻微的由县送入工厂戒烟训诫；第三，由人民保卫团丁、村间邻长等查获贩吸烟民确据者，由执行村务人员按情节轻重送县惩办或按村禁约处罚。这样一来编村内村治人员调查出的烟民所受到的处罚程度大大降低，不仅维护了烟民在村民中间的人际尊严，也可以促使烟民主动承认调戒。

此外，对有赌博窃盗嫌疑暨窝娼者，“由村中公社监视之”，规定对窝娼的人，如能不取结设法讽劝，全其颜面，使之改悔更妥。村长副负责查明本村赌博情事，据实呈报以凭拿办（《修正禁赌条例》，1919 年 1 月 23 日公布）。对好斗殴暨持刀行凶者，“应责成其家长或族长严加管束。”对忤逆不孝暨家庭残忍者，“责成其族长、邻长，加以相当之劝诫及监视干涉之，并予以适当之救护，能使不孝者变孝，不慈者化为慈，固上策也”。否则“忤逆者减其忤逆，残忍者减其残忍，使老者勉强得其终，幼者勉强得其长，亦可稍籍补其缺憾”。对壮年游手好闲者，“勒令各就职业，并与之介绍。其屡教不改者，送各县‘新民工厂’作重体力劳动”。对失学儿童，属因学校不便而失学者，应由县督饬村长副等添设学校，或行循环教授，使之就学；属无故失学者，应劝令入学；属因贫失学者，稍贫者令其农暇入学或免收入学费，较贫者由县款补助课本，济贫者免其入学。此外因有残疾失学者，可免入学则免之。①

---

① “村政法规令文辑要”，见中共中央党校本书编写组：《阎锡山评传》，中共中央党校出版社 1991 年版，第 8 – 15 页。

为防范跨越省界贩运烟土、金丹情形，1923 年 4 月 12 日山西省署颁布《各县人民出省领照暂行章程》，要求街村长负责查验人民的出省事由，查验合格后办给执照。出省事由分为两种，第一有正当营业，第二有必要事务。显然对于营业的正当性判断和事务的必要性判断都存在较大的裁量空间，村长副认为存有异议时得令申请者取保，如无保人一概不准发给执照。此项职责对村长副而言意味着一定的担保责任，凡领照人民在外发觉贩运烟土、金丹情事，原发照之街村长副及保人一并受罚。该章程一并规定了救济途径，"人民领照如有不合……规定，各该街村长副擅行发给执照，或具有（规定）条件任意阻留，或延不给照，以及需索情事，由该县知事及该管区长查明议处"（《各县人民出省领照暂行章程》）。

三、整理村范的行政保障

推行村政的目的在于"将政治放在民间，任村人自了村事"。然而扶植民治的过程实际上是借助政治的力量进行社会改造的过程。就整理村范而言，行政力量的推动以及保障尤为明显。具体而言体现在如下方面。

首先，行政力量对整理村范的推进作用。在 1921 年制定整理村范规则之后，1922 年 3 月至 8 月省署召开整理村范会议十次，逐步完善了村范内容并将编村规模进一步缩小，通过试点推行全省。第七次整理村范会议议定由忻县、定襄、太谷、寿阳、平定五县仿照办理。第八次整理村范会议提倡用众办法。到 1922 年 7 月省署开始派出整理村范委员负责实地督导。同年 8 月召开第十次整理村范会议，召集阳曲县各学校职员学生讨论教育界协助整理村范办法，标志着将整理村范工作从行政层面全面扩展到社会层面。

其次，行政力量对整理村范的善后作用。这里所谓的善后工作是指编村内调查处理烟赌情事之后，如遇到难以办理的情形则交由行政长官办理，以行政强制权威作为编村组织整理村范工作的支撑力量。首先各县所属村庄划分为段，责成专员负责整理，各段设有段主任由县区人员兼任。也就是说县级政府所有的行政人员都负担一定的办理村治职责。此外按照不同情况将各村分等。按照村情好坏可分为三等。如村情好，村间邻长能自动办事者多，而且各项嫌疑人改好者多，可以二三个月视察一次。如果村间邻长须提携，各项嫌疑人较多又未切实改好，则须每月整理一次。最难办的村庄则派专员住村守办。按照整理村范成绩可将编村分为五等，每年公布由县政府印发各村以俾周知。按照烟民、莠民的不同情形可将其分为特别注意者和普通注意者。特别注意者又分为由县长注意者和由县区人员注意者。普通注意者又分为由村闾邻长注意者和由县区人员帮上村闾邻长注意者。可见对于难以办理的村范事项最终由行政人员负责，村闾邻长的办理困难由行政力量帮助解除。

又如《查禁贩吸烟民条例》（1922 年 9 月 8 日公布）第 2 条规定，各县知事应督率员属前往各村集合村闾邻长，将贩吸烟丹嫌疑人悉数查出。其第 3 条规定对于烟民按照情节轻重分类办理：第一，曾有贩吸事实，现时并无复贩风声，或前无贩卖事实，现有贩卖风声者，令其具结取保，交村长副监视之；第二，曾有贩卖事实，现时仍有贩卖风声者，令其具结取保，由县区人员定期训诫之；第三，曾有贩卖事实，现仍未改或无人敢保者，送入工厂作工，俟有改悔决心，令其具结取保再行释放；第四，屡贩不悛或有大宗贩卖嫌疑者，呈由省署核办。此外，其第 6 条规定对于烟民的调戒分期办理：第一期，凡查出之烟民首先由村戒烟会调戒；第二期，经村戒烟会戒清后仍吸食者，由区戒烟会调戒之；第三期，经区戒烟会戒清后仍吸食者，由县戒烟会调戒。经县调戒二次以上仍吸食者，即定为屡戒不改之烟民，按照《戒烟善后条例》办理。第 7 条规定：屡戒不改之烟民，经数次调戒后仍吸食者，送入工厂作工，并由知事、区长负责检查。第 11 条规定：凡由人民保卫团丁、村闾邻长等查获贩吸烟民、烟丹、烟具确据者，由执行村务人员按情节轻重送县惩办，或按村禁约处罚。针对屡戒不改、登入烟民薄的烟民，送入调戒烟民善后所“非取有再吸时能担任交纳村费一百元以上之妥保，不得取消名额”（《戒烟善后条例》，1923 年 2 月 13 日公布）。

最后，行政力量对整理村范的查察奖励职责。以禁烟为例，嫌疑人戒除烟瘾最终须由行政人员予以核验并宣告。省署指令办理禁烟时，如嫌疑人该管村长副、闾邻长等确信其不致再犯，报由区长、掾属复核无异，并讨取附犯时加倍处罚切结后，准由村长副在村宣告某人现已悔改，但不得将其名字从县署嫌疑人名册上立即注销，以备复查员到县时到场验看。[1] 同时，对于戒烟丸的领取发放涉及村、区、县、省各个层级，其间职责分明。《修正领用各种和平戒烟药丸章程》（1927 年 4 月 1 日公布）规定：区公所、村公所、各区、村自治戒烟会可以径行向省署领取戒烟药丸。药价收入全数解省，经手人员准另加手数料洋二分，此外不准私自再加。各县领药解款所需邮费，均有省署补助。县政府对领发和平戒烟丸的查察职责。《各县领发各种和平戒烟丸章程》（1927 年 8 月 11 日公布）第 1 条规定：各县应随时密派警探潜赴各村庄切实检查暗卖、暗吸之人，严重惩办，并饬区村长负责严密侦查，以清本源。第 2 条规定：各县领到戒烟药丸，责成各区行政长按时调查烟民多寡，分发村公所及戒烟会发给烟民。第 3 条规定：手数料原章规定每料大洋二分，嗣后应分别规定，由县发给区者，每料得提手数料五厘，由区发给村者，每料得提手数料五厘，以资办公。但村公所或戒烟会直接向县署领取者，县署每料得提分手数一分。

相对于行政人员的考核和奖励，官方对村长副禁烟成绩的奖励多为精神鼓励，颁发奖额和奖章等荣誉证明。例如，具有以下情形奖给匾额：第一，街村长办理戒烟于半年内能将本管街村中烟民一律肃清者；第二，街村长副办理戒烟能捐款于自治戒烟会百元以上者。再如，街村长副于本管街村内之烟民入自治戒烟会，戒除后一年内能监督不致再吸者奖给三等桐叶奖章（《办理戒烟奖励条例》，1922 年 1 月 25 日公布）。

第三节 官民协办事项之二：治安保卫

一、保卫团的劝办

保卫行政是山西村治事务中重要的事项，民国时期“山西村治”在地方

---

① “指令盂县对于嫌疑人改过后注销名字时须格外留意文（1923 年 2 月 18 日）”，见山西省村政处：《山西村政汇编》卷 2（令文），1928 年版，第 170 页。

保卫方面成效显著，1928 年梁漱溟先生从广州向北一路考察各地村政，游历山西期间对山西的治安也颇有肯定。北京国民政府内务部曾颁发《地方保卫团条例》，1922 年山西参酌各县情形颁布《地方保卫团施行细则》，令全省各村一律举办保卫团。1927 年 8 月又颁布《修订地方保卫团条例》。保卫团的设立最早可追溯到 1919 年 3 月，省署下令各县知事督饬所属村长设立保卫团练习所。保卫团的设立起初也是来源于村民自发组织。盂县小湖村村长李表首先在村内设立保卫团练习所，练习办理保卫事项。该村分为六间，分三期训练，每间限定 8 人，所授功课为人民须知、注音字母、操法等，练习时间为三个月。这种办法受到省署赏识，不止可以保卫地方，还能增人民许多的智识，于地方上很是有益。晋省边界绵长，盗匪易滋，而官方兵力、警力都不足以保卫地方。一旦有事，人民抵抗力弱。因此“欲保地方，当求自卫，尤重民强”。鉴于军力与警力的匮乏，而边界滋扰不断，为求人民自卫设立保卫团。“盖土匪善跑，流窜无定，若用军队抵御，事属过劳；况打仗利用地利，防匪只在边界，抵御大股土匪窜入易，防御小股寇盗不来难；某口宜守，某村宜防，民团知之切而防之易。且利害且己，当比军队关心。又军队利于守一县或数县，民团利于防一村或一寨；故即有军队驻扎，人民亦不可忽于自御焉。”① 省署颁发《告谕人民保卫地方治安文》列出三项办法：（1）大家以后要大提倡练拳棒，各村社应设立拳场，请拳教师，鼓舞青年子弟，闲时练拳，养成尚武的精神；（2）应遵照《保卫团章程》热心办理保卫团，使好人结成团体，实行古人出入相友、守望相助的道理；（3）壮年有职业的好人，赶紧入在乡军人训练连练习军人的本领。参酌地方习惯，编订细则。保卫团所有职员均系名誉职，不支薪金，保卫团所需经费由村民会议议定。

有鉴于地方保卫原本应当是人民自治的事项，保卫团应当是一种自治的组织，应当由人民自动举办更符合自治的精神。但是就 1922 年 1 月 21 日阎锡山告谕各村庄：“以前社会上是坏人欺负好人，因为坏人有团体，好人无

---

① “1925 年第三次村政会议讲词”，见阎伯川先生纪念会编：《民国阎伯川先生锡山年谱长编初稿（第 2 册）》，商务印书馆 1988 年版，第 632 页。

团体的缘故。以后好人要想不受坏人的欺负，非好人亦结成团体不可。”劝办告谕进一步说明保卫团的性质：保卫团是什么呢？就是村中好人联合起来，习些武艺，保卫地方，防御盗匪的一个有力的团体。可见，联合好人是保卫团的基本组织，学习武艺是保卫团的训练方法，保卫地方是保卫团的目的。实际的情况而言，面对三五成群、四处流窜的土匪溃兵，若完全依靠人民自办则不切实际。举办保卫团的意义和目的，山西省署多次发布劝办告谕。1922 年 9 月阎锡山对县知事讲话中说道：“人都有安逸性，宁闲坐着，也不肯练练拳术，但是……现在不能不办……不过办也要提倡的得法才行……假定官厅以为强制的教人民办保卫团，万办不成功，不是敷衍了事，就是怨声载道。”

1925 年山西省署颁发《告谕全省人民强民固围文》，其中举出河南直隶等地有些县已经分团练办的实例，“不过这些地方，通是受过抢掠以后自己办起来的，要等人民受害以后，自己觉悟去办，那就迟了”。综合来看，劝办保卫团的方式主要有两种：第一，由官厅竭力倡导；第二，通过宣传提高人民的觉悟。两种方式实际上又是合而为一的。

官方倡办只是促进保卫团兴办的积极因素之一，从经验上体会保卫团的功效才是村民兴办保卫团更深层次的动力。据记载 1926 年“匪军侵扰，偏关县被灾尤重，所至各村无不劫掠一空，贫富无能幸免。惟老营堡南山一带村民团结或垒石为人以惧敌，或塞路作险以阻匪，巡查会哨，前后获敌九名……其后各村皆觉悟自卫之当急，虽极贫之民无不乐于办理保卫团，其请愿出资购置枪械者不下十起”。①

需要指出的是，官厅劝办或者倡导并非代办或合办。第二次村政会议上阎锡山对此作出解释：“凡事……均须帮着村众去办，提携着他们去办，久而久之，村闾邻长自能负责，万不可由知事、主任代他们去办。”可见，保卫团是要由人民来办，不是由官厅来办，是要由官厅来倡导，不是由官厅与人民合办。如果加入官厅的强制力，便失掉了保卫团的自治性。

---

① “行知神池县对于团丁宜婉劝不宜责罚文（1926 年 12 月 24 日）”，见山西省村政处：《山西村政汇编》卷 2（令文），1928 年版，第 214 页。

另一个层面，官厅的倡导和支持还体现在解决编村内部无法自行解决的问题。比较突出的是如何阻止所谓的“坏人”入团训练的问题。1922 年 9 月阎锡山在解答村政问题时对此进行说明：“如有坏人愿入保卫团，而村民碍于情面不反对，或不敢反对时，应由区长阻止。”再如，村长副等自治职员如果自身资质不擅长武术防卫，不能率领保卫团丁执行保卫事项，这种情况下可以推举副长代替前往。正因如此《修订地方保卫团条例》第 3 条规定，遇必要时，总团、区团、村团、甲牌均可添设副长，辅助办事。

二、保卫团的训练与稽查

1922 年 2 月颁发的《改订地方保卫团施行细则》第 2 条规定村内保卫团负责三事：第一，稽查本村窝藏匪人；第二，捕拿强盗土匪；第三，查禁贩卖烟土金丹。以上三样查获时送区公署，转送县公署惩办。第 16 条规定：村保卫团所需经费由村长召集村人公议酌定。各县保卫团按每闾为一牌，以闾长为排长，数闾为一甲，以村长副为甲长，以一编村为村团，以村长为村团长，以一行政区为一区团，以区行政长为区团长，以一县为一总团，以县知事为总团长。凡各村男丁年纪在 18 岁以上，35 岁以下，但吸食洋烟金丹者、游手好闲不务正业者不应入团，疲隆残疾者、出村营业与在村办公事者、住学校者应免。均于农暇时入团练习，并清除土匪盗贼。原则上各村由本村的在乡军人就近教练，沿边各县可由知事请省派员教练。以多团少练不使村民感受不便为宗旨。平日稽查窝藏，清除盗贼，实行古人出入相友、守望相助之道。1927 年颁布的《修订地方保卫团条例》中，对保卫团的宗旨、职责、组织方式都予以再次重申，增加了由省、县政府进行奖励、惩处的具体情形。保卫团的制度设计相对于 20 世纪 30 年代后期国民政府普遍推广的保甲制度来说，自治色彩明显重于控制色彩。村民在自卫和自治的名义下被组织起来，保卫团所拥有的杀伤性武器非常少，训练科目多为长矛等冷兵器，因此并不是作为武装力量而存在的。其主要目的在于防御土匪流兵、维持村内治安，兼顾抓获烟赌人员。尽管实践中确有发生村长副滥用保卫团力量侵犯村民权益的事件，但保卫团不是村级组织控制村民的工具，而是治安性质的自治力量。

各村保卫团训练没有统一时间，为节省经费也不购置统一着装。团丁的操练分常操和会操两种。常操是在农暇时举行，会操是在每年春节后一个月内，由总团长（县长）分区召集举行。操练方法根据《保卫团练习长矛八法手掷弹奖励章程》规定，训练长矛八法和手掷弹两种，也有练习单刀、拳术的，没有热兵器练习，教练员多由在乡军人担任。这些简单的操练自然不能与军队训练相比，遇到配备热兵器的土匪流寇往往难免会有牺牲。尽管如此，组织起来的村保卫团依然在保境安民维护治安方面发挥了显著的作用。根据山西省村政处的考查，各村操练时间多在春冬农暇时期，也有每月定时操练的。如榆社县共有60个村团，团丁有7359人。保卫团每日午后操练数小时，以拳术长矛为主兵器。此外，或逢单日双日，或逢三六九日，或逢二五八日，或逢初一、十五日，由村团长召集会操数次。一年以内平均每村团操练次数在60次以上。[①] 表3统计了1926－1927年山西省各县保卫团的数量和团丁人数以及年平均操练数。这些统计数据大致可以反映保卫团实际办理的规模，反映官方倡导、民众自办的效果。

每年的会操由总团长指定日期分区进行，命令各区团长招集所属各村团丁，到指定的地点集中会练，核阅操法优劣。每年正月六日为各县第一区（操练最好的团民）会操之期，其余各区隔次展开。沿边各县和匪案多的地方，准由县知事禀请督军署派员教练，其派员所需一切费用，统由督军署担任。会操时县区人员和村政实察员受邀加入评判。成绩优良者分别奖给锦旗或奖金，成绩优异者，每区给予20元以下的赏金，由县公款内支付，以此提策各村办理保卫团的积极性。为精简开支避免靡费，《修订地方保卫团条例》规定会操时间以一日为限。

对保卫团训练的研究，以往多关注其操练方法。但是从自治的角度观察，保卫团不仅是负责地方治安保卫的组织，还具有深刻的精神意涵。有论者对保卫团两方面的功能进行总结，认为："保卫团的训练，可以分为教育上的训练和技术上的训练两种。教育上的训练，就是使办理村政人员，对团丁随时施以相当的教育，如保卫的责任、互助的利益、公民的义务、现在的环境、

---

① 《山西村政旬刊》1929年第2卷第3期，第24页。

尚武的精神。而对于团丁中的不尽力的、不操练者，亦不许由官厅代行处罚，应当婉言劝谕，这些都是属于教育上的训练，至于技术上的训练，便是他的操练了。”① 由此可见，保卫团训练的技术性和精神性是合而为一的，操练拳法的过程同时是策发村民自办保卫的过程，也是培育村民自治能力提高其自治觉悟的过程。

表 3 各县保卫团进行概况表（1926 年 7 月 –1927 年 6 月）

县名	村团数	团丁人数	年平均操练次数（以上）
阳曲	152	11099	18
太原	84	5456	12
太谷	124	5306	13
祁县	151	5156	20
岚县	125	7822	45
兴县	62	6870	26
汾阳	214	8365	16
孝义	208	8996	18
平遥	257	9766	15
介休	211	7667	18
石楼	36	3699	37
临县	122	14211	15
离石	—	10835	—
方山	74	6896	20
中阳	83	5800	28
长治	147	14587	50
长子	—	—	30
屯留	—	—	20
襄垣	98	10420	18
潞城	123	10829	24

① 赵正楷：“山西村政中的保卫行政”，载《山西村政旬刊》1929 年第 2 卷第 3 期，第 36 页。

续表

县名	村团数	团丁人数	年平均操练次数（以上）
壶关	122	10123	15
黎城	79	9654	28
平顺	—	7285	32
晋城	149	36561	30
高平	102	2882	20
阳城	108	23931	19
陵川	80	12459	20
沁水	56	17701	24
辽县	75	5690	18
和顺	85	5973	23
榆社	60	7359	60
沁县	—	—	20
沁源	133	8544	15
武乡	87	12596	30
平定	196	36204	20
徐沟	116	2258	27
清源	—	5538	77
交城	—	2860	35
文水	—	—	70
岢岚	—	6092	50
安邑	—	7321	10
夏县	120	10843	24
平陆	99	12495	22
芮城	43	2483	30
新绛	—	9887	20
垣曲	—	3380	38
闻喜	—	8696	20

续表

县名	村团数	团丁人数	年平均操练次数（以上）
绛县	—	4595	13
稷山	—	5196	10
河津	109	4640	20
汾西	56	4930	39
灵丘	156	12660	48
浑源	126	10949	20
应县	—	14816	20
神池	23	5119	20
左云	90	2116	—
宁武	56	4755	20
永和	28	1969	30
霍县	63	3543	30
隰县	—	6027	46
忻县	—	16345	40
广灵	—	7343	30
蒲县	—	5741	—
怀仁	109	9443	13
大宁	—	1663	43
灵石	—	5208	45
五寨	45	5224	40
静乐	—	—	50

数据来源：《山西村政旬刊》第 2 卷第 1－7 期。

按照《修订地方保卫团条例》规定，村保卫团的职责分为稽查村内的劫案、烟赌案以及捕拿盗匪。这三种通常是危害村中治安最严重的事项。从省村政处对各县办理保卫团的调查来看，查获案件种类和数量均有详细记录。需要特别注意的是，村保卫团的自治属性导致了保卫团对于这三种案件只有查获的义务，没有惩罚的权柄，查获以后应当送区转县办理（《修订地方保卫团条例》第2条)。据记载,1926年10月8日(旧历)有三名逃兵携带马匹器械侵扰五台县第三区迷查湾村,向黑山观逃走。村保卫团查知以后集合多名团丁预伏,将其驱赶。所有查获的马匹5匹,骡子1匹,枪支5支,手掷弹1颗,由该村村长报送区转交县政府。[①] 此外,保卫团还承担联防会哨的职务,负责平时村中的巡逻和联防。联防会哨是指两个以上村庄互相之间为共防匪患互通消息、互相联络,遇到匪警时共同追捕。各村之间形成联络互助的保卫网络,才能够互助互利。再者,遇到违反村禁约或其他危害村治安的情形,村团长可以随时召集保卫团丁实行拿捕,然后按其情节交由村会或区公所、县政府惩办。这种类似于村中警察的职权并无明文规定,但实际上各村都存在这样的情况。一方面村中烟赌案件多得益于村中保卫团的强制力量,另一方面实行过程存在较多的流弊,甚至发生严重的侵权现象。

三、保卫团的奖惩

与息讼会等村中自办事务不同,对于保卫团办理的成绩,行政系统在奖励和惩戒方面有许多细化的标准,所有奖励都由省县财政支出。除上述会操奖励以外,对保卫团的奖励还包括以下几种情况。第一,各村办理保卫事宜,有下列情形之一,得由总团长电请省政府核给奖恤:(1)查获通缉或悬赏缉拿之巨匪者,此项奖赏,通缉者为50元,悬赏者照赏格奖给;(2)盗贼抢劫登时捕获者,每拿获一人,分别奖给50元以下20元以上的奖洋;(3)协同他村团捕获匪者,每拿获一人,即就50元以下20元以上的数目内,由总团长酌量分给;(4)夺获盗匪快枪者,每枝赏洋30元;(5)因捕拿盗匪被伤或毙命者,被伤者电请总司令按伤之轻重,核给养伤费,毙命者恤赏洋300元,当年给百元,余赏每年给20元,十年给清(《修订地方保卫团条例》第10条)。第二,各村团办理保卫事宜,如有密报盗匪窝藏处所密报贩卖烟丹之人,因而拿获者,则由总团长核给奖励(《修订地方保卫团条例》第11条)。总团长、团副、区团长办理保卫团成绩卓著者,由省政府核奖(《修订地方保卫团条例》第14条)。此外,各村团丁每年由村中考试一次,选奖优

① 《山西村政旬刊》1929年第2卷第3期,第29页。

等者十人，由县将村奖者考试一次，每到场20人中，奖励一人；复由县将所奖者考试一次，每十人中择一人，连同履历册报省政府，各奖醒狮章一座（《保卫团练习长矛八法手掷弹奖励章程》第2、3、4条）。

对于保卫团的惩戒，分以下几种情况。第一，保卫团人员如教练不到，由本村议处，如拿贼不到，由总团长议处（《修订地方保卫团条例》第12条）。第二，各村如隐匿盗匪及贩卖烟丹之人，村团长明知故纵不报，或村团甲牌长对于盗贼烟丹等事有意诬陷良善者，得由总团长呈请总司令惩办（《修订地方保卫团条例》第13条）。

综上可见，村治安保卫事项不仅仅关系一村的利益，对于地方整体秩序的维护意义重大。因此，行政系统对于村保卫团事项的成绩尤为关注，设置多种奖励情形和奖励措施。鉴于当时财政状况的窘迫，总体而言奖励以精神奖励为主，以物质奖励为辅。惩戒权则主要由村民会议行使，行政系统对此保持极大的宽容。正如有论者言："奖惩一事关系非常重大，运用如果不当不只是没有奖惩的效果，且容易使保卫团因此而懈怠，赏不必重，但能提起其热心与精神即可，对于落选的团丁，仍须予以勉励，免生沮丧的心理。罚不敢重，但求了知过错嗣后不致再犯即足。"① 无论奖励和惩戒，最终的落脚点回归到举办村保卫团的精神内核，回归到倡导村民自办的根本理念，根本的目标在于除莠安良，消除并感化所谓村中的"坏人"，长养村中的善良风俗。

第四节　官民协办事项之三：公断息讼

"无讼"是儒家思想所追求的理想境界。孔子曰："听讼，吾犹人也，必也使无讼乎。"朱子治家格言中道："居家戒争讼，讼则终凶。""无讼是求"作为中国传统法文化的主要特征之一影响深远。多讼则往往被视为地方官吏德化不足的表现。如何实现无讼，除平时教化之外，体现东方智慧的办法则

① 赵正楷："山西村政中的保卫行政"，载《山西村政旬刊》1929年第2卷第3期，第36页。

是调处息争。调处方式分为官方调处和民间调处。民间调处成为社会常见的一种现象，主要根据地方习惯办理，没有法定程序。民间广泛流行的乡规民约和宗族法规为民间调处提供了切实依据。但官方并未对民间调处的人员机构、调处范围、调处方式作出统一规定。

息讼会的设置并非山西首创。早在清末直隶兴办自治时乐亭县自治预备会曾拟办息讼所。然而，民国山西村治推行过程中将公断息讼作为明定的村治事项，积极地帮助村民兴办息讼会。在一省之内广泛倡导设立息讼会则颇具特色。“息讼会本为便利人民减少讼累而设，……必办到无讼地步方为上乘。”1928 年山西省政府提出新阶段的村政目标，即为“村村无讼、家家有余”，并制定《实施村村无讼、家家有余各办法简章》。南京国民政府时期河北、河南、甘肃、浙江、北平市等地陆续仿办息讼会，可见息讼会的设置随着村治的推行而得以在全国推广。

一、息讼会的设置与运作

“民间讼事之苦，费钱失时，兴仇结怨，流毒无穷。息讼会之设，系为便民厚俗，以救争讼之凶，且令人民有练习评判之机会，有主张公道之事权，庶人心公是公非，日以发扬，而土棍劣绅无所肆其拨弄。因规定村长兼充会长，另由村人公推公断人四名或六名。凡两造争执事件，均愿请公断者，得以和解，其不愿公断及不服公断者，仍听自由起诉。”公断之后如果不服，公断人员应当将不服理由填注表册以备考察。可见，息讼会就是村中调解争执的机关。息讼会是以消减诉讼为目的的机关。尤其是在当时中国法制不完善、司法不发达的制度之下，讼期长久诉累繁重。若在诉讼之前能够经由村息讼会公平决断或劝勉和解则可以免受诉讼之苦。为增强权威，息讼会采用合议制度，并对合议人数作出明确规定。村政施行初期息讼会会长可由村长兼任。1922 年山西省署曾发布指令，息讼会组织人数可根据地方习惯酌量增减，只要对公断方法无碍即可，并将公断人员名册造报。[①] 1927 年颁布《修

---

① “指令襄陵县息讼会组织人数可因地方习惯酌量增减文（1922 年 6 月 26 日）”，见山西省村政处：《山西村政汇编》卷 2（令文），1928 年版，第 35 页。

订息讼会简章》规定公断员由村民会议中选举产生，由五人或七人组成，会长由公断员互推选定。息讼会所有成员任期均为一年，但可以连选连任。“息讼会的公断，既系义务职不得支薪，情理上当不能强其永久充任。而一般村民对公断员有不信任者，平时又碍于情面不加反对，故规定一年一选，以解此两种之困难。又村中民众智识未启，且狃于积习相沿之不管事之心理之下，……一村之中堪充公断员者寥寥无几，如每年尽行改选必至……无人充当。”① 为防止村长副等把持独断，1925 年 6 月 10 日省署特别发布行知，对右玉县各村存在的村长一人独断而导致失信于民的问题作出指示，要求官员下乡时随时纠正。

可见，息讼会为村中主张公道、调解争执、以消减诉讼为目的的自治机关。息讼会的自治性一方面表现在人员组成和机构的独立性上，另一方面表现在权力的非强制性上。首先，息讼会没有上下相属的等级制度。如司法机关有最高法院、高等法院、地方法院、初级法院的审级制度。而保卫团也分为总团、区团、村团、甲牌等不同等级。息讼会的人员不由官方任命，处理事务也不受官方意见的节制。《山西省政公报》1929 年第 11 期记载绛县曾设立区息讼会：韩县长到任后，因“村民多不服村息讼会公断之能力，总以见官为快”，特由各区设立区息讼会以帮助村息讼会，每十天开会一次。但这种做法并没有在全省普及，而区息讼会也并非村息讼会的上级机关。如上引述所言，区息讼会的职责在于帮助村息讼会处理事务，进一步减少讼争，也不具有强制之权。此外，山西省署曾明令禁止为知事省事而在县设息讼会以代替县司法机关的审判。一方面，如何避免绅商把持之弊难以解决；另一方面，村息讼会并非司法机关的辅助机构，其职责范围只在于调处命案之外的案件。对于实践中发生的“各县对于人民诉讼之难办者，知事往往因其难而批交息讼会了处”的情形，省署特别发布训令禁止。②

其次，息讼会的非强制性和无偿性表现出其作为自治机关的特征。设立

---

① 赵正楷：“整理息讼会之管见”，载《山西村政旬刊》，1929 年第 2 卷第 5 期，第 31～36 页。

② “训令各县司法案件不得因难办批交息讼会文（1923 年 5 月 22 日）”，见山西省村政处：《山西村政汇编》卷 2（令文），1928 年版，第 36 页。

息讼会的目的在于便民而非增加村民讼累，只有公正处断、主张公道才能赢得权威和信任。将息讼之权交于村民正是由于信任村民能够明了事实适当评判，以此引导村民走入民治轨道。息讼会处断争执的条件有两项，第一项为非命案，第二项要求必须由双方当事人请求。阎锡山曾言："息讼会只有公公道道为人调和的权柄，没有强制人的权柄。"如果未经当事人请求就不得予以公断。对于息讼会的处断不满，当事人可自由起诉，不受丝毫限制。这一点是息讼会的根本原则。息讼会费用应当由村中商议办法，省署禁止由当事人交纳会费。阳曲县黄寨村息讼会每次处断后责令理曲者交纳会费四角作为烟茶之需，此种办法被省署命令禁止。

实践中发生一些息讼会滥用职权的案例，例如，某县某村因某甲向某乙赎地，以大洋换制钱，数目前后涨落相悬太殊而引起纠纷，请息讼会公断。之后某乙不服公断及被责以手杖二百，并在村公所拘留一日。再如，各村公断员仍存有旧日遗留下来的思想，以为双方或一方不服其公断就是违反公断员的意旨，强行执行。将不服之人捆缚到县，而县政人员竟然不予制止纠正，将其被捆缚之人从权收留后，再令双方或一方递上诉状。有论者对此表示："污蔑人权，孰甚于此。"① 实践中还出现"村长每于不服调息赴县起诉案件，函报县署请求维持原议"情形，致使人民多不请求公断而径行向县署起诉。这种情况相当于息讼会强制当事人服从处断，有违其根本精神。②

二、官方对息讼会的督导

官方对村息讼会推进作用大致表现在三个方面：第一，训练公断员；第二，指导息讼方法；第三，督察办理情形。

首先，村中公推公断员时即由下派的行政人员注意检查。1930 年 1 月 17 日山西省政府颁发《训练各村息讼会公断员简章》，规定每年改选公断员结束之后的一个月内，由县长斟酌地方情形分区或分段举行训练，训练期限为

---

① 刘大方："村禁约和息讼会的区别：告给村闾邻长和公断员"，载《山西村政旬刊》1930 年第 3 卷第 26 期。

② "行知万全县严禁各村息讼会劝令请求调息者纳费文（1926 年 12 月 29 日）"，见山西省村政处：《山西村政汇编》卷 2（令文），1928 年版，第 37 页。

三日至五日，训练人员由区长或小段主任充任，村政实察员在县时也可帮助训练。训练内容以《修订息讼会简章》《实施村村无讼各办法》及有关息讼的文告为主。

其次，各段办理人员到村时应与息讼会员共同研究息讼方法。《整顿息讼会办法》中第 2 条规定县区人员下乡应将息讼会简章及慎选公断员并在村调息好处诸端撮要向人民切实讲演以资了解；第 3 条规定县长、承审审理案件时应询问其曾否经过息讼会，经过者是否公道，未经过者是何原因，随时记载以便分别指导纠正。山西省署要求高等法院及其分院、地方法院在审理上诉案件时“详细询问是否经过息讼会及该会处理情形，按月列报”，以此作为凭查各县办理息讼会成绩的依据。[①] 此外，山西省公署要求各村制作息讼会登记簿，对于所调处案件均应按照规定样式进行登记。填写的事项包括调处日期（某月某日）、两造姓名、因何争执、如何处断、已息或未息以及备考。其中，“因何事争执”一栏，将两造争执事由用简单话记载，如为争地，为要钱，为婚姻等类；“如何处断”一栏，将公断情形简明记载，如令某人与某人还钱若干，或赔情了事等类；“已息或未息”一栏，两造遵断填“已息”二字，不遵断填“未息”二字，如向县起诉，填起诉二字；“备考”一栏，将处断不合，经县区人员加以纠正，及不属于各格致特别情形记入。

最后，省署明确要求县级行政长官对息讼会办理情况多加注意，“县行政进步全视知事所费心力为准，期息讼会发达，非知事于此项行政费心筹划督促不可”。[②] 据此可见，办理息讼会亦属于行政事项的范围，由行政长官负责。1924 年省署查悉天镇县第四区一年之中仅调息案件十余起，则判定该知事、区长未用心办理。息讼会员如有公断延迟等情形，官方并无权加以处罚，但可以指导告诫。《山西省政公报》第 11 期记载闻喜县第二区区长郭宗泰下乡时对息讼人员一一甄别，“凡不孚众望或不能主张公道者一律改选”。并为

---

① “训令地审、高审、第一二高审分应查报村息讼会处理人民争讼事件情形文（1923 年 11 月 23 日）”，见山西省村政处：《山西村政汇编》卷 2（令文），1928 年版，第 203 页。

② “指令左云县息讼会能否进步全在知识费心督促文” 1924 年 4 月 24 日，见山西省村政处：《山西村政汇编》卷 2（令文），1928 年版，第 203 页。

公断员制作一椭圆形白色布牌，上书“主张公道”四字，要求出席公断时佩戴在胸前，并宣誓主张公道之后方准为人民调息。又拟定《村息讼会简章》13 条，由县政府转呈省政府备案。

三、消除讼因

要实现无讼的目标，整顿息讼会为治标之策，治本之计还在于维持村公道、提倡村仁化，从社会感化方面减少讼因。1928 年阎锡山手谕村政处文稿中对“村村无讼”的实施办法作出说明：欲村村无讼必须先断讼根，在精神方面应主张公道、提倡忍让，在方法方面应制定产业登记，预防产业种种缪葛之方法，并由承办人与法厅常常会议考察发生诉讼之原因而从消弭之。……欲实施村村无讼之政治，须先由村间邻长各就自己所在之村间邻内确实提倡村仁化，主张村公道。……更应极力整理息讼会，以村人主张公道之心理了结村中发生之讼事。[①]

“公道是村政治的精神，村仁化是村公道的骨子。”《村村无讼家家有余计划书》关于村村无讼的目标提出两点具体办法：第一，提倡村仁化；第二，维持村公道。《村村无讼、家家有余计划书》明确规定了村仁化标准：亲慈（爱而不溺，望而不迫，惟道义是期，非富贵是责）、子孝（善继其志，善补其缺，善养其身，善娱其心）、兄爱（让以联情，导以趋善，不藏怒焉，不宿怨焉）、弟敬（尊兄之志，从兄之言，匡兄之失，先兄之劳）、夫义（尚德不尚容，贵贱不移，扶之以道，信之当笃）、妻贤（贞节持身，和俭处家，助夫以孝，从夫以仁）、友信（相结以义，相励以志，贫贱不忘，患难不变）、邻睦（出入相友，礼俗相交，忍让相处，患难相救）。同时为积极宣扬仁化善行，省署发行《村话报》专门报道村仁化事迹。在此需要指出的是，对传统道德的维护并非僵化的。关于保守中国传统道德的问题，一方面，肯定传统道德在价值层面的意义，维持伦理秩序和道德精神亦是村治内容的精神所在；另一方面，也要看到传统道德的极端化就造成过犹不及，谬误千里。“公道爱人，为吾国文化之精神，中华民族之特长，非特省县当努力为之，尤

---

① 《山西村政旬刊》1928 年第 1 卷第 23 期，第 2 页。

当期之于一村一家。……惟此等民族道德，旧日政治，本极注重……旧道德中之过当处，亦应加以修正。……譬之‘节操’，本由情义而发……但自标榜节操以还，守节操者，多为邀节操之美名而节操，每致演成不近人情之行为。”①

村仁化和村公道的维护职责进一步诉诸村治组织和人员。首先，省署要求“村民会议、村公所、息讼会、村监察委员会，最为主张公道之所，宜大书主张公道四字，粘诸壁上，资触目注意”；其次，要求自治职员以就职宣誓的方式在意识上进一步强化，“村长副、村监察委员、息讼会公断员等，皆为村中荷担公道之人，宜于选定就职之时，共宣主张公道之誓，以资率励”；最后，在村中普遍倡导，“凡属村中好人，均宜结为公道团体，遇事各本良心之主张，发为公道舆论，有因不明事理为逾越公道之事者，互为劝导，以相纠正”。1928 年山西省政府公布《化除家庭残忍办法》对村长副的相应职责和履职方式进行细化规定：（1）各村长副应责成该村闾邻长时常注意该管闾邻有无家庭残忍住户，据实密报村长；（2）查有残忍家庭即由村长副责成其族长、邻长结实劝告使之改良；（3）残忍家庭经族长、邻长结实劝告后，如不改良，应随时监视干涉并探明其发生残忍之原因，设法为之接触；（4）屡劝不改或不受监视干涉时应由劝告及监视人报告村公所，按村禁约惩罚议处；……（5）各家有残忍情事，经劝告后接触改善者，应将其事实随时宣传以资奖励。“虽一家私事，实于村范进行有重大影响”，省署对于实践中发现的家庭残忍情事，如继母虐待前房子女或婆婆虐待儿媳等，首先要求村长副多加劝导，如怙恶不悛者由县确实训诫并责成村长副严加监视。

以伦理道德为政治依归的村治思想造就了村治事项的包容性。细微之处如个人生活作息，省署法规对于何时早起、何时休息都有所规定。对于家庭伦理的提倡更是不遗巨细。省署（府）向人民颁发《家庭须知》一书，其中提出八项家庭规则：一要和气，二要厚道，三要严肃，四要正直，五要勤谨，六要简朴，七要洁净，八要安静。重视教化，承担教化一直是中国传统地方自治的重要功能，这一点构成了民国山西村治的重要特征之一。这些道德规

---

① 阎伯川先生纪念会编：《民国阎伯川先生锡山年谱长编初稿（第 2 册）》，商务印书馆 1988 年版，第 805 页。

则经由行政系统的倡导和成文法的规定转变为正式的自治事项，因此获得了道德支持以外的合法性基础。

除村治人员负有相关职责之外，政府行政人员对于村仁化也负有劝诫、督导、监察之责。《村村无讼家家有余计划书》要求：“官厅派员，随时下乡切实考查指导。其能实在成立公道之团体，造成公道之舆论，全年内村民会议、村禁约、息讼会、村监察委员会等，均无不公道之议处，各项执行公务人员，均无不公道之行为，则可称为公道之村庄，由知事奖励之。赓续得奖五年者，呈报省政府给奖。”此外，要求行政机关在日常行政中对于善良风俗多加劝导，例如，1918 年 4 月省署令各县知事劝诫官民：不得虐待养媳；禁止恶打丫头；继母不可虐待前房子女，衣服干净整齐不必华美；停柩家中不葬，有碍卫生，亦非孝道。盗墓起因于厚葬，应毋厚葬，以期防止根本。[①]就追责而言，能否及时查禁有效防止有碍仁化事件发生成为行政官员问责的事由之一。据记载 1918 年 7 月 5 日兴县人民杨邦仁夫妇，嫌儿媳足大，虐待致死，电令县知事依法严惩。区、村、闾邻长对查禁家庭残忍事件之政令，未能达成，区长任宝麟记过一次，余由县知事严行责罚。[②]

1928 年山西省政府颁布《村村无讼家家有余计划书》，其中对于消除讼多原因一节，表示既要提倡仁化主张公道，同时指出“约证不完、法律不明”也是讼争产生的重要原因，因此提倡村人注重约证。“凡有法律行为或取物证或用人证均须明白订定，如系重要事件，且恐一方变计，于订约之初双方相偕报由村公所，择由登载以作考证。”此外，要求官员积极讲解宣传与村民日程生活有关的法律条文，“法律条文虽属浩繁，而普通适用村人者实属无几，由官厅将人民日常发生法律关系及法律规定，与习惯向不相同之条文，印刷多份。官员下乡及教员课余随时讲解，务令家喻户晓，知所遵循”。1929 年颁布的《普及法律知识办法》中要求：凡中央及本省法令有关于人民日常应用者，由省政府摘要用白话解释编登《村政周报》以便预览；

① 阎伯川先生纪念会编：《民国阎伯川先生锡山年谱长编初稿（第 2 册）》，商务印书馆 1988 年版，第 271 页。

② 同上书，第 275 页。

强行法规中如与本地习惯有不相同之处，县政府应特别标明宣布人民俾资遵守；县区人员下乡及各村教员课余时应将重要法令及关于法律行为之一切程序向人民切实讲解以资灌输；办理村务人员有能通晓律文者须随时应人民之请，解答各项法令。

小　结

自清末新政开启地方自治制度以来，从规范层面观察，地方自治事务范围不断扩展，文本列举愈加烦琐详细。然而，自治事项如何真正从文本走向实践，从制度设计真正落实到制度实施，则成为清末至民国时期地方自治发展的关键性环节。自治制度如果无法从理论正当性和制度正当性迈向现实有效性，那么国人由此期望自治而救国、自治而开启民智、发展民力的美好期望终将成为泡影。民国山西村治长达二三十年的制度实践无疑成为检验自治理论和制度效能的实验田。相较于中央地方自治制度中自治范围的繁阔虚华，山西村治在事务层面具有明显的务实性。首先，村治事务的内容扩展体现出从补助行政到服务村落共同体的脉络。特别是 1922 年整理村范之后，村治事务紧密围绕维护村公益的核心而展开。其次，村治事务的执行体现出官力倡导、官力扶持到官力有限地退出的轨迹。与此同时，吸纳乡村精英进入管理系统以及调动广大村民维护公益的内在动力，都成为村治得以长久赓续的基石。1928 年后，山西省署进一步提出发展农村合作经济的计划，并已经在河边村开展试点，但是由于战事兴起，村治事业的发展不得不受到客观历史潮流的影响。假设历史条件允许，山西村治事项必然会在增加村落共同体福利的逻辑轨道上继续推进。20 世纪 20 年代山西省署提出的从除弊到兴利的自治计划，从发展政治权利到发展经济权利的自治设计也就可能得以实现。

第四章 山西村治的经验与局限

第一节　山西村治的经验

从清末新政开始的地方自治改革属于典型的后发型地方自治。“经济的现代化、民族的统一和国家政权建设是摆在新政权面前的重要问题。而且，这些要求并不像欧洲那样来源于自身内部的发展，而是来自外界的强求。”①山西村治也概莫能外，更大程度上表现为行政权推动和监督下的自治。但是并非外力推动型地方自治没有成功的可能性，不仅如此，现代意义上的地方自治已经不可能如初始生发状态自然生长，其必然是在现代民族—国家建构的大背景下发展的，由上而下官力推动是其必然的发展路径。如德国、法国、日本等国的地方自治，表现为国家推动并与地方民主发展诉求相聚合、相促进而形成。近代日本不仅在政治制度上成功导入了西方的立宪政治，而且在地方制度上，也成功施行了地方自治制度，1888 年施行的市制町村制和 1890 年施行的府县制郡制就是其标志。日本近代宪制、地方自治与财政制度的发展呈现三位一体的局面。近代日本自明治维新时期开始的地方自治改革取得了良好效应，其成果至今被延续。按照民国山西村治的整体设计，希望能够借政治的力量去推进社会建设事业，同时要借社会建设运动以促成政府的改革，因而达到官治推动自治、自治弥补官治的效果。张鸣教授称之为“全能主义改造社会”的方式。② 然而，国家政权建设过程使得奉行地方主义的地方实力派无法独善其身或置身事外，正如恐龙灭亡并非仅仅因为自身问题，而是伴随着整个爬行类物种的衰退。显然山西村治的偃旗息鼓与政权更迭有密切相关，但是需要追问的是，山西村治能够为当下继续发展乡村自治提供

---

① ［美］杜赞奇：《文化、权力与国家》，王福明译，江苏人民出版社 2010 年版，第 4 页。

② 张鸣：“‘花样’年华——1920 年代军阀寻求维系道德资源的努力”，载《浙江社会科学》2004 年第 1 期，第 185－192 页。

怎样的历史经验？山西村治何以没有最终达到巩固农村社会的初衷，甚至走到破坏和掠夺的反面，因而失去乡村社会的支持基础？

“山西村治”在民国早期就已闻名遐迩，20 世纪 20 年代山西就获得“模范省”的称誉。实际上，“六政三事”初办之时多受抵触，抵制之声直告到大总统徐世昌处。徐世昌派高级顾问田应璜传谕：“政尚无为，应人民所求，来一事处理一事可耳；中国之吏役多不良之徒，与人民接触等于蛇蝎，多一次人民受害多一次，举办各种兴利除弊的事，利难见而害易生，力言无多事，为为政之常道。”① 然而，村政取得的实效使中央很快改变了看法。1918 年 5 月 31 日北京政府指令：“所拟办事项，大裨民生，且指拨公费，极意提倡，深堪嘉尚。着即按照地方情形，循序渐进，期收实效。”② 1926 年绥远仿行村政，1927 年江苏省仿办村政，此外浙江、湖南、河北、河南等省都纷纷仿办。广西方面开办村治学院，聘请曾在山西办理自治的刘仁航前去主持。1928 年 9 月阎锡山建议中央政治会议在全国推行村政。南京国民政府 1929 年制定的《县组织法》以山西村治作为实行地方自治的示范，按照山西村治的组织形式设置乡镇自治架构，充实细化了孙中山所倡导的县自治方针。当时“首都南京所在地之江宁县，早即仿行，天津特别市，近亦实行街村组织。浙江、江西、河南、河北等省，切已制定实施村政办法。湖南、广东两省，俱设立机关，训练村治人才”。③ 1930 年后南京国民政府逐渐在全国推行保甲，将保甲融入地方自治。尽管如此，山西村治并未受到根本性影响，仍然在原有的制度框架内相生相续。将山西村治实践置于乡村自治现代转型的历史语境下，提炼出对当下有益的历史经验则具有重要的现实意义。

一、现代自治制度的移植

孔飞力曾提出一个重要的问题：在何种程度上，中国现代国家的形成

---

① 《阎锡山日记全编》，山西传媒集团、三晋出版社 2012 年版，第 4 页。

② 阎伯川先生纪念会编：《民国阎伯川先生锡山年谱长编初稿（第 1 册）》，商务印书馆 1988 年版，第 273 页。

③ 刑振基：《山西村政纲要》，山西村政处村政旬刊社 1929 年版，第 41－42 页。

是一种“中国的过程”?[①] 对这个问题的探究至今没有完成。就乡村自治的近代转型而言，制度性构建无疑构成传统与现代两种不同模式的显著区别之处。中国传统的乡村自治往往并不具有固定的制度外形，而是在儒家文化和乡村共同感情的感召之下由乡村精英自发发起的。对于中国传统政治，以梁漱溟先生的话讲是“不像国家的国家，没有政治的政治”。团体与个人的关系轻松若无物，家庭关系就特别显露出来，像西洋人从前的宗教、后来的国家，在我们都是没有的。[②] 这样的乡村自治在价值观上既具有稳定性也具有相当的弹性。另外，制度性的缺失确为传统乡村自治区别于西方近代地方自治之处。缺乏制度架构的乡村自治带来的局限在于自治范本的不可复制性和不可推广性。因此，乡村自治的实现程度则受到乡村自身资源的很大限制。

从民国山西村治可以看到，纵向的村—闾—邻制度基本上沿袭了传统乡村自治中的方式方法，此外村一级自治组织还建立起具有分权外观的村民会议、村公所、村监察委员会的横向组织制度。纵向管理体制与横向分权体制的交错结合构成山西村治极具特色的制度形态。这种制度形态显然是传统乡村自治所不具备的，因此制度的有效运行就成为村治开展的关键问题。特别是此项制度直接与社会最基层的村民发生联系，制度移植遭遇的文化心理上的不适更加明显和直接。在此村治制度的推行并非一蹴而就，而是以村治事务的需要为条件逐步完善的。

首先，以加强村落共同体生活方式的公共性作为移植西方自治制度的基础。西方的地方自治制度根植于西方深厚的文化土壤，西方地方自治习惯的养成首先来源于经济合作的发展和团体生活的训练。工业化生产模式改变了农业生产模式之下分散的个体存在方式。广泛的社会分工与协作都是传统小农经济所欠缺的。梁漱溟先生认为欧洲近代民主政治制度在中国不适用，昧于中国民族精神，反对以政府力量强行推行自治，认为地方自治也不可能按照政府法令计划立刻完成，这正是出于对中国人生活方式的

---

① ［美］孔飞力:《中国现代国家的起源》，陈兼等译，三联书店2013年版，第1页。

② 梁漱溟:《乡村建设理论》，世纪出版社2006年版，第25页。

考量。“要知道一地方社会之自治，是由散漫而入于组织；此自治组织原是实际生活之一好方法。果真需要到来，人自会求之。……既无需要又无可能，强迫为之，不独白费力气，而且弊害百出。……所以要举办地方自治，先谋其地方经济与文化之推进……”① 民国乡村自治的实践者也曾试图从经济生活方式的改变推动和稳固现代乡村自治这种移植过来的政治生活方式。米迪刚先生在翟城村设立村公产，杨开道先生在作清河调查时也注意到自治机关中的公职主要由商会中的商董充任。但是，在当时农村经济几近崩溃的客观环境下，没有经济基础的经济合作决然不能带来政治生活方式的根本转变。

相对而言，山西村治具备了得天独厚的历史资源。由于是在超出一村一庄的更广阔空间展开，并且得到省级政权的大力推动，村民共同生活的空间和领域得到极大扩展。“六政三事”时期村治事务集中于发展村中基本民生事业，之后的整理村范时期集中于消除莠民、整顿秩序。山西的乡村中本身固有的推选村长制难以完成如此繁复的行政任务和公共服务任务。所以编制纵向和横向的村治组织，从机制上保证村治事务的顺利进行也就成为村治改革的应有之义。先成立了合议制的村公所，之后又成立了村民合意机关村民会议，为解决村款问题而建立了具有独立监督职能的村监察委员会。可以说，山西村治制度的推行是逻辑和经验共同的产物。伴随着村治事务展开的需要渐次形成现代意义的村治制度，而非仅从逻辑上论证自治权利与实现方式，这一点体现出山西村治崇尚务实的品质。

其次，自治制度的推行得益于自治人才培养。民国乡村自治中处处可见对村民的自治训练，无论山西村治中的村长副培训还是其他地方所办的自治训练所，都希望通过教育培育村民的自治习惯。正如梁漱溟先生所说：“洎乎民国十一年至民国十六年间，才切切实实认识了，决定了西洋政治与中国不能相连。中国虽然可以有政治制度，但绝不是近代西洋的政治制度。经过此番觉悟之后，即坚决而肯定了我的主张，从乡村培养新政治习惯，培养中国式的新政治习惯，而不是西洋式的。”②

---

① 梁漱溟：“敢告今之言地方自治者”，载《村治》1930 年第 2 卷第 1、3 期。

② 梁漱溟：《自述》，见《梁漱溟全集（第 2 卷）》，山东人民出版社 1992 年版，第 24 页。

“六政三事”时期山西区村间地方制度厘定，村治事务中行政委办事项占据绝大多数的比例。办理这些委办事项，亟须充实相关的自治人才，区长、区助理员等人才培养成为村治发展的重要制约因素。为解决这一问题，山西省署颁布《地方行政讲习所简章》《保送地方行政讲习员规程》《区长试验规程》《保送区助理员学习规程》等以养成自治人才。

地方讲习所是山西最早设立的地方自治人才养成机构，其宗旨是以贯彻区村制实施精神为主。学员分为两部分，一部分为由各县保送的行政讲习员，可考取区长；另一部分为各县保送的区助理员。讲习科目主要有：世界大势、法制大意、政治要义、刑律则要、民律大意、警察要义、条约则要、户籍要义、经界要义、统计要义、自治要义、用民纲要、新订村区制各章程、人民须知、村长副须知、公文程式、注音字母、精神讲话等。每星期学习 42 小时，三个月为一期。学员毕业后即分别委任，到 1921 年共录取 1700 多名，仍不敷分派。

为便于民众理解村制区制，解除绅民各界对村制实行的疑虑，山西省署责令县知事遴选有学识经验员绅到省，讲习编制村间及划分区域种种制度。讲习员遴选资格要求年龄 30 岁以上 40 岁以下，并具备下列资格之一：（1）曾在法政学校本科及别科毕业者；（2）曾在中学以上各学校毕业，而粗习现行法令者；（3）办理地方行政事务，三年以上，而素著闻望者。同时要求不得具有以下消极资格：（1）品行卑污者；（2）有废疾者。每县保送三名最终择选一名，学期三个月，期满后派往各县帮助县知事催办编村化区，演讲各项新政，指导村长副工作。通过自治教育使服务村政的人员明白自治的重要意义以及具体实施办法。

县政府负责选拔和训练区长，区长必须经过特定课程学习才能分派委任。凡年在 25 岁以上 40 岁以下具备下列资格之一者具备考选资格：（1）法政本科或别科毕业及讲习科一年半以上毕业者；（2）中学校以上及与中学校毕业相当之资格者；（3）办理地方行政事务三年以上确有成绩者。行政讲习员，经练习后取得毕业证书免于考选。消极资格限制有：（1）曾受刑事处分者；

（2）品行不端，被控有案，查明属实者；（3）确有嗜好者；（4）有残疾或年力衰弱者。区长试验人员须经过第一试和第二试，两次成绩平均及格者可进入行政研究所学习。学期初为二个月，之后由于区长兼管区内警务而加授警察学要义增加至三个月。毕业之后还须分班传询，发现有举动浮躁、学识前后者，分别剔除。毕业后由省署分别委任。

一区之内县区助理员任务繁重，上承区长指挥下与村长副、闾长直接交接，遇有编查户口、登记认识等疑难事项必然要详细解说。因此，省署颁布《保送县区助理员学习规程》要求区助理员由县知事就地遴选，送省练习。遴选资格年龄范围与区长遴选一致，教育程度和行政经验要求降低。要求具有下列条件之一：（1）高等小学毕业，领有证书或与高等小学毕业资格相当；（2）曾充地方蒙学塾师或曾应前清童子试者；（3）办理地方行政事务两年以上者。每县保送名额根据本县分区情况而定，每区应保送三名，学员学习以三个月为期，期满试验及格者，发回各县任使。

由上可见，自治人才的培养分为选送和培训两大步骤，遴选条件主要以教育程度和办事经验为主，选送的决定权主要在县知事，培训机关主要为省署专门机构。培训合格的人才发回各县充任区长、区助理员等职，协助县知事办理村治事项。因此，对于村治事务，尤其是行政委办事项而言，层层下达以及实地宣传与监督的责任也就落到这些经过培训的自治人员身上。

二、在官治与自治之间探寻互利平衡

杨天竞先生曾于《乡村自治》一书中阐明乡村自治的机理与意义："乡村自治者，治平之发端，建国之基础也。必乡村已治，而后县治可以完成，县治完成，而后国家根本始固。引申言之，实以自主、自决为精神，民有、民治为理想，互助、互重为原则，善已、善群为指归。盖基于民族特性与国家情势，有构成国家基本单位之乡村人民，依共同意向，于不妨碍全国利益范围内，直接行使主权，自治其事，自谋其利，以求政治上、经济上、文化思想上，皆有平衡的进展、均等的发育，藉以维系民族总体之生存耳。”[①] 这样的观点也契合于地方自治的一般前提，即地方团体自治的范围必须在国家法律许可的范围内。可见，地方自治也好，乡村自治也罢，都必须建立在国情民性的基础之上，在国家法律允许的范围内、在不妨碍全国利益的范围内，调动发挥人民自决、自主的能力。因此，自治的前提必须是协调好自治与官治的均衡。从历史进程来看，以直接支配每一国民性为特征的国家政权建设与民治发展同为现代中国面临的重大课题，如何处理两者的关系既具有理论意义，也具有实践价值。

张静教授反对学界已经形成的一种固定化的研究框架，即认为“国家政权建设”与“乡村自治”具有紧张关系，它们构成权力竞争，因为互有负面作用。“在这种理解下，乡村自治不是国家政权建设的伴随物，相反，它是官治以外、限制官权扩张的社会政治整合单位。因而自治活动的基本性质，在于恢复被国家政权建设威胁或侵蚀的社会自主地位，相反国家政权建设的基本性质，是官治向基层自治领域的权力扩张，其主要目标是国家对社会资源（包括其管制权）的获取。”[②] 当然，这种对立的或者说竞争的研究框架主要来自西方学者对近代中国基层社会自治的研究。一定程度上这种对立或竞争的研究框架来自西方地方自治制度出现的路径依赖。王建学教授认为西方地方自治观为“战斗的自治观”。然而，他同时观察到中国传统社会乡村与国家并非出于对峙状态，因而展现出一种“安逸的自治观”。这样的特征在张静教授看来不仅存在于中国传统的地方自治中，而且表现于近现代的乡村自治中。她认为现代意义上的（代表性）自治（在基本原则及规范的确立方面）和现代国家政权建设形成一种互相依赖关系。她认为：“国家政权建设”不仅意味着扩展国家的控制权力（打击割据性自治权力），比这一点更重要的是，它还意味着，通过强迫推行的新规则，规范各级政权本身的角色改变及治理规则的改变，使其成为真正意义上的公共机构——保护公民权利、提供公共产品和服务、管理公共财富。[③]

---

① 杨天竞：《乡村自治》，大东书局 1931 年版，第 5 页。

② 张静：“村庄自治与国家政权建设”，见黄宗智主编：《中国乡村研究（第一辑）》，商务印书馆 2003 年版，第 187 页。

③ 同上书，第 216 页。

民国山西村治的开展可以说是这种官治自治协调理论的一个注脚。或者说，中国文化本身以非对抗性和包容性作为其文化特质，以传统中国文化作为精神依归的山西村治体现了官治与自治的互利平衡。山西村治中自治权利范围和自治事务范围都是在官方力量的推动之下逐步拓展的。当时中央政府的地方自治制度中突出强调以“四权”为核心的政治权利，但是山西村治中的自治权利范围显然并不是以此为最重要的内容。编村组织的自治权利并不是从官方攫取而获得，而是由官方委任与认可而获得，更大程度上编村组织具有半行政色彩。村民的自治权利也并非以规范上强调的“四权”为核心，而是以维护乡村公共福利为根本出发点展开兴利除弊。从另一方面来看，官方力量对于编村组织的自治效能负有督导、监察及善后之责。究其根本，近代中国乡村自治与西方地方自治体制发展轨迹不同之处在于，前者不是在地方与中央相抗争的前提下展开的，而是基于自治对官治的有益补充前提下展开的。

三、地方本位观念

地方自治本质上是一种团体生活，团体生活的系团和组织，必须从推行与团体的分子有切实利益的事业中渐次培养而成。如果政府希望人民的是四权的行使，而人民所希望于政府的乃是那些切实能解决乡村实际问题的工作与活动，在这种情形之下，如果政府只从运用四权去准备，则恐怕自治愈提倡，人民对于自治的兴趣愈减少了。①

地方自治的发展应当以促进地方公共利益为依归，否则徒具空洞虚幻的形式而不能给自治单位团体以及组成人员带来利益则丧失了改革的初衷。所谓地方公益，即在一定地域范围之内一般公众之需要。费正清先生一语中的。对于当时的农民来说，“采取立宪政体也好，专制政体或其他什么形式也好，这都无关紧要。他们说到底只需要轻徭薄赋、鸡犬不惊的生活”。② 詹姆斯·

① 苏珊：“从官治绅治通论地方自治”，载《清议》1928年第2卷第7期。

② ［美］费正清：《剑桥中国晚晴史（下卷）》，中国社会科学出版社1985年版，第462页。

布赖斯的观点也是如此，“大概说来，普通人民所向往的并不是自治，却是好政府。”[①] 然而，这种鸡犬不惊的生活必须以具有理性设计的政治制度作为保障。如何促进地方公共利益的实现，山西村治为后世提供了较为完整的实现路径。

首先，实现民生安定必然要以民权彰显为前提。孟森先生对民治意义上的地方自治作了如下解释：“或有疑曰：地方自治，似已为吾国所本具，则何故又特标新名目，以勉我曹从事于此？此正因平时地方办事，资财气力由父老子弟共出，意见则由一二官长绅董独出，负担者在此，利益者在彼，地方之事愈多，其去自治愈远。今之特标自治，正今地方身受利害之人各有发表意见之权，所兴真公共之利，所除真公共之害，使地方有进步而无退步，则积各地方之兴盛，不得不成全国家之繁昌矣。”[②] 山西省政府于 1932 年的《促成地方自治计划草案》中说明，所谓“自治事务，盖人民自动为公众利益之是”。从根本上说，地方自治所要解决的问题是民权与民生的协同促进。前述草案中写道：“地方自治之事，乃含有政治经济之混合体，而其最后目的盖在于民权之发展与民生问题之解决。依《建国大纲》暨《地方自治开始实行法》与内政部编定之《促进地方自治计划书》，凡完成地方自治之基础条件以及筹备自治事务之进行程序，均有其明确之范围，一定之途径，自可依照办理。兹概括言之，略可分为准备自治事项与推进自治事业两项，而最要之工作则在乎训导民众行使四权，协助人民筹备自治。其经历过程则在以官治之力促地方自治之完成，以政治之进步促社会经济之发展，然后民权乃有所寄托，民生乃获有完满解决，而社会全民乃进而为政治之活动，民主之基盖在是矣。”[③]

其次，从上级与下级的关系来看，国家积地方而成，地方为国家基础，地方积更小范围的区域而成。中央集权制权力配置模式自然有其历史必然性和现实适当性，但集权不意味着抹杀或压制地方利益，相反没有充分的地方

① ［英］詹姆斯·布赖斯：《现代民治政体（上）》，张慰慈等译，吉林人民出版社 2011 年版，第 4 页。

② 孟森：《地方自治浅说》，商务印书馆 2014 年版，第 1－2 页。

③ 山西省政设计委员会编：《山西省政十年建设计划草案：政治之部》，1932 年版。

发展，国家发展不可能收圆满功效。中央权力应当在不束缚地方发展的职能范围内，在不妨害地方自动的情形下，发挥视察、比较、督促、指导以及补助诸功能，从而增进社会福祉。民国山西村治虽然不涉及中央与地方关系，但在处理上级与下级关系上则体现了“去中心化”的倾向。在地方治理中注重基层，注重从改善乡村入手整顿社会秩序、发展社会经济，这无疑是山西村治提供的宝贵经验，对当下地方治理模式也其有重要的借鉴意义。

四、集权对分权的保障

日本学者村松岐夫根据中央政府和地方政府分权程度的差异，将近代形成的地方自治制度分为三种类型：“政治式分权”“行政式分权”和“行政式转让”。[①] 分析清末民国时期地方自治失败的原因时，多有观点将其归咎于统治阶层缺乏诚意以及官治太重民权太弱，治理权力并没有真正下放到民间。然而，反观作为学习楷模的日本近代地方自治，正是明治政府废藩置县建立强有力的官僚集团组织为推动地方自治奠定基础。地方财政实现公共化转变和议会运营为地方自治制度提供物质保障。“从日本近代地方自治制度形成的历史来看，后发展国家的地方自治制度必然以建立中央集权的近代国家为依托，以有效率的国家官僚体制的形成为保障。”[②] 有鉴于此，仅将近代中国地方自治的失败归结为上层用力不足就会得出似是而非的研究判断。因此，有必要站在更为宏观的历史背景解读民国时期地方自治遭遇的困境与尴尬。

观察民国山西村治实践，可以看到官方力量始终在民治力量之外起到显性的推动作用和隐性的保障作用。只有强有力的集权才能够在广阔的地理范围内推广乡村自治体制。山西村治之前的范例可以从翟城村治到河北定县村治的拓展得以印证。而山西村治的推行则更加有赖于山西一省之内行政权力的集中和稳定。这样的发展逻辑可以推广于全国性自治体制的建立。有论者提出应当从国家建构——从原来的王朝国家转变为现代民族国家的角度解读这段历史，认为：此时的地方自治，显然并非一种简单的地方自治制度或者

---

① ［日］村松岐夫：《地方自治》，孙新译，经济日报出版社 1989 年版，第 3 页。

② 郭冬梅：《日本近代地方自治制度的形成》，商务印书馆 2008 年版，第 237 页。

权利保护模式，而是实现国家统一的一种政治方略，进而具有显明的国家建构意蕴。[①] 只有在中央与地方之间建立起紧密的政治关系，中央具有强大的统治实力和资源汲取能力，才能够进一步解决中央集权之下的地方治理问题。分权的前提是集权和统一，也只有强有力的中央集权，才能够对地方治理进行有力监督和坚实支撑。这样的历史进程不仅为日本近代地方自治实践所印证，而且从英国等自下而上的地方自治实践中也同样表现出来。“英国自治制度的发达，在十九世纪的后半期，可以看出两个特色，其一是中央政府的行政监督制度之发达，其二是国库辅助制度之发达。”[②] 行政监督制度发达正是基于地方不统一、无秩序的状态导致弊害丛生，全面而有力的中央监督必不可少。与之相辅相成的国库辅助制度则建立了对地方行政的经费支持，降低了民众负担，另一方面则通过财政控制厉行监督职权。“先在 1870 年添设地方部，使掌握以前规定于救贫法的地方行政之全部监督权，指挥公共卫生事务而为执行卫生法的必要处置，并与以监督此外一切地方行政机关的行为之权。继乃与教育部以监督地方团体设立的及受国库辅助的私立学校之权。内务部因保留地方警察规则之核准及得行使国库辅助之权，而得间接地对地方警务行政行使严重的监督权。”[③] 不仅英国如此，日本近代地方自治制度形成得益于日本近代地方财政制度的形成，没有地方财政的独立就不可能有成功的地方自治。“1888 年市制町村制和 1890 年府县制郡制发布后，……明确地赋予了地方财政的公共性，而且实现了地方财政的议会运营。”[④] 当然，相较于日本发达的公共财政制度，山西村治时期的地方体制显然不具备如此优越的资源条件。然而民国山西村治过程中，如果没有省署的统一规划则无法为村治进行提供制度支持，如果没有县区制度改革则无法为村治进行提供大量的行政人才，如果没有严密督导监察体制的建立则无法为村治进行提供持续发展的驱动。

---

① 常安：“‘失败的遗产’之宪政悖论解读——国家建构视角下的清末民初地方自治”，载《清华法治论衡》2013 年第 1 期，第 80 - 105 页。

② 刘梯崖：“英国自治制度的沿革”，载《中华法学杂志》1937 年新编第 1 卷第 9 期。转引自何勤华：《民国法学论文精粹》第 2 卷（宪政法律篇），法律出版社 2002 年版，第 880 - 881 页。

③ 同上书，第 881 页。

④ 郭冬梅：《日本近代地方自治制度的形成》，商务印书馆 2008 年版，第 231 页。

第二节　山西村治的时代局限

民国山西“村本政治”理念中包含强烈的自治和民治诉求，但在其具体的实践过程中却发生现实与制度设计的背离。梁漱溟先生有感：（山西村治）官权太重而民权太弱，虽是善政“而有意无意之间，人民非要吃亏不可”。①一方面，自治人员的腐败和滥权现象屡禁不止；另一方面，官方行政人员对于编村利益的压榨也同时存在。外加“征兵”和“征粮”的超负荷资源攫取使得乡村生存的命脉都难以维系，自治建设更毋庸谈起。

一、制度实施的问题

（一）自治职员的滥权

就村治实践中的腐败现象而言，首先存在基于人性自利的滥权和腐败问题。例如，因村费有利可图而发生村长副舞弊现象。1921 年 12 月 19 日山西省署发布训令，要求取缔村长运动选举行为，起因就在于“往往因村长经手村款，虽不冒支侵蚀，亦可暂时挪用，遂不惜多方运动”。为防止弊政，要求县区切实检查，一经发现严加禁止。同时饬令各村：村内公款应由村长副及闾长内公推家资殷实诚笃可靠数人，专司出纳，其支摊一切款项，并须公同处办，不得由村长一人任意主持。② 太原县赤桥村士绅刘大鹏在其日记中记述了花塔村民控告该村村长克扣公款一事，但当任县长并未给予处理，因此引发村民集体请愿抗议之事。刘大鹏记载他所在村庄村长副闾长数十人在村公所内起灶吃饭，一日三餐皆系公款。“‘赤桥村公所’自乱伊始，起灶吃饭，所中吃饭者常有三四十名，村长、副二名，闾长五名，外则有书记二名、村役一名、三庙之尚友三名，其余均为应卯，不免吃闲饭者。一切米免费用

① 梁漱溟：“北游随见纪略”，载《村治月刊》1927 年第 1 卷第 4 期。

② “训令各县取缔村长运动选举并将村中公款另推一人经管文”，见山西村政处：《山西村政汇编》卷 2（令文），1928 年版，第 143 页。

系村中义谷，三庙之租课，以及向富户与磨碾要来之米面粮粟。”[①] 编村自治人员的滥权或越权现象不仅在村长副中存在，息讼会、保卫团中也都有发生。保卫团原本应负责村内治安防卫事宜，但往往被村长副用作处理村民违反禁约事项的强制力量，甚至成为滥用私权的帮手。又如息讼会实施的问题。山西省政府行知考字316号记载：高平县团池西村息讼会公断员均由社首兼充，仍沿村社旧习对当事人有令缴纳会费情事。上年该会调处张炳昌与张树林钱债一案，收两造会费钱五千文，金福与其嫂争厕坑一案收会费十千文。……均从该公断员等火食费用。[②] 山西省政府指令考字第539号记载，太原县第三区南马村、第五区金胜村息讼会有令理曲者缴纳打钟费的情况。[③]

自治人才的选拔、培养对于自治制度的实施切关紧要。上述现象反映出自治实施中的一个基础性问题，那就是如何将道德品质优秀的人才吸纳到自治体制中，从相反的方面来说就是避免将农村中的政治投机分子选入自治体制。自治职员滥权现象当然不能仅归因于人性幽暗的一面，实质上这里反映出自治制度本身的一些问题。

第一，民国山西村治中的自治职员基本上都是名誉职，也就是无给薪制。这样的做法在英美、日本等国的地方自治制度中也普遍存在。而且在传统中国的乡村自治中，乡村精英的自治也是如此。不同之处在于传统乡村自治中乡村精英对公益的奉献虽然没有得到有形利益的回馈，但是表现为各种无形的利益回报，如一定程度的免税以及乡村中的声望等。山西村治中的村长副实际上也获得了一定的无形利益。例如，村长副在推荐村治培养人才方面具有推荐权，再如遇到两造买卖房屋、土地等不动产时，法律要求村长副作为契约见证人，同时可以获得一定比例的报酬。又如对于成绩优异的村长副，省署会不定期根据报告情况予以嘉奖。那么，村治职员腐败的问题究竟为何如此严重？这里面存在一个利益需求和利益回报不均衡的问题。普遍推行村治的情况下，山西省内在短时期内产生出数以十万计的村长副，如此庞大的

① “1938年4月1日日记”，见刘大鹏：《退想斋日记》，山西人民出版社1990年版，第522页。

② 《山西村政旬刊》1928年第1卷第17期，第9页。

③ 《山西村政旬刊》1928年第1卷第23期，第4页。

自治人员数量必然产生巨大的利益需求。尤其是在民国当时农村普遍窘迫的经济环境之下，能够以个人资产支持公益付出的精英人士毕竟是少数。生存的压力和自利的要求必然导致自治人员对农村利益的侵夺。在没有解决生存问题的前提下推行无给薪制必然是难以长期维系的。

第二，存在精神动力的不足。如果说中国传统乡村自治在精神价值上以儒家传统文化为依归，那么相比较而言20世纪初中国在精神价值上的动荡必然影响到自治制度实施的效果。民国山西村治力图将儒家文化融合到自治制度当中，然而这种融合在当时文化背景下难以独善其身。因此自治人员的培养更多从知识性和技术性的角度展开。即便当时民国山西的地方当政者自身对儒家文化报以认同，但是从整个官方意识形态而言并未鲜明地在自治精神上提倡完全回归儒家精神。这样一来导致的后果就是西方地方自治提倡的公共精神、协同精神、自立精神在中国的土地上难以找到合适的生存土壤。官方倡导自治制度，而在精神支持方面欠缺了核心动力。由此发生自治职员形形色色的腐败问题也就不难理解了。

（二）村民会议流于形式

实施自治需要村民自我管理，从程序上看直接选举以及开会议决就是训练自治的基本路径。然而对于从未接受过自治训练的村民而言，尽管从规范上已经具有选举权利，但权利的行使并不顺遂。1923年10月24日山西省署发给大同县知事的一份行知中指出，“该县村长中纯事敷衍者良多，而村副闾长又绝少负责办事之人，邻长初次择选，尤属有名无实。推厥原因，实由旧日习惯，村中乡会会首，每年挨门轮流，现任村闾长仍以此法轮当……顺水推舟，负责无人……致妨用众前途”[①]。村民会议原为发展民权，训练民众自治能力的基础，但实行起来难以切实。在《行知和顺县村民会议之精神要在所议事项能逐条实行文》（1927年1月6日公布）中，省署批评该县“各村对于村民会议，仅有形式，毫无精神。关于各项预算，既无标准，又不实

① 山西村政处：《山西村政汇编》卷2（令文），1928年版，第133页。

行，甚至预算之后，将预算数目遗失者，比比皆是”。[①] 该行知特别批评了第二区王汴村村长张元办事敷衍，将其撤换，令村里新选村长，由区长负责督察指导。陈洪进在《民权政治与乡村建设》一文中对山西村治的评价，“实际上离民主政治还相差万里”。[②]

从以上现象可以看到两个方面，村民对于权利的意义并不了解也不理解，村治人员对于权利的行使不够重视也不规范。就村民而言，他们习惯于按照惯例推选村长的做法，可能通过选举产生的村长与推选产生的结果并无根本差异。从宣传上和规范上强调权利人的主体性地位，并不能够对基层的村民产生真正的辐射效应。因此，自治训练的结果是不能一蹴而就的，需要等待时间给予熏染。就村治人员而言，由于人员产生和工作成效考核机制的影响，他们更多地要面向行政系统负责，所以对上负责的机制削弱了对下实行民主的真实程度。

（三）村治法规未得到有效遵守

民国山西村治实践中尤其注重成文法的功能，繁复的村治法规构成山西村治的显著特色。村治制度设计的方方面面通过成文法得以清晰地展现，有利于实践操作的有效便捷，制度实施的效果也依赖成文法规的实施程度。然而，法规制定得完善并不能等同于法规实施的完全。例如，村禁约的执行并未完全按照法规办理。根据《村禁约之规定及执行简章》（1925 年 6 月 8 日公布）第 3 条规定：违犯村禁约……交纳村费 15 元以下 1 角以上，但实际处罚超出规定范围的情形多有发生。据山西省政府考字第 588 号指令批评平遥县各村执行违禁事件存在以下问题：第一，对于违禁村民多有捆打等粗暴凌辱情形，执行时不分男女拘禁在庙内长达数日；第二，处办经过无簿册记载；第三，议决多不足法定人数，有些村长挟议处之权公报私仇；第四，处罚的村费多有超过法定上限 15 元的情形；第五，收缴的村费未按照村禁约规定用于学校、积谷、凿井三项事业，而是用于办公人员的消费。山西省政府考字第 588 号指令记载：西泉南截董发环因有聚赌嫌疑处交村费 40 元。西崖窑处

① 山西村政处：《山西村政汇编》卷 2（令文），1928 年版，第 188 – 189 页。
② 陈洪进：“民权政治与乡村建设”，载《中国农村》1937 年第 3 卷第 4 期。

交村费洋 29 钱 20 吊，办公人员悉数吃食浪费。……婴溪村有闾邻长告村长副专横，被村长挟恨勒罚洋 18 元，吃席花费洋 12 元。[①]

再如，村监察委员会虽然在 1927 年由省政府要求成立，但各村未按时成立或未按照要求选举监察员的情形时有发生。山西省政府行知考字第 305 号记载，宁武县各村村款……尚多未清理，村监察委员会第一区各村未选组成立，第二、第三两区各村虽已成立，但监察员多由村长副指定或仅由村闾邻长公推，并未照章由村民会议选举。[②] 山西省政府行知考字第 585 号记载，平顺县各村息讼会多有两造不遵公断时，即按村禁约处罚情形，还有村长副、闾邻长兼充监察员情形，宁武县东寨村、二马营、分水等村监察委员多系村副、闾长兼充。

从村政实察员的报告来看，村禁约执行与监察委员会设置运作的相关问题较为突出，相对而言息讼会与保卫团方面的执行情况较为扎实。尤其是监察委员会的设置，在推行时遇到较大的阻力。法规落实不畅的原因应当从规范制定的科学性和可行性上寻找。村禁约设定的罚款数额是否能够对违反禁约的村民起到实际的震慑效用，为了防止滥用禁约罚则也应当完善相关的举报监督机制。如果村民的监督和官方的监督途径都不顺畅，那么就无法实现村禁约设置的初衷。相应的，村监察委员会作为村治横向组织中的监督机关，这样的设置本身是将监察委员置于与村长副等村治人员对立的立场。因此，村治人员在推行此项制度时积极性不足就难以避免。

（四）筹办自治加重村民负担

为筹措自治经费必然导致增加对农村资源的榨取，增大征收捐税的额度。在《行知垣曲县对于赌徒烟民勿再勒捐招致误会文》（1927 年 2 月 13 日公布）中，省署发现该县公益捐多为责令烟民赌徒交纳，认为：“此种办法，深属不妥。查严禁烟赌，系为民除害，若借此捐款，恐人民误认为官厅为筹款而禁烟赌，信仰之心，将因此薄弱，烟民赌徒，亦必恃纳捐可以免咎，益无忌惮，为

---

① 《山西村政旬刊》1928 年第 1 卷第 25 期，第 4 页。
② 《山西村政旬刊》1928 年第 1 卷第 17 期，第 8 页。

所欲为。”[①] 刘大鹏记述1934年阳邑镇的情形可见一斑：“今日为冬至佳节。予在阳邑镇，……此镇农民因开天顺渠，引乌马河水溉田，累债数十万，被逼摊款，大受困难，有人言今日过冬至节，镇中有不能吃扁食者甚多，可见世困民穷之甚矣。似此情形，不止此镇为然，山西一省也莫不然。”[②]

筹办自治的财政困难可以说是严重制约自治推行的关键因素。在开源不足的情况下，连年的争战促使人民生活愈加窘迫，大量的农民面临破产。承担了征兵征粮的负担之后，农民可以支配的收入所剩无几。客观条件的限制导致村治事项的开展无法在民生兴利方面有效展开。1928年之后山西曾在河边村、五台县试办村公营、县公营，开办村工厂，取得一定的成效。1932年的《山西省政十年计划》也将公营事业纳入推进省政的重要组成部分。但是时局动荡，良好的设想难以展开，或者说在当时的情况下生存问题尚未解决，遑论社会稳定和经济发展。

（五）行政官员对编村利益的侵蚀

以官力促进村治一方面为村治推进提供持续的保障力量，但另一方面也存在行政懈怠和腐败问题。例如，在《行知寿阳县嗣后无论何项官员下乡不得再有帮贴脚费情事文》（1916年10月18日公布）中斥责该县警佐兼第一区行政长赵国贤不亲自下乡，遇事多派助理员到村办理，不仅如此各村往往向助理员提供所谓“脚费”。文中明确表示“帮贴脚费，虽非需所要，亦近于骚扰。”[③] 平遥县差警下乡屡行欺侮村长副，有借催粮之名向村长副勒索钱财情形，还有私传村长副到县私押等情形。再如，1929年省政府行知披露汾西县郝家坪附村、独堆附村发生警佐、巡官抓获烟赌之人所缴纳的村费提赏情形。山西省政府饬令在官员警虽帮助村人办理案件，依村禁约处罚者不得提成充赏。

行政官员侵蚀乡村利益的现象不仅对乡村共同体造成财产上的损害。更为深层的危害在于这种侵蚀造成村民对自治体制的怀疑。官方督导自治的作

① 山西省村政处：《山西村政汇编》卷2（令文），1928年版，第188页。

② 刘大鹏：“1934年12月22日日记”，见《退想斋日记》，山西人民出版社1990年版，第491页。

③ 山西省村政处：《山西村政汇编》卷2（令文），1928年版，第184页。

用非但没有发挥，相反还借机中饱私囊。如此之下，村民对于兴办自治的积极性和认可度必然下降。从根本而言，原本就缺乏权利主体性意识的村民外在又失去利益驱动，村治则会沦为少数人参与的体制，脱离主体根基的自治也就难以长久维系。

二、山西村治的制度性反思

山西村治在20世纪20年代即产生示范性影响，民国当时关注农村改进和乡村自治问题的研究者纷纷到山西实地考察、交流经验，同时对于村治的发展也提出客观中肯的批评。一方面，当时的山西能够在军阀混战的格局之下保持相对的秩序和经济的发展在很大程度上得益于村治；另一方面，在宣传层面，山西村治在省内和全国范围内被标榜为地方自治的范例。对民国初期山西村治的评价在当时就争议很大、意见不一，“说好的把他抬到天上，什么‘夜不闭户、路不拾遗’，简直是极乐世界，全国模范；说坏的把他压到地上，什么政府压迫，绅士包办，甚至于‘劳民伤财’”。① 真正的自治要求真正的民治，由人民自我管理。那么，从“民治的自治”角度来看，山西村治实践暴露的问题也可以说是近代中国地方自治遭遇的普遍问题。很大程度上这些问题与当时中国的政治秩序有关，与传统中国的文化惯性有关，与中国现代化转型的特殊历史阶段有关。

（一）自治体制对行政体制的依赖

所谓地方有广狭之分，全国之下的区域都可以划分为一定的地方。山西省村政处处长陈敬棠解释，发展地方自治有三方面的理由：第一，地方自治为民治的基础，想实现民权主义非地方自治着手不可；第二，地方自治可以分任中央政府的一部分职务，深合近世分工的原理；第三，地方自治可以满足各地方的特别需要。② 民国时期中央政府将地方自治作为政治纲领的重要组成部分，奠定了在全国范围内推行地方自治的基础。但是中央羸弱地方权力分散的局面又成为阻碍全国性自治体制实现的重大障碍。

---

① 杨开道：“中国农村自治的现状”，载《农学杂志》1929年特刊第3种。

② 陈敬棠：“村政与县治”，载《山西村政旬刊》1930年第3卷第1期，第47－48页。

在民族—国家建构尚未完成，合理均衡的央地关系尚未形成的大背景下，各地方零散展开的地方自治实践往往具有诸多不可测因素。或者说，自治开展的程度缺乏制度性的持续支持。山西村治中阎锡山提出的“用官不如用民，用民不如民自用”的思想，即是在一定程度上发展民力的表现。在一村范围之内，在自治事项之内，村民会议具有最终的决定权，村长等村公职人员需要向村民会议负责。这一点在河北翟城村的自治中也得到体现。“翟城是一个完全自治的村治，村长的上面，只有人民的公意，没有其他的上级长官，所以行动比较自由而且负责”。但是，环顾当时的中国，军阀林立内战不断。引申而言，在不稳固的央地格局下中央政府提出的县自治原则难以真正得到落实。也就是说，以县作为自治单位的目标确定之后，各地方落实自治的入手处很难一下子达到县的层级。民国山西村治的经验在于“取村治优补县之缺，用县之力补村之憾，换句话说是以村政为县治的基础、巩固县治的组织，用县治做村政的扩张，完成村政的效用”。[①] 然而这里的问题在于，以村为自治单位固然能够使自治便于实施，但自治范围的缩小带来的弊端在于自治团体的自治权限对行政授权的依赖性也极大增强。对人民而言所谓的“四权”行使，如果失去了行使权力能够争取到的利益驱动，那么自治制度对于他们而言又能产生多大程度的号召力？行政力量对自治团体控制带来的直接弊端就是自治职员并非对自治组织负责，转而向行政机关负责。

从自治的角度讲，村治人才的选拔过程一定程度上演变为村治推行过程对地方精英的排斥。杜赞奇指出，国家需求的极端性和排斥性使国家没有动员农村力量或者网罗传统的村落首领，而是趋于在村、乡、县或者更高层级的衙门里培植一类政治机会主义分子。换言之，即土豪劣绅。深层次的原因在于农村领导层的权威来源发生了转移。从前在农村社会保有名望的士绅通过服务乡里、兴办公益获得村民认同，其合法性来源在下。研究中国史的西方学者对地方精英的作用非常重视。受马克斯·韦伯（Max Weber）的影响，

---

① 陈敬棠：“村政与县治”，载《山西村政旬刊》1930年第3卷第1期，第50页。

沃尔弗勒姆·艾伯哈德（Wolfram Eberhard）首次使用“绅士”（Gentry）这一概念来考察宋朝以前的农村精英。后来，萧公权、费孝通、张仲礼、瞿同祖和弗朗茨·米哈伊（Franz Michael）都运用这一概念来描述帝国晚期的地方领袖。杜赞奇在《文化、权力与国家：1900－1942年的华北农村》中分析了地方精英的经纪人角色，沟通国家和基层社会的利益。这些研究对以乡村为中心产生的地方精英予以重视，并关注他们在乡村共同体中的地位。

然而，行政网络下沉的结果造成农村领导者的权威更大程度上来自所谓的“上级”，其合法性来源在上。梁漱溟先生犀利地指出国家干预对农村自治的破坏：“本着数千年无为而治的精神，让他们度其散漫和平的生活，却也不见得有几多土豪劣绅。所怕的是根本上说不上自治，而强要举办自治，那就没有土豪劣绅的地方，亦要造出土豪劣绅来。”① 随着地方政权对乡村控制的步步深入，以及连年战争造成国家对乡村财政汲取需求急剧加重，大批乡村正绅退出乡村权威网络。与此同时，营利型国家经纪趁机填补权力真空。只要他们能够完成征兵和筹款的摊派任务，地方政权对他们的监督力量是非常薄弱的。

实行村治后将原本游离于体制外的乡绅权力制度化，他们占据村中的自治职务，操纵村中事务，出现村长专权和腐败的现象。“村长的产生表面上是由村民票选的，不过因有种种财产上的限制，有资格当选为村长的也只有高利贷者、富农、商人、地主等。同时官方为了慎重起见，须将票数较多的前十名村长全部送县由县长圈定；因此县长就可以商同县绅，不拘票数多少任意择定加委。此外，尚有村调解员（以前叫息讼会员）、村监察员等，也是由村民票选，再经区长圈定的，但是这些都不过是村政制度的摆设而已，实权完全操在村长的手里。所有村长以下的闾邻长等，完全由村长自由推荐，村民无权过问，所以更换一次村长，所有村公所人员就

---

① 梁漱溟：“敢告今之言地方自治者”，载《村治》1931年第2卷第2期。

必得全体大换班一次。”① 乡绅阶层的自利化倾向还使得他们不可避免地蜕变为“营利型经纪”，这种转化对于乡村具有极大的破坏性，也极大削弱村民对地方政权合法性的认可。一方面，以权谋私揩取本已是捉襟见肘的村公产；另一方面，甚至滥用公权侵害村民人身自由。典型的事例比如尽管省政府方面发布命令村长不得吊打村民，但村长可以借负责“村治安”为由，将村民送入县政府，而“县政府对于村长送来的人犯是不必询问的，当然无条件地收押起来”。

分析“山西村治”中的村长问题可以从以下三方面得到启示：第一，村长副的个人背景；第二，村长副的职权与功能；第三，村长副产生的结构性背景。从村长副的个人背景来看，传统社会中的地方精英身份的获得往往由其自身的道德操守、学识修养以及对地方公益的热情而来。清末科举制度废除之后，代之以新式教育，然而囿于教育普及程度不高，当时山西的许多村长副并没有受过相当的教育，甚至有一些尚未达到相当的识字水平。兴办村政又亟须大批自治人才，因此不可能在学识修养上做过度要求。因之而来的问题就需要国家对地方自治人才进行持续的、大规模的训练。就此点而言，离开国家行政力量乡村自治无以兴办。从村长副承担的主要职权来看，行政辅助性职能和自治职能兼有。随着国家行政职能的扩张，无论是兴办义务教育、发展地方实业交通、征粮纳税摊派，最终都落到村长副身上。本村内的自治事业也与国家行政事项展开息息相关，如禁烟、剪发、维持伦常秩序、兴办水利，两者无法截然分开。因此，在当时乡村自治事业的推动力主要来自行政权威的倡导和规划，尚未实现自觉、自动、自发的有序赓续。就村长副产生的结构性背景而言，民主选举的前提在于公民国家关系的现代化转型。村民选举村长副虽为一村之事，却是实现公民权的重要途径。暂且不论公民权在多大程度上能够得到实现，就权利行使本身而言就意味着与传统国家截然不同的社会结构。

这种现象显然不能仅仅归结为个体道德的滑坡或是人性固有的阴暗，而

---

① 悲笳：“动乱前夕的山西政治和农村”，载《中国农村》1936年第2卷第6期。

应当从结构设置方面寻找原因。如此形成的村治组织无法起到弥合国家目标和村民利益之间裂痕的作用，反倒是形成一个自利性的隔层离间两者的关系。尤其是当村中的自治权威更大程度上来自官方认可，必然发生与村民利益、乡村利益渐行渐远。当以村长为代表的自治体不能向下代表村民利益，甚至过渡剥夺村民利益，村民会将这种剥夺归之于授予村长权力的官方力量。这种隔离最终又侵害到国家政权的政治合法性。

（二）自治目标与乡村需求的脱离

从自治（self－government）的本义而言，自治的核心特征在于自我管理。自治体制承载着国人“兴民权”“开民智”“鼓民力”的美好愿景。按照西方地方自治制度发展的经验，自治对于凝聚公共力量、增强地方实力、振兴民族国家都具有不可忽视的作用。然而，民国的研究者早已清楚地认识到：“振兴国家之道，毕竟是在养成地方人民的奉公心，同时并企图充实民力这上面。不过欲养成地方人民的奉公心和企图地方民力的充实，先要注意到人民自己能否担当地方的经营”。[①] 换言之，推动自治发展需要培养自治团体内人民的公共精神，培养人们形成积极的、良性的公共生活习惯。

就当时山西的情况而言，对于村民的政治消极习惯，我们从阎锡山对于各县县长与各实察员下乡及各县学生回乡时的告诫可见一斑。“屡次委员出省，余均嘱令到乡，集合人民，宣布政治宗旨，因言不当，致使人民诸多误会，政治进行，即受多大之障碍。如与人民说政治宗旨在富强，因之人民误以为富国就是向人民要钱，强国就是教人民当兵。近据区长报告：调查户口，人民则误以为起人口税，因而隐匿，调查商号资本金，人民则曰将起资本税，因而隐匿，劝人民栽树，则曰按树起钱，遂多不肯栽树，劝人民种棉花，人民则疑为将按亩抽款，遂亦不种。”[②]

此中苦衷表面上为村民素质低下，而实则受到历史与传统局限。自治规范和自治制度都可以利用行政力量在短时间内建构起来，然而，公共生活方式的养成却无法以外力强行规制。梁漱溟先生在评论广东中山县筹办自治时，

① 林众可：《地方自治的精神》，华通书局1933年版，第87页。

② 段拨庭：“建设村本政治与村治前途的障碍”，载《村治月刊》1929年第1卷第4期。

就对所谓的“限期完成”深感怀疑。他指出自治应当出于实际生活的需要，以国家的力量来推行，无非求社会加速成长，但绝不能不顾社会自然形势而强迫为之。也有一些政府官员与他持相同见解。广东民政厅长许崇清先生在某次对各县长训示其自治施行的意见表示：自治制度的成立并非县自治的真正成立，只有一县之内人民的公共精神及连带意识彻底觉醒，才可能真正维持自治制度，否则，自治制度难免沦为少数人的谋权工具。

包括山西村治在内的民国乡村自治运动，都没有根本上解决农民当时面临的生存危机问题。又加上民族战争和国内战争的双重压力，农村感受到的只是轮番的资源剥夺，即便是稍有家产的乡绅都被逼迫到难以继日的地步。1935 年之后，山西省也曾进行了以土地“村有”为核心的村政建设，意图废除土地私有制，以解决土地集中、兼并严重、地主和佃农矛盾尖锐的问题。但历史并未给予充分的时机。换言之，当后人批评山西村治无法阻挡农民破产的趋势时，并非否定当时的村治成效，或者说从合理性层面完全否定村治的初衷，而是要看到自治目标的达成需要一定的经济社会条件。只有在乡村自身的壮大的基础上，而非自身衰弱的基础上，所谓的自治才能有所附丽。乡村自治的制度实践如果不能有效转化为乡村发展的效能，那么必然会陷入崩溃的境地。

（三）公共观念的缺乏

民国山西村治在制度方面引入了横向的分权架构，村民会议、村公所、村监察委员会分工配合。尤其从村监察委员会的设置经过可以看出，在省府制定相关法规要求各村普遍设立的情况下，实际的情况仍不容乐观。或者出现完全没有设立的情形，或者出现由村长副兼任的情形。在村政实察员对各村的调查报告中，这样的情形为数不少。自治团体内部各机关各司其职，监督配合原本为西方地方自治制度的普遍形式，为何在当时的山西农村却遭遇隐性的抵制？而从现有资料来看，村民如果对村政职员存有不满也更大程度上倾向于向行政部门进行反映或报告。

问题的另一面在于，强化伦理社会的传统道德与鼓励村民自治产生表里不一的背离。近代地方自治理论中的居民自治也好、团体自治也罢，都强调了个人在工作、生活中的独立价值。山西村治中诉诸的“用民政治”、维护传统道德，从个人和家庭、社会三个方面着手，强调的是“民”对于“群体”的感情和责任。这些理论虽然与西方的权利自治价值相去甚远，但却是能够发挥客观实效的，能够被普通民众认可和接受的。用梁漱溟先生的话来讲，一个是向外用力，一个是向内用力。在维系熟人社会的乡土人情中，监督也罢抗衡也好都是从个人情感上难以接受的。“中国人要建设民主制度，首先必须把政治从人伦秩序中划分出来。这是一种‘离则双美，合则两伤’的局面。分开之后，我们反而可以看得清楚中国人伦秩序中所蕴藏的合理成分及其现代意义。”①

另外，公共经济生活的不发达也导致了传统乡土文化中缺乏公共理性的培育土壤。虽然在村治精神中强调了社会公德，但是中国传统文化中对公德的提倡多体现在消极性的一面。抑制私欲管束私行，不作出危害人群的行为则为践行公德的体现。也就是说，公德与公共理性并不具有同一性内涵。这一点我们可以对比近代日本地方自治的发展。1940 年日本的兴亚院和南满铁道株式会社调查部曾经组织一部分学者对中国农村进行了详细调查，根据 1940 –1942 年的调查编成了六卷本的《中国惯行调查报告》。“二战”后日本学者根据这些调查报告研究中国农村。其中关于中国农村是否存在村落共同体问题，形成截然相反的两种结论。一部分学者认为从中国农村“看青苗”传统分析中国也存在村落共同体，因此也就具有共同体的公共性特征。但是更多学者倾向于否定结论：中国传统农村地方公共关系不发达，无论是乡绅自治还是宗族自治，都没有形成制度化的自治分工。既缺乏一种可供村落全员参加的机会，缺乏公共财产，更谈不上财政问题的公共协议等。即“基层社会公共性的缺乏，是中国社会一个主要特色”。东京大学社会学家福武直教授认为中日两国农村社会存在巨大差距。地方团体并不拥有足以维持自身运作的公产，换句话说，中国的农村更大程度上是农户的聚居地，而不是生产生活与社会关系的共同体。在这种情况下，共同精神与协同精神就难以通过日常的经济生活培养起来。

与之形成对比的是，日本明治时期推行近代地方自治改革之所以能够获得成功，并最终形成日本现代地方自治制度，得益于日本历史上的地方自治

① ［美］余英时：《中国思想传统的现代诠释》，江苏人民出版社 1989 年版，第 33 页。

传统。日本学者渡边隆喜指出，近代地方自治的形成，是继承了幕藩体制下的地方行政后展开的，这一点是不能忽视的。[①] 日本学者山田公平教授中指出，日本传统地域社会公共关系的发达，正是近代地方自治制度得以形成的重要因素。所谓“地方公共关系的发达”，即由公选议会代表的地方居民团体，居民团体具有公法人格的性格，具有自律和自首性，即自己制定条例和选出自己的代表，而且由有薪的专门职员履行职务，以及对地域全体的自治行政由居民进行统治等。

① 郭冬梅：《日本近代地方自治制度的形成》，商务印书馆2008年版，第56页。

第五章 山西村治中的民治色彩

在经验层面，传统中国乡村自治可追溯到遥远的“三代”，并历经王朝更替社会变迁而延绵不绝。19 世纪之后，中国开始实践一条独特的现代转型道路，乡村自治作为国家和社会变迁的组成部分，也要经由“三千年未有之大变局”的考验，在大动荡和大融合中款款回身。日本学者沟口雄三在分析了解释中国近代社会的“资本主义侵略观”“文明追求观”以及“清朝腐败论”三种视角之后，倡导以一种“内发式近代”的视角解读中国近代的发展。由此启发我们对民国山西村治的观察也要充分注意到传统政治思想和政治模式的潜在影响。山西村治本身作为近代中国地方自治的示范和试验，其本身蕴含的民治色彩是从儒家传统民本思想和官治向自治让渡中析出的。因此，抛却意识形态决定论的判断，以历史同情的方式解读就具有了重要的现实意义。

第一节　保守主义的乡村自治

从西方地方自治制度的发展来看，地方自治是以民主理论作为理论基石的，在理念上以“多数人的统治”作为基本的价值目标。地方自治制度作为人民直接行使主权的表征而成为立宪政体的重要组成。在地方自治的旗帜之下彰显了人民权利和平等自由的精神。这里的地方自治是作为基本权利而存在的。这种“权利观”意义上的地方自治深刻影响着时人，因此民国当时不少学者力图证明我国古代的乡村自治也同样暗含着这样的逻辑理路。杨天竞先生提出：“何谓自治萌芽耶？唐虞揖让，天下为公，莫非民意，虽无民主之虚名，而主权在民，重心下寄，无复阶级等差之异势，实已跻于民主政治之极则。”① 民国时期中央政府颁布的地方自治法规多重于“四权”行使的规

① 杨天竞：《乡村自治》，大东书局 1931 年版，第 2 页。

定也反映了上述民主理论基石上的地方自治观。然而，以这样的视角观察民国山西村治可会发现，所谓人民权利字样在各级规范中出现甚少，也就是说仅仅从基本权利角度解读民国山西的村治可能遭遇一定的困境。

近代中国在匆匆忙忙开始改良和革命之前并没有经过充分的思想启蒙，整个社会的意识形态在动荡的时局下变得混乱不堪。从国家意识形态来看，旧传统被破坏掉但却没有指明新的方向。文化样态问题在山西则呈现出更大的保守主义倾向。倡行村治的阎锡山不仅没有抛弃和破坏儒家传统思想，反而是从实用理性出发给予传统更大的尊重，并将其与民主、自治等新理论进行融合，构成颇具特色的意识形态。梁漱溟先生认为从严复《社会通诠》开始到五四运动，展现出对中国固有文明的否定轨迹。但是第一次世界大战使得国人深刻反思西方文明的危机。山西村治的推动者也正是站在否定之否定的历史轨迹上转向对传统的倚赖。杜赞奇指出，在“现代化”意识形态偏见影响下，国家政权力图斩断其同传统的，甚至被认为是“落后的”文化网络的联系。但是，并不是所有“现代化”的国家政权都攻击传统组织和机构，如日本明治政府，就是求助于传统意识来建立现代化的民族国家。站在传统与现代交融的历史节点，民国时期山西村治在精神内核上也反映了文明交融的时代特色。当然，这种交融并非随意的融合，对于传统和现代资源的抉择必然有其可行性和有效性的考量。

一、山西村治的保守主义底色

保守主义（conservatism）一词最在出现在 1831 年英国的党争。当加特立教解放和议会改革议案提出新的问题与教义时，托利党（Tory 王党）内的进步派自称为保守派（conservatives），即后来的保守党。而辉格党（Whiy 民党）内的进步派，自称为自由派（liberals），即后来的自由党。保守派的主张在于以立宪的方法来维持、保存宗教、政治两方面的现存制度，反对根本性变革或革命。在西方直到 19 世纪保守主义才成为一种意识形态。政治哲学领域的保守主义是与自由主义相对应的思想主张。放任自由主义主张国家无关伦理道德，对善恶保持中立，国家对社会秩序的保障主要体现在对法治底线的守护。而保守主义的主张主要在于国家应当担负道德使命，应当给予个人最低程度的自由。由此而言，政治意义上的保守主义渐趋成型，在方法上主要用来指称以温和的、可控的、改良的方式实现从“前现代”到“现代”的转变，在价值上注重国家共同体的伦理使命。

论及中国近代史上的激进主义与保守主义时，需要特别注意在政治上的激进主义和保守主义之外，还存在文化上的激进主义与保守主义，两者绝不能混同。学界讨论的重点多属于文化方面。在中国近代文化的保守主义可以追溯到19世纪中叶冯桂芬在《校分庐抗议》中提出的要“以中国之伦常明教为原本，辅以诸国富强之术”。这揭示了近代中国文化保守主义的核心要旨。戊戌维新失败之后康有为、梁启超等人对中西文化的反思也展现出保守化倾向。他们认为现代民族国家的建立只能从中国自身的内在性中成长，而不能指望制度的全盘更换或替代。俞祖华教授指出应当在现代化思潮上定位激进主义和保守主义，两者均是赞成、推动现代化的思想倾向。现代新儒家的代表人物牟宗三先生说道，真正的保守，就是切实而落于实践的创新。近代中国的保守主义是在中西文明冲突交融的大格局中形成的，是着眼于整个社会变革的方略而论，并非简单的维持现状的固执态度。保守主义的保守绝对不是要退回到前现代的社会秩序、生活方式和价值形态上，而是希望在大变局中保持变革的可控性，认可传统政治文化的道德价值和人文内涵，从本土文化中转换出现代性因素。对传统政治文明的保守态度实际上并不排斥对西方政治文明和科技文明的排斥。不同之处在于保守主义更加强调传统文明在价值上的超越。也就是说并不需要完全放弃传统文化，一个民族若是连传统文化的精神都放弃了，那么民族的特性也将消失殆尽。在当时的历史处境中如何对待传统，如何引介西方制度，如何开展近代化的乡村自治，民国山西村治开辟的路向可以说是秉持了以上的核心理念。

从制度架构的表象观察，“山西村治”的官方推动力量得益于现代官僚科层制的建立，村内的组织架构又类似于西方的“三权分立”。然而，若是以政治制度上的西化表相作为山西村治的根本特征，则会忽视掩藏在政治制度之下的根本性文化取向问题。在1922年改进村政之后，“山西村治”从制度形式上引入西方化的三权分立和多数决政治，但是不能就此简单的得出结论：西方的就是近代的，近代的就是优于传统的。这些制度在多大程度上触及或改变了山西原本存在的社会结构，以及在多大程度上发挥效用，恐怕要打一个大大的问号。从文化上观察，“山西村治”无疑带有强烈的保守主义色彩。所谓的保守并非固守，所谓的现代也并非替代，这个过程实质上是现代与传统联姻的过程。这种看似悖论的现象类似于19世纪60年代至90年代中国早期地方自治论者的主张，“那就是在自强求富宗旨之下提出地方自治主张时，似乎总是与西方制度相关，但在其理论的思想基础或价值取向上，往往又回归于传统，总是与西方观念相去甚远”。①

从思想根源来讲“山西村治”所表现出的对传统文化的维护，其中蕴含着对传统文化精神超越于西方现代化思潮的内心确信。借用民国当时宣传杨天竞的《乡村自治》一书的广告词，那就是“德化为体、民权为用”。（该则广告词颇能概括乡村自治的思想导向，摘录如下：本书内容，根据中国民族精神、政治哲学，主张村单位制之人民直接自治以德化为体，民权为用，农桑为经，学艺为纬，征引甚繁。）吉尔兹提出任何法律都是一种地方性知识的观点，也就是打破了制度优劣高低的思维框架，从而仅仅将制度和观念的比较转化为两种具有地方特色的知识的差别。“法制建设的现代化论者却倾向于对这两种知识之间的平面化差异进行时序化处理，他们将一种知识理想化、普世化，使其处于另一种知识的‘必经之路上’上，从而建立起一种知识的等级秩序。而正是这种观念导致他们对一些有价值的东西的无视和轻易抛弃。”②

以实践过程来看，使“山西村治”得以发挥资源动员、稳定秩序、发展生产效用的真正动力更多来源于传统的思维方式和办事方式。例如，“山西村治”中对官吏的倚重和管理，官方对村长副的奖惩提携、道德感化对人民的教育作用。茹春浦认为诸如调查户口、办理警卫，以及卫生、救恤、防灾及其他专门技术事项，即为自治的普通事项，但息讼会、村公约、村禁约、禁烟禁赌则体现了村治的特殊精神，通过各种规程方能消灭旧习惯，造就新

---

① 汪太贤：《从治民到民治——清末地方自治思潮的萌生与变迁》，法律出版社2009年版，第72页。

② 苏力：《法治及其本土资源》，中国政法大学出版社2004年版，赵晓力序第2页。

环境，方能实现中山先生所主张发展忠孝信义和平诸美德的方法。“就区村自治而言，应缩小法律的效用，养成道德与习惯——新道德与习惯——的效用。易言之即用情先于用法。”[①] 客观地说，并非要忽视近代民主制度对“山西村治”的影响，而是要更加强调在村治范围内最基层的社会实际上是存在原本固定的演变节奏的。刘灵华总结山西政治的特色在于人情感化：“阎氏看的政治关系如此之大，政治根本如此之深，故其办政治如同办教育。谓山西政治为人情感化之政治，可谓山西政治为人情感化的教育亦无不可。”[②] 因此，表象制度的变化看起来渐欲迷人眼，但为了解决固有的矛盾和冲突，基层社会可能会受到外来因素的影响，却依然会按照原本的节奏和套路进行演化，而不是等待一种所谓先进的制度一劳永逸地解决自身的问题。

二、村治中的德性政治观

尽管民国时期军阀乱象为国人带来巨大灾难，但是任何权力者都无法仅依靠掠夺资源和强大武力维持管理。一旦需要从长远考虑治理稳定性和合法性，就必须为权力寻找坚实的基础。中国传统统治经验对此问题的解答体现在对儒家思想的尊崇，“与罗马帝国相比（罗马帝国因拥有明确地予以编纂的正式法律体系而著名），中国对儒家经典进行诠释是为了说明，国家权威应该基于道德感知而非法律感知”。[③] 传统儒家思想以道德作为政治合法性的最高依据。深受儒家思想浸染的阎锡山非常认同政治的道德性，他认为政治的起源有两种形态。第一为利益结合，如种族、区域结合为一个团体，以抵抗其他团体之侵扰；第二为达到伦理道德目的，“欲知政治为何物，于此有一先决问题，即人群里何以有政治？禽兽群里何以无政治。因人具有良知良能，故好恶与禽兽不同。惟其好仁而恶不仁，劝善而惩恶，非有权力不可，更不能无执行此权力之机关。而政府于以生焉，故好善恶恶而行劝惩，为政治之起原。此为人类性之结合。明是非、别善恶，而无我见，藏之为个人之

---

① 茹春浦：“实行村治的初步计划”，载《村治月刊》1929年第1卷第4期。

② 刘灵华：《山西政治述要》，山西省图书馆藏1922年版，第37页。

③ ［英］安东尼·吉登斯：《民族—国家与暴力》，胡宗泽、赵力涛译，三联书店1998年版，第70页。

道德，推之则为世界之大同。”① 阎锡山深受儒家思想影响，曾说《论语》是“内圣为体，外王为用”的儒家政治伦理道德基础，鄙人为政得力于《论语》为最。村治派代表人物王鸿一先生曾根据亲身观察访谈肯定了山西村治这种将政治问题与教养问题同时解决的做法。他讲道：“当时曾到山西参观，晤见阎（锡山）赵（戴文）两先生，知其根据孟子思想由六政变为村政；及又晤见河北米迪刚先生，知其根据大学条目而有翟城村之村治；其表面为政治制度，骨子里是含有学术思想问题也。”② 实际上，这种将现代政治制度与传统儒家价值相结合的思想理路蕴含着爱德蒙·伯克所谓的“保守主义”精神潜流。余英时先生曾指出应当摒弃单一归类的研究倾向，绝大多数近代中国的学者站在激进和保守的两极之间。

山西村治中用民政治思想的提出首先基于对传统政治结构的扬弃。阎锡山把传统中国的旧政治归结为愚民政治或安民政治，“我国后世政治，止求安民，不求用民，其善者以无事不扰为主，其不善者，则与民为敌，愚之柔之。故其民知依人而不知自立，知保守而不知进取，知爱身家而不知爱群。以此为国，是曰无人，非无人焉，无有用之人焉。斯乃专制君主视一国为私产之流毒；抑亦闭关既久，海宇统一，无敌国外患接触以使然也”。③ 显然，传统政治的基础在于国家为一家之私产，更为注重臣民对国家的膺服，在君主—臣民框架内无须臣民的权利觉醒和政治参与。这样导致的结果则是国家无可用之人，民众亦无爱国之心。

然而，阎锡山讲用民政治与安民政治比较的目的并不带有浓烈批判色彩，只是表明安民政治于当时中国而言“不适时”而已。如同“夏之于葛，冬之于裘，裘葛相较，并无所谓美恶，特适与不适而已”。他提出“横竖政治”观点，将传统中国官僚统治称为“竖政治”。“竖政治”偏重单一纵向的层叠，最高统治者集大权于一身，统治效果很大程度上取决于统治者自身道德的优劣。“横政治之特点在不以劝善惩恶之权奉之一人，而以此权界之大众，

① 山西政书编辑处：《山西现行政治纲要》，大国民印刷厂 1921 年版，第 1－2 页。
② 王鸿一：“卅年来衷怀所志之自剖”，载《村治》1930 年第 1 卷第 5 期。
③ 《阎伯川先生言论类编（卷 3）》，山西省图书馆藏 1939 年版，第 10 页。

即今日之立宪民主政治也。盖人人既有好恶之心，即人人有劝善惩恶之权，此权既在社会全体，社会不倒即政治不倒……横政治愈广愈好。”[①] 传统政治的治乱相循直至被民国取代已经说明愚民、安民的“竖政治”为“不适”之政治，不能达到“劝善惩恶”的政治目的。

新政治的起点在于人人有好善恶恶之心，阎锡山认为所谓“好善恶恶”即仁义礼智，如孟子所言：恻隐之心，仁之端也；羞恶之心，义之端也；恭敬之心，礼之端也；是非之心，智之端也。“好善恶恶，即与仁义礼智无殊。”1918 年 9 月 2 日，阎锡山对区行政讲习所学院讲：政治之极则，不能不以礼为归宿，即“道之以德，齐之以礼”。从治理效果来看，正是不同的权力基础导致“竖政治”虽易治然而易乱，“横政治”虽治难但是乱难。

民国以降，“国家为人民之公产”的观念被广泛接受，民主共和观念以星火燎原之势深入人心。国家与人民之间的消极松散关系已经不能适应民族国家林立竞争的国家环境。1918 年政治研究会开会宣言书即表明：国家既为人民之公产，若仍默守旧习，以消极的政治维持现状，则民将终于无用，而国奚以存？……国本在民，人民不能外国家而求生存，国家亦不能外人民而言富强，将欲用之，必先教之、养之，如父母之保育子女，如师长之管理儿童。用民政治中政府对人民的扶持正如人伦关系中父母对于赤子。所谓促使人民自用、自治，蕴含着传统儒家文化“尊生重养”的意味。然而也要同时注意到，“要尊生，则不得不肯定任何个体。要尊生，则不能不尽性尽伦。精神在这里表现，价值在这里表现。圣贤、豪杰、志士，在此成己成物。其成己成物，或忘我牺牲，或顺适通达。此精神表现之本质，一般地说，是道德的，其主体自由是‘道德的主体自由’。依此，使人成为一‘道德的存在’”。[②] 这里虽然提出保育政策，但已经突破民本思想固有的君主体制藩篱，进而在新型的国家—人民关系中培育“民”应有的民德、民智、民财。1922 年 7 月 14 日，阎锡山对山西第一次行政会议第十次讲话：人之好善，谁不如我。现在推行民治主义，要与人民共心，才能唤起民众。但是需要警醒的是，

---

① 山西政书编辑处：《山西现行政治纲要》，大国民印刷厂 1921 年版，第 2 页。

② 牟宗三：“历史哲学”，见《牟宗三全集》9，联经出版事业公司 2003 年版，第 86 – 87 页。

用民政治思想中作为道德性存在的“民”对于国家和社会而言，其“权”主要表现在修己利人、护己护国。

显然在这里良知成为理性根源，政治即为将内心的良知推己及人。阎锡山曾言：“余知人非吃饭不可，余故为人民求个有饭吃，提倡农业与水利是也；余知人非穿衣不可，余故为人民求个有衣穿，种棉、纺织是也；余知人民均爱吃好的、穿好的，余所以提倡牧畜、蚕桑，使之得衣帛食肉也；余知人民皆爱有个好儿子，余所以设学校以教其儿子好也；余知人民皆爱好邻家，余所以禁赌禁烟、重早起、去游民，以使人人皆好自无坏邻家也；余知人民皆爱有好社会，不愿受人欺侮也，余故为之铲除贪官污吏、劣绅土棍也；余知人民非有积蓄不可也，余故为人民提倡勤俭以图开源节流也。”[①] 在此可见，山西村治所倡导的正是孟子所说的“以不忍人之心行不忍人之政”。1922 年 8 月 3 日阎锡山巡视平定县发表演说：“我这回整理村范，是感化主义，什么叫感化主义？就是尽上我的良心，感动大家的良心，使村村的人民通往好一边走的意思。我认成村里那许多吸金丹，贩金丹，和赌博种种人等，不尽全是坏人；有许多好人，一时误入迷途，到了这坏的地步，我们大家应该热心往出救他，一回不能两回，两回不能三回，若是终久不改悔的人，我们才可认他是个真正的坏人。……绅士、学生、商人、人民，合上街村长副闾邻长，结个主张公道热心爱群的大团体，将……村里边能救的人，全救出来。”[②] 这种“道德的理想主义”确为儒家价值观的核心。当然，历史告诉我们儒家的道德理想主义从来没有被完全实现，经由现实达致理想确要跨越无数障碍，但是传统价值的影响和指引也一直潜藏在政治变革之中。

在山西村治逐步推进的过程中，这种政治观一直发挥着指导作用。首先，对于人民而言，所谓民主并非西方意义上的权利和决策手段，因此也就淡化了民主内涵中对抗威权的成分，而强化了伦理道德对社会有机体的积极意义。阎锡山说道：“有治人而后有治法，贤人政治也。有治法而后有治人，众人

---

① 山西政书编辑处：《山西现行政治纲要》，大国民印刷厂 1921 年版，第 1 页。

② 阎伯川先生纪念会编：《民国阎伯川先生锡山年谱长编初稿（第 2 册）》，商务印书馆 1988 年版，第 479 页。

政治也。前者贵人治，后者贵法治。然人治不可忽法，徒善不足以为政；法治亦不可轻人，徒法不足以自行。民主政治，当重法治，惟须培养民德，发扬人群公道，民主始有把握。”①

其次，对官吏的告谕中，阎锡山指出：人民当以人权主张公道，官吏当以国权主张公道。② 1930 年 8 月 21 日阎锡山对县长训练班及党政学院学员讲话中阐明这样要求作官之人的存心，正是符合了儒家文化的传统。要“善于推情”。自己不愿意的事，不要加在百姓身上。《论语》说得好：我不欲人之加诸我也，吾亦欲无加诸人。李泽厚先生对儒家的“己所不欲，勿施于人”与《圣经》中的“己所欲，施于人”作比较，指出：《圣经》乃情爱的宗教观，主动、热情、舍己救人，而较难做到。《论语》乃实用理性的人性观，节制、冷静，而较易遵循。③ 村政创办伊始，山西省署于 1918 年 1 月 8 日公布《县知事接待村长副规则》，特别规定：知事对于街村长副应随到随见；知事接见街村长副应加以礼貌，不得轻慢。在上述公函中，公开批评了该县第四区区长性情暴躁，对待村人言语不平，招致反感。要求：嗣后对于人民办事说话，务须从人情上善为体贴，勤恳和平，因势利导……此为战后办理村政最为关键。

最后，政教合一的经典儒家思想深刻影响到村治中政治全权主义的认识。阎锡山认为政治的功能在于管教养卫：政是正之，是规正之意，治是安之，是治理之意；规正之在教育，治理之在管理。故所谓政治，就是一个教育与管理之代名词。教育之极，在培植其理性种子，而发达其理性，成为理性社会，爱人公道自有源泉。④ 因此，民国时期山西村治的涵摄范围极为广泛，不能简单用现代意义上的“社会利益”或“公共利益”等概念涵盖。村治的

---

① “1927 年 11 月 14 日阎锡山出席山西实行三民主义五权政治大纲起草委员会，起草山西施行三民主义五权政治应注意之点——三十八项”，见阎伯川先生纪念会编：《民国阎伯川先生锡山年谱长编初稿（第 2 册）》，商务印书馆 1988 年版，第 850 页。

② 山西日报：“山西用民政治述略”，载《新中国》1919 年第 1 卷第 7 期。

③ 李泽厚：《论语今读》，三联书店 2008 年版，第 346－347 页。

④ “阎先生的宇宙观、人生观、政治主张”，见现代化编译社：《阎伯川先生与山西政治的客观记述》，1946 年版，第 7 页。

内容既包括义务教育、兴修水利、种棉造林、卫生产育等公益事项，也包括人民早起、排演新戏、禁止家庭虐待等维护伦理秩序的事项。

以伦理道德统摄政治和社会，这也是中国式自治与西方式自治在精神内核上的根本差异之处。西方式自治强调自由和权利，以“天赋人权”和“社会契约论”为理论基础，在国家与人民的关系上认为人民权利先在于国家存在。西方政治思想以权利与权力的分立作为出发点，并以个人不可化约的主体性价值作为地方自治的根本基点。而东方式政治智慧以家庭、社会、国家的整合作为出发点。因此，就不难理解以“山西村治”为范例的近代中国自治对“个体自由”“个人私权”的淡化或忽略，而强调村共同体、社会群体、国家共同体的利益。显然，自由与自治的悖论既是历史的遗憾，也是历史的必然。

三、作为道德意义存在的“民”

所谓“民权”是在晚清民国这一特定语境中的具有特定意涵的语词，既不同于传统政治思想中的“民本”，也不同于现代意义上的“民主”和“人权”。“用民政治”如何看待政治结构中的“民”，以及如何界定“民权”的内容呢？这个问题的解答必须以“国”与“民”的政治关系入手。杨天竞先生曾对我国传统的地方自治作出考察，特别举出《蓝田乡约》作为其典型与英美地方自治相比较，认为前者为德治主义，后者为法治主义。“吾国地方自治之精神及其发展之顺序，根本上有与现代欧美地方自治截然而不同者一事，即我之所谓地方自治者，实以‘德治主义’为其成分。彼之所谓地方自治者，则以‘法治主义’为命脉。而德治主义，又为由内而外、推近及远学术思想之结晶。与矫揉造作、强纳人民于轨物之法治主义，作用悬殊，结果特异。盖德治之效，可以观摩成风，相为感召，不假刑赏之劝而民自兴焉；法治之效，不过焦头烂额，补其罅漏，多为防民之具使其趋避愈巧耳。”① 这里揭示了德治和法治在人性观上的前提判断。法治主义预设的人性观是幽暗的、不可靠的，而德治主义预设的人性观是本善的、可以挽救的。正是由于村治面对的对象为社会最基层的村民，在数量上就有绝对的庞大数值，

① 杨天竞：《乡村自治》，大东书局 1931 年版，第 199 - 200 页。

然而物质条件贫乏，文化程度低下，在1922年11月11日《呈大总统文》中，阎锡山感叹村政进行最为艰难的两点障碍，第一为调查不易，第二为感化之难。“山西村治”为何尤其重视感化力量？如果仅仅将村治视为公共治理模式，那么只需要注重治理的效用、效能。但是如果把村治视为传统政治思维中德治主义的延伸，就必须对村治中的“民”的形象加以解读。

只有理解了“民”作为“道德性存在”的意义，才可以理解“山西村治”过程中出现的多种对“民”的不同称谓，其中有：国民、新民、莠民、游民、烟民、贫民、乡民等。耐人寻味的是使用“国民”“新民”等情形较少，如“国民公德之重要——无公德之国民，蠹国之国民也”，又如1918年三月阎锡山发布《训言三十四条》中有如下的表达：……（4）好国民要留好样于社会；（5）公德薄弱之国民，不能有个好旅馆，况人群幸福乎？……（16）轻浮浅薄，绝非有益国家之国民。再如在1919年5月20日阎锡山呈大总统文中阐述政府厉行剪发事宜时讲道，山西自改革以来，蓄发仍旧，此等污俗，岂容保存？苟不强迫剪去，何以作新民而去恶习？可以看到，即便在少数使用“国民”“新民”语词的情况下，也多取其对于国家和社会富有道德责任的一面，而非强调主权归属或权利归属的一面。

综观民国时期山西省署的令文、告谕、法规等文件，具有道德意涵区分的“好人”与“坏人”以及经济差别区分的“走上坡路的”与“走下坡路的”情形则更为普遍。1919年山西村政施政之初即提出“好人有饭吃”作为目标，“好人”的对立面即是所谓的“坏人”。阎锡山在一次答记者问时讲道：“余之政治，文言之，是人群寿命主义，俗言之，不过使人民有饭吃、有衣穿、有房住，又能生好儿女、娶好媳妇，外面还有好邻家，社会上不受强权的欺负。余之期望，如是而已。”[①] 1920年3月20日山西省署颁布《消除莠民规则》。1921年春开始整理村范正是从着手整理村中“坏人”入手，烟民、游民、贩卖金丹洋烟、赌博、窝娼、家庭残忍、忤逆不孝者等都被归入不良分子行列。按照“用民政治”的逻辑，村自治的目的也就在于打压

① 山西日报：“山西用民政治述略”，载《新中国》1919年第1卷第7期。

“坏人”维持公道。1926年4月13日山西省署“指令绛县自治正轨在群众主持公谊官厅加以监察文”写道：“……共和国民自治之正轨，在能以群众所持之公道，使坏人知畏而不敢犯。不仅使受金钱上之痛苦，即能制人之恶性也。况村人相对，情重于法，情之所不敢办者，纵订有重法，亦难实行。盖送官结怨，重罚亦结怨也。官厅应就能办者委办之，不能办者代办之，纵使村长副有不敢送县之人，而官厅实能进监察之责，自治前途方能愈办愈好。”① 因此，有论者认为：村政“初时必须采用保育政策，自居监督之地位，看山西地方如一大家，看山西人民如一家内的子弟，一切兴利除弊教民养民等事，全由省政府主动办理，人民上在被动地位。好像小儿女受慈父母的爱护，无非求的子弟们真个能成人自立，诸事由他们自立。……其主义纯粹是民本主义。”②

吕振羽先生特别强调山西村治中“人情重于法律”的特色。“置人情于法律之上，法律应为群众心理共认之条文，亦即人情发作之公理的主张，但际此人群理性未完全恢复，兽性未彻底去尽之际，情感冲动，即越常轨，事后而思，必萌悔念者，人类心理之必然状态无可否认也。值其悔念之际，施以人情感化，实为人群之当然义务。……感化无效，济以法律，即所谓以人情先法律之用，以法律济人情之穷，否则不教而杀是民贼也。”③《整理市范办法》中提出：“禁人为非，不若悯人为非；强人为善，不若助人为善，禁人为非惧，悯人为非感，强人为善人怨，助人为善人悦。”

扶植民权要从组织民众、扶持民力开始。改造不适时的旧政治，建立所谓适时的政治有两层含义：对外为公理战胜强权，对内为政令推行无阻。阎锡山认为传统旧政治的不适之处在于政令不能有效下达、执行，因此“预期政治得良好结果，须先从极密之行政网起。用民政治之构造，一语足以概括之，则行政网是已。现在亟亟于编村制，意欲先由行政网不漏一村入手，一村不能够漏，然后再做到不漏一家，由一家而一人。网能密到此处方有政治

① 山西村政处：《山西村政汇编》卷2（令文），1928年版，第183页。
② 刘灵华：《山西政治述要》，山西省图书馆藏1922年版，第20－21页。
③ 吕振羽：“北方自治考察记”，载《村治月刊》1929年第1卷第1期。

可言。"① 下沉并加密行政网正是出于对山西当时民情的剀切分析，是对内适合的政策方针。"善为政者，每视人民程度而定施政之标准。夫在今日，吾国人民程度之卑下，岂容讳言？山西偏处西北，山岭绵亘，风气比较闭塞，又属势所必至，则欲拯救我数千年横沉于专制坑内惰眠之人民，欲群趋之以赴于自用、自治之途，又非执有相当之方术不能。"② 因此可见，加密行政网并非仅出于巩固统治、政令统一、征兵征粮的需要，也是出于以行政力量发展民力的考虑。

应当看到，所谓的"横政治"实际上与现代民主人权观念相距甚远，劝善惩恶之权既不是先在的、道德意义上的人权，也不是法律承认的法定权利。更大程度上与民本思想一脉相承。在其伦理政治目的论之下，个人享有的劝善惩恶之权显然还不具有民治的内涵，毋宁是"以人民为政治之主体、为政治之目的"的民本思想，政治中的个人肩负着道德责任和社会义务。因此，个人首先需要完善自身，发展自身的民德、民智、民财，"政治之进步非使人民自动不为功"（阎锡山语）。在当时民生问题尚未解决的情况下，等待或者依赖民众自发自动地完善自身显然为不适之举。在此需要特别注意的是，从民本到民主的过渡并非一蹴而就的，或者说由于言说场域的不同两者本身也并不是一种进化关系。

四、编村：法律共同体与伦理共同体

20 世纪的中国历史是在民族国家建构的大趋势下不断革命的历史，民族国家的目标是建立一种全新的治理架构，在这个架构中政府直接治理每一个人，这些平等的个体构成国家的组成单位——国民。同时，从理论基础来看，支持西方地方自治思想的自由主义是以个人主义和情感主义为特点的。自由主义中的个人主义将个人权利和利益作为衡量历史进步的标尺，现代社会的物质进步使得理性衡量标准趋向单一的经济理性。自由主义中的情感主义导致道德性的政治追求居于社会生活的边缘地位，导致团体生活的道德标准缺

---

① 刑振基：《山西村政纲要》，山西村政处旬刊社 1929 年版，第 7 页。

② 山西政书编辑处：《山西现行政治纲要》，大国民印刷厂 1921 年版，第 6 页。

乏。麦金太尔宣称："情感主义是这样一种学说：所有的评价性判断，就其具有道德的和评价的特征而言，都不过是爱好，态度或情感的表述。"① 自由主义对权威和宗教的批判造成社会中难以形成非个人的、统一的道德尺度。然而这种社会共同体道德标准的虚化是难以被重视伦理道德的中国乡村所接受的。抛弃伦理政治对社会秩序形成的正面影响也是为民国山西当政者所不愿接受的。面对最基层的村民进行制度变革时，不得不考虑到人们已经习惯的生活方式和思维方式。

从制度变革的意义上来说，山西村治中的编村组织无疑是一种法律拟制，不同于自然形成的乡村。自然形成的乡村由村长、村民以及乡绅共同组成。法律拟制的编村除了通过以成文法的形式固定各自的职责与义务之外，还将编村共同利益和共同责任上升到不可忽视的高度。因此，相对于西方地方自治制度的权利化，民国山西村治中的编村组织更大程度上表现为行政网络的延伸，表现为行政秩序和经济发展的有机组成部分。编村内的村民会议、村公所、息讼会、保卫团、监察委员会的设置都是基于村治实践智慧的总结，是在国家建设需要的推动下逐步确立起来的。对于编村组织的定位，民国时期的研究并没有出现自治权力属性的争论。也就是说，时人的关注点并非在自治权是一种国家赋予的权利，还是一种地方团体固有的权利。显然，至少在山西村治的相关研究中，编村受到重视的缘由并非权利观念而是源自对当时农村问题解决的重视。有论者提出：农村建设和地方自治实为一个问题的两面。那么当时的农村问题主要表现在哪些方面？概括言之，一方面表现在经济的衰退，另一方面表现在精神的颓败。从一定程度上说村治的根本目的一方面在于拯救濒危的农村经济，另一方面在于从农村入手恢复民族精神、保持固有道德。

因此，编村承担着传统中国乡村自治中的伦理角色。这样的双重角色相较而言是更符合当时国情民性的一种抉择。孙中山先生认为地方自治体具有政治和经济双重属性，而山西村治中的编村组织则具有政治、经济和道德三

---

① ［美］麦金太尔：《德性之后》，龚群、戴扬毅译，中国社会科学出版社 1995 年版，第 16 页。

重属性。甚至三者之中，道德性属性最重，经济性属性次之，政治性属性最弱。由此可以理解为何山西村治以公道主义之村本政治而标榜于世。阎锡山曾言“世间有一主义而兼各主义之长，而无各主义之短，不论何时何地，皆可适用者乎？曰：有之，公道主义是也。有一政治而兼可推行各种政治，而为各种政治之基础者乎？曰：有之，村本政治是也。更有一种政治而兼各种政治之长，而无各种政治之短，集各种政治之大成者乎？曰：亦有之，公道主义之村本政治也。”① 在这样的逻辑理路之下，编村成为维持公道的人群团体，“爱群”成为村本政治提倡的个人美德。编村内群体的利益高于个人的利益，“群体”价值高于个人自由的价值。1918 年 3 月阎锡山发布《训言三十四条》，其中有多条训言反映了两者之间的价值排序，如：（1）轻于牺牲公理，即是促人群短命；……（4）好国民要留好样于社会；（5）公德薄弱之国民，不能有个好旅馆，况人群幸福乎？……（7）公德为恶毒之提防，非兼顾不可；（8）私心为人群之蠡贼，非先洗净不可；……（12）教育为人群的生命；……（14）国民智识为民主立宪的根本，非教育普及不可；……（16）轻浮浅薄，绝非有益国家之国民；……（24）欲自立先从不依赖人起；（25）欲自由先从不碍人自由起。由此可见，作为伦理共同体的乡村承担着更好地维护伦理道德法则以及改善编村内成员个体之德性的伦理使命。

第二节　官治与自治的交叉

山西村治的发展过程始终与行政权力产生密切的关联，甚至可以说村治在何种程度上实现自我管理取决于官方力量腾挪出多大的自治空间。作为一种“建构型自治”，山西村治中官力的行径脉络表现为从推动力量到适当退出的淡化过程。然而，官力对自治范围的掌控却是决定性的，时局影响之下山西村治后期的紧缩充分反映了这一特点。

---

① “1925 年 3 月对政学各界人员讲话”，见山西省村政处：《山西村政汇编》卷 8（讲话），1928 年版，第 90 页。

一、以政治途径切入的乡村自治

民国时期无论是国民政府、地方军阀，还是乡村地方精英、关注农村问题的学者都致力于推动地方自治。基于不同的思想基础，地方自治在实践形式上呈现出多样性，大致可以分为以下几种类型。第一种，通过自卫的途径发展自治，以河南宛西自治为代表。那里的自治组织者宣称：自治有许多形式，但它在河南西南部的首要目的，应是通过发展自卫能力使地方社会摆脱军阀统治和四处出没的土匪的困扰而实现自治。……一个理想的社会，诸如孙逸仙试图通过三民主义实现的社会，在河南西南部要通过自治和运用以下原则来完成："夜不闭户，路不拾遗，村村无讼，户户有余。"① 这种自治是"自主"（autonomy）和民众管理两方面要素的结合。当时当地的民众已经不再承认任何政府和政权具有合法性的权威，从而自我组织并与外部相对隔离。完全的自主和自治所要解决的问题与国家权威所希望解决的问题并没有根本性差别。显然，这种完全脱离国家行政秩序的自治是特殊时代和条件的产物，源自地方社会深刻的合法性危机。然而，国家统一为大势所趋，国家政权建设完成之后割据性的自治也就失去自身的合法性。

第二种，地方自治的形式是通过教育的途径发展自治，以中华平民教育促进会在河北定县、陶行知在南京晓庄、中华职业教育社在江苏昆山以及梁漱溟在山东邹平的自治实验为代表。村治派学者和梁漱溟先生认为自治应当从教育入手实现民族自救之路。因此，在他们的理念和制度设计中教育民众、保护中华民族精神占到相当重要的地位。乡村学校向农民传授传统道德、传统价值和农业技术。它们将教育、提高公共道德、弘扬中华民族精神与地方安全和经济发展结合起来，作为挽救中国危亡的可靠路径。然而到1930年，"江宁村制育才馆是失败了，湖南自治训练所是失败了，浙江地方自治专修学校亦结果不良，江浙两省农民银行及合作社亦办得不好"。② 民国时期著名

---

① ［美］张信：《二十世纪初期中国社会之演变——国家与河南地方精英1900－1937》，岳谦厚等译，中华书局2004年版，第162－165页。

② "各地乡村运动消息汇志"，载《村治》1930年第1卷第1期。

社会学家杨开道先生对当时中国农村自治进行总体观察后认为，“现代中国农村自治发展的路径有两条：一条是从光绪三十四年所颁布的城镇乡地方自治章程开始，一条是从翟城所创办的模范自治开始。……老实讲起来，这一条官样文章的大道，到了民国十年已陷绝境……翟城村所创办的自治，比较要切实许多，并且由地方人民自己发起，所以能够有相当成绩，能够影响到以后的自治制度。”① 这里指示出当时中国地方自治两种路径，前者由中央政府自上而下规划，后者以农村精英自发带动领导自治。然而这两种制度路径都蕴藏着自身难以克服的局限。自上而下的自治路径要求必须具备强有力的中央政府，然而20世纪上半叶的中国尚未完成中央集权的历史课题，在此背景下希求像近邻日本那样展开持续有力的地方自治改革无异于一种奢谈。民国早期地方自治的挫败即是明证。反观翟城村制，个别农村精英的筹划带动在一时一地可以起到明显的效果，但是若不能够和国家政权结合则难以保证村制制度的长期性、固定性。翟城村制得以推广到河北定县，就是得益于孙发绪任定县县长后的大力推动，1926年之后又得益于中华平民教育联合会的人才和资金支持。所有外力的助缘都昭示了农村自治并非一村之事，自治并非仅仅为村民之事，需要统筹和协力。此外，翟城村自治组织与村民因经济问题发生诉讼，官司长达数年，国家政权机关则承担其裁判职责。

第三种，以政治的途径发展自治，主要通过政权力量动员民众自治，建立地方自治体制。这个过程表现为国家政权建设与地方自治并列展开，同时深入，互相渗透的景象。官治与自治协作，但官治为标、自治为本。阎锡山在对行政官员的讲演中说道：“大家对于此六政三事，以为系应办之事则可，若以此为治本之政则误矣。盖此六政三事办好，在行政上不过是收一部分或若干之效果。若欲收满盘的效果，则非施行自治与强迫教育不可。”② 自治为人民自我管理之事，所以自治的人民对于政治应当负有基本的责任。1921年11月21日阎锡山对太原市自治公所讲话中言：……自治之初，与官治处于相辅的地位。官不尽心为人民办事，固为坏官。人民若不能为公共谋公利益，亦不是好人民。补救

① 杨开道：“中国农村自治的现状”，载《农学杂志》1929年特刊第3种，第3-4页。
② 山西政书编辑处：《山西现行政治纲要》，大国民印刷厂1921年版，第14页。

之道，应由人民自爱自立，尤要能主张公道，亦必须尊重舆论，舆论为公意之表现，亦公道之保障。① 民国山西省内地方社会的合法性认同危机并不像第一种形式中那么强烈，在央地关系合法化的框架之内展开地方自治实践。国家政权建设之下的自治首先能够得到长期稳定的和平环境，较少受到人亡政息的影响。因此，在动员能力上远远超出以上两种模式的地域范围和人口基数。

需要注意的是，“村本政治”本身不能等同于地方自治的实现，仅为其基础和途径。村治是施政的起点，正如《同乐歌》所言：民治非勉强，大道之行，起于乡党，老有所终，幼有所长，壮有所用，疾有所养。根据《建国大纲》以及《地方自治开始实行法》，地方自治作为国民政府的建国纲领是其达到民权、民生主义的路径。地方自治的实现以一县为充分之区域，自治团体既是一个政治组织也是一个经济组织。山西省府对其村本政治与地方自治的差距还是有着清醒的认识。山西自治研究会编辑自治大纲，说明村治含义：“乡治一名村治，或曰乡村自治。盖地方自治之下层工作，而县自治所以完成之基础也。……总之乡治云者，即以乡村之人，治理乡村之事之谓，为人群之基本合作团体。在情感上，为人类互助的群体组织；在历史上，为人类进化的群体组织；在政治上，为自己统治自己的群体组织；在经济上，为各个为全体，全体为各个，共同求生存的全体组织，而以互助为用，生存进化为体者也。”可见，村本政治一方面为全国地方自治建设的初基，另一方面为促进人群合作互助的枢纽。中原大战之后，山西省政府制定《山西省政十年建设计划》，其中专设《促成地方自治计划案》写道：（地方自治）谋其演进也，则自下而上。而目前之筹备自治上为自上而下。由筹备自治机关或人员，各尽其指导督促之责，以协助人民进行自治，故其程序乃为：（1）筹备自治机关之成立；（2）自治人才之筹备；（3）自治经费之筹定；（4）户口之确查与自治区域之整理；（5）自治单行章则之厘定；（6）自治事务进行程序之设立。就大体言，筹备期间应有之事盖不外上之诸端。况晋省推行村政业经有年，其区村领域之划分、街村之组织、民权之训练，已粗有基础。在自

① 阎伯川先生纪念会编：《民国阎伯川先生锡山年谱长编初稿（第1册）》，商务印书馆1988年版，第415页。

治准备工作中，再加以积极整顿，当可以收事半功倍之效。① 从以上可见，山西的村政建设为地方自治诸项事业作出必要的准备，而真正完全达到自治还需要从机关、人才、经费、事项、规章等方面统筹推进。

中原大战战败之后，阎锡山出走大连，"九一八"事变前夕秘密返晋，之后着力建设实业。1932 年 5 月山西省政设计委员会编印《山西省政十年计划草案：政治之部》，其中再次明确表明，村本政治的根本目的在于实现地方自治之完成，达到民主政治。"至所谓实际之建设，则为地方自治之完成与教育之革新，以树立民主基础，实现民族之自强。而自治之完成，则当自革新村政做起。查我省办理村政已有年，所自应就其根基而为精神之发挥、实质之补充，以期村自治完成，进而区、县、省自治之推进。"② 村政事项的重点依然在于村中重要公益，如户口清查、土地整理、警卫和交通之举办。特别指出在公益事项举办之外，训练人民运用四权，已达到自动而不生流弊的程度。"地方自治始入于真正完成之境，地方自治完成，政治建设之中心树立，民主政治之目的达矣。"③

二、从官办到协办的推进

自古以来中国农村自发形成的自治传统可以被充分利用，进而可以被改造为具有现代民治意义上的自治。"中国乡村，为历史上相沿之自治机关，尤为吾全民团结之单位；民权实施，人道互助，文化存留，舍此别不可恃之基；施政而忘此必不成；……唤醒民众，改良社会，应就乡村团体，加以编组；指导之，使发挥政治之本能；训练之，使了解政治之真谛；……更令农民举办各种生计合作社，以发扬其勤俭储蓄之美德。"④ 山西省村政实察员卢

① "促成地方自治计划草案"，见山西省政设计委员会编：《山西省政十年建设计划草案：政治之部》，1932 年版。

② 山西省政设计委员会编：《山西省政十年建设计划草案：政治之部》，1932 年版，总说第 3 页。

③ 同上书，第 3－4 页。

④ "1927 年改变农工分化组织，就乡村组织为全民团体唤起民众建议案——致中央政治会议"，见阎伯川先生纪念会编：《民国阎伯川先生锡山年谱长编初稿（第 2 册）》，商务印书馆 1988 年版，第 814－815 页。

宗孚认为，乡村人民虽就处于被治之下，而天赋自治能力，相沿自治习惯，未稍泯灭，其功效仍远胜官治。然而，如果这种民间习惯没有加以充分培育就得不到有效利用，没有在实践中反复练习则会局限在狭窄的事务范围之内。

接下来的问题是如何推行和实现乡村自治？这里又细分为三个不同层面的问题。第一，应当兴办的事项。然而从官治到自治的道路上，对个体价值的重视以及对个体能力的培养应当是无法绕过的一环。阎锡山认为，教养民众的切入点在于教育与实业，初期即从“六政三事”和兴办教育开始。若要取得成效“必官治上一直进行，有相互维系，自治上协同动作，各发抒其本能，然后上作下应，殊途同归。”阎锡山有言：“用民之下手功夫，不外注重教育实业耳！二者能举，则民力可用矣。……非特教育事业，当依大纲所定，切实计划；其他军政、财政、内务、警政、司法、自治诸事，均与用民政治有相连之关系，亦应各拟十年进行计划之策，以规久远。”①

第二，推动兴办事项的途径。阎锡山又言：“用民政治之进行，尤非仅教育实业两届中人，所能胜任愉快也，必官治上一途进行，有相互之维系；自治上协同动作，各发抒其本能，然后上作下应，殊途同归，庶有达到目的之日。”② 1918 年他提出要搞好山西新政各项措施，“必须从实行自治和普及教育两方面着想。”并提出要仿日本町村制，实行“村的编制”。何谓自治，“自治二字，原指人民各自为治和共自为治而言，与官治立于相辅的地位”。③由上可见，自治既为实现用民政治的组成部分，又为其实现路径，兼具工具价值和实体价值。就促进方式而言，官方力量成为主导是不争的事实，也是必然的选择，并且政府推行自治的首要出发点一定在于巩固地方实力。因而，若是将“用民”完全等同于控制人民生活、干涉人民自由而忽视其发展民力的侧面，不符合历史实际。当然，若是将“用民”直接对等于近代意义上的民主与民治，也陷入历史理想主义的迷雾。

第三，只有兴办自治才能解决户口调查和警察等政治基础性问题，才能弥

---

① 山西政书编辑处：《山西现行政治纲要》，大国民印刷厂 1921 年版，第 16 页。

② 《阎伯川先生言论类编（卷三）》，山西省图书馆藏 1939 年版，第 11 – 12 页。

③ 山西村政处：《治晋政务全书初编》第 1 册（政论讲演），山西省图书馆藏 1929 年版，第 63 页。

补官方监察能力的不足，倡导健康的社会舆论环境。“安民政治时，官吏以不作事为主旨，所有职务，不外词讼、钱粮、缉捕三者；尽职与否，一长官即足以监察之……今则不然！用民政治，千绪万端，何一不需知事为措施，岂一长官所能一一监察？是则不能不有赖健全舆论之监察，尤不能不有赖于健全舆论之辅助与鼓励。然欲使此种精神贯注其间，其用以达之之手续，即在户籍与登记；而辅助之者，则为警察。然此两者，则又非从分区自治作起，无以集事。”

由上可见，通过省级政权的推动由教育和实业事项入手，以渐进的方式拓展官民协办和村民自办的范围则是山西村治较为显著的特点，也可以说是一种经验理性的展现。当然，如果以完全的自治标准来衡量山西村治，则会认为协办并非自治。如费正清先生所言“实施这样一个地方民主化计划的环境，有可能导致要求更大的控制，而不是要求更大的自治”。[①] 但是，如果从近代中国地方自治推行的有效性和可行性出发来审视民国山西村治，则会产生同情式的理解。茹春浦先生有论：盖在村政时期人民须受党的主义训练，尚无自动的运用自治权之能力。故不得不以行政机关的力量，援助人民办理自治，此种在行政权的监督下之自治，为不得已的办法，自治的变态现象，而非自治的本来精神。[②] 张东铭先生在《村政与训政》一文中驳斥了“山西村政是官治的，非自治的，山西的村长副都是为官吏做爪牙的”观点，指出这样的看法“观察不明，以少概多”。他指出：“山西村政尚在以官治倡导训练时代，因为官吏协助指导的活动甚多，人民自不觉有看重官厅的心理，但其目的专在扶助人民之自治。在人民尚未能自治之先，这项官员的协助指导，乃是必要的手段。”[③] 再者，山西村治的推行过程中行政系统保持着一定的谦抑和警惕。如山西省政府指令考字第 832 号记载：汾阳县县长呈请组织县区村储蓄分会，但省政府认为：“本政府规定提倡储蓄专注重在人民方面，所有一切组织及办法均应按地方情形为人民着想。核阅拟定简章，总会由县政府人员组织，区分会由区公所人员组织均与原意不符，村分会大致尚是。……此事

---

① ［美］费正清等，《剑桥中华民国史》（1912－1949）下，中国社会科学出版社 1998 年版，第 394 页。

② 茹春浦：“实行村治的初步计划”，载《村治月刊》1929 年第 1 卷第 4 期。

③ 张东铭：“村政与训政”，载《山西村政旬刊》1929 年第 2 卷第 1 期，第 39 页。

纯系为人民谋利益，应由人民起来组织，官厅只负倡导监督之责。”① 可见，笼统地将山西村治归入强化行政控制的定性还是有欠妥当的。

吉登斯曾指出，阶级分化的社会国家行政集中程度较弱，国家权威对绝大多数人民的日常生活没有什么触动，地方社区具有高度自主权，其特征是“割据性自主”。然而，近代民族—国家体系的形成迫使传统中国改变国家机器的运转形态。国家职能大大增加的同时，行政权力也必然拓展其影响的广度和强度。因此，所谓官治与自治的关系，并非专制与民主的界分，而是需要从功能主义角度分析其必然性和适应性。官治与自治的互惠性程度越高，两者互相影响的可能性就越大。《指令绛县自治正轨在群众主持公谊官厅加以监察文》（1916 年 4 月 13 日公布）中写道：“查共和国民自治之正轨，在能以群众所持之公谊，使坏人知畏而不敢犯。不仅使受金钱上之痛苦，即能制人之恶性也。况村人相对，情重于法，情之所不敢办者，纵订有重法，亦难实行。盖送官结怨，重罚亦结怨也。官厅应就能办者委办之，不能者代办之。纵使村长副有不敢送县之人，而官厅实能尽监察之责，自治前途，方能愈办愈好。”② 由此可见，在自治与官治的分工上，官方的意见并非将所有责任推诿给村里，而是量力而行，在自治能力范围内交由村里办理，超出自治范围的事项由官方负责补正监察。自治的手段更注重以情感化，而非重罚威慑而损害到村中人际关系。

综观民国时期山西编村承办的村治事务，完全依靠村民自我管理、自我完成的事务并非没有，但占据村治事项的比例不大。从现有资料来看完全由编村组织或村政职员自发办理的事项也有所记载，但其数量则远远没有上述官厅委办事项那么多。例如，据河津县村政实察员张国风日记记载：该县西陈庄在 1928 年 2 月召集村民开过一次村民会议，由每户出一人，议决修理道路事件，已经修理妥善，行人颇感方便。且道路两旁多栽柳树，成活者不少。③ 又如，据汾城县村政实察员裴元勋日记记载：该县高村无失学儿童，

① 《山西村政旬刊》1928 年第 1 卷第 31 期，第 1 页。
② 山西村政处：《山西村政汇编》卷 2（令文），1928 年版，第 184 页。
③ 《山西村政旬刊》1928 年第 1 卷第 22 期，第 18 页。

该村村长是三晋著名的富家，在村中设立初、高两座学校，一干花费总在一千余元，完全系他一家担负，使村中儿童只享求学之权利而无求学之义务，并告学董催迫儿童上学。[①] 编村自办事项是最为纯粹的自治事项，这些事项的执行过程充分体现了协商和多数决原则，自治事项直接利益编村。其中某些村长能够以个人家资兴办村内学校，也正体现了自治制度对人民公共参与的影响。在此需要强调的一点是，个人的公心和善行对小范围内自治的影响极为重要，正如清末张謇在江苏南通兴办地方自治成效卓著。但是，怎样将这种个人的公心和善行保持下来，就必须得到行政系统的支持和配合。资助村学的行为只有在国家兴办义务教育的历史洪流中才能够发挥最大的效益，并持久举办下去，否则依然难以摆脱人亡政息的命运。

这种现象可以从以下几方面进行解释：第一，从山西村治的兴办动机来看，山西省政权机关大力推进乡村自治的目的之一就是要解决官治不力提高行政效率。在当时的情况治安保卫、经济建设、民生事业等省内所有兴利除弊事项仅依靠行政系统促进是难以达到预期效果的。因此，官厅委办事项最终都要落实到各编村内执行。第二，从山西村治的策进动力来看，国家政权建设对村治进行的影响极为关键。从“六政三事”到“整理村范”再到“村营业公社”的举办，都是在省级政权的策动之下步步推进的。即使是村内积谷、卫生、产育、善良风俗的维护等事项，只是涉及编村内的公益，也是由省级政权大力倡导、县区行政多方督导而完成。第三，从村治的发达程度来看，尽管民国时期山西村治前后历经三十多年，但是其间几经天灾战乱，尚未形成稳固的自治习惯。从现有资料看由村民会议议决村内公益事项并执行的情形并非没有，但确实为数较少。

三、官治对自治的侵蚀与恢复

正如一个人的优点在一定条件下即为他的缺点，一项制度的优势从不同的视角或不同的基点省视则为不足。山西村治在官力推动、文化保守等方面所呈现的特色，若站在民主宪政的理想图景省视则具有相当的差距，甚至产

---

① 《山西村政旬刊》1928 年第 1 卷第 23 期，第 24 页。

生悖谬之感。因此，从地方自治精神而言，一些研究者如吕振羽先生以历史同情的态度指出其民治基础不巩固。他认为：“吾人犹以为未足者，其原则上在指导民众使民自治，事实上，只获得民众为政治之用，而乏民众自用政治之精神，组织上仍需仰政治力之维系，民众自身仍无维持其组织之绝对自觉的信仰。此种流弊，不仅难得健全的民主精神之表现，且恐不免有人存政举、人亡政息之隐患。”① 吕先生敏锐地指出，山西村治中所谓民本、为民做主的色彩远远超过民主、以民为主的色彩。换言之，从指导精神而言，只多可以成为教民为善的民生政治，只获得“人民乐意为政治之用”的效果，但是缺乏“使人民为造成良好社会主动分子”的民主政治精神。

鉴于山西村治是以自上而下的方式推进的自治，因此自治的事项和权责范围受到行政干预的程度较强。在和平环境中尚能保持官治与自治的平衡发展，然而在极端战争环境中，自治的空间则不得不受到严重挤压。1937 年后战事突兴，山西省府提出为适应抗战需要加强“村本政治”，为此制定了《抗战期间山西省编村组织章程》（1937 年制定）。所谓的加强“村本政治”主要体现在以下方面。

第一，扩大编村规模，从一百户增加到五百户，闾邻内的户数可以根据情况略有增减。

第二，根据上述章程所有村长副和闾邻长由区长监督，分别由各所在村及闾邻居民会议选定，转报县政府备查并委任。但实际运行中本应民选的村干部大多为由县委任。

第三，增设村内民众团体，除村公所、村民会议、调解委员会、监察委员会外，增设粮食评价委员会、国民兵团村自卫分队、敌工团村干部、村小学校、村农会、村妇会及儿童会。村公所之下设置四个小组，组长由县长委任。第一组主管村户籍、村管理、村财政、村生产建设暨其他；第二组主管村教育及组训民众等事项；第三组主管村治安及兵役等事项；第四组主管敌工情报等事项。其中闾邻为村内的行政组织，其他团体为村内的群众组织，增设各种形式的群众组织是抗战时期村本政治的改进所在。按照阎锡山的规

---

① 吕振羽：“北方自治考察记”，载《村治月刊》1929 年第 1 卷第 1 期。

划，农会是农民的组织，举凡村中的自耕农、佃农、雇农，有地的、没地的，一切从事劳动生产的人，都须参加到这个会里，紧密组织起来，提高农民的智识，共图农事的改进，如选择种子、改良肥料、增加水利、增加生产、改善农民生活、加强农民团结、发动农村的自卫、保障农村的安全、协助政府的工作……妇女会是妇女的组织，不论年老的、年少的，有智识的、没智识的，凡能劳作的妇女，都应加入这个会里，提高生产的常识以减少生产的死亡率，增加育婴的常识以减少小孩的死亡率……增强妇女的能力使其生活不靠人，增加妇女的责任使其生活不消极，以提高妇女地位……儿童会是全村男女儿童的组织，不论是否入学，均须加入这个会里，时常的集合训练，集合工作，锻炼身体，规律她们的行为，提高她们的志气，增加她们的常识……①

第四，加强县政府对村公务的指导。村设政务会议，采民主集中制，实行集体办公集体负责，由县派村政指导员一人为主席，并负责指导考察村级干部人员及协助推行各项村政之责。1940 年山西省政府颁布《修正山西各县村民会议章程》，规定由村政指导员负责召集村民会议，并任会议主席。阎锡山讲道："总之，县机能的村本政治的完成，努身力而为之在村，努心力而为之在县。连击协助在区，县必须要尽到县的责任，鼓舞区村的努力，指导工作的正确；不可懈怠了区村的努力，障碍了工作的正确。区要帮助县政府的督导，协助村公所的不够，不可贻误了县政府的督导，成了村公所的障碍。村公所要成为村本政治的完成者，不可成为村本政治的毁坏者。"② 1942 年 9 月山西省府规定，今后非任过村政指导员，不得委派县长；……当时人才下注，争到基层工作，风气丕变，实现了"村本政治"。③

总体而言，抗战特殊时期山西的"村本政治"并非像一些研究者所认为的没有任何进展，而是在自治和官治两方面都有所加强。当然，由于战争的特殊情况，其自治的方面虽表现为群众组织形式的增加，但实质上增强行政效能的侧面则更加突出。这种情况在抗日战争结束之后即被指出需要纠正。

---

① 阎锡山：《县基能与村本政治》，山西省图书馆藏，第 17－18 页。

② 同上书，第 170 页。

③ 阎伯川先生纪念会编：《民国阎伯川先生锡山年谱长编初稿（第 6 册）》，商务印书馆 1988 年版，第 2190 页。

抗战结束经过短暂修整之后，1946 年 10 月山西参议会第一届第一次大会召开。直至 1948 年 6 月山西省第一届参议会共召开四次会议。第一次大会宣言提出政治目标四则，其中第四点为“完成自治，实行民主宪政”：民主政治之本质，在主权在民，而人民权力之行使，首在自治之完成，今后基层政治，必须彻底改革，自治人员理应恢复民选，必如此，而后可以做到人民参加政治，树立民治之基础！从收集资料情况来看，这一时期有关村政恢复的资料极为少见，或者可以说，由于时局动荡恢复工作进展极为缓慢。尽管如此，山西省第一届参议会四次会议中自治类提案为数不少，如表 4 所示。从这些题案反映的问题可以看出，虽然在实践层面村政工作并无多大进展，但有识之士对村治恢复发展的困境却有着清醒而深刻的认识。议案从民主自治和人权保障等方面建议恢复民选、精减人员、防杜流弊，以此可见时人对村治的认识不仅局限于行政效能的范围，而是从更高远的价值关怀层面有所期待。

表 4　山西省第一届参议会自治类提案汇总

会议	提案名称	提案人
第一次会议	提高人民自治能力实行民选村长以树立民主政治基础完成地方自治促进宪政实施案（提字 260 号）	李培德参议员等
第一次会议	请恢复民选村长以奠定地方自治基础案（提字第 87 号）	陈至善参议员等
第一次会议	请政府实行村干部民选案（提字第 65 号）	高瑞凤参议员等
第一次会议	函请政府调整村级干部以符民望而利施政案（提字第 14 号）	段树华参议员等
第一次会议	请政府教育区村干部严禁区村干部不法行为案（提字第 251 号）	杨乃超参议员等
第一次会议	电请建议政府实行普选治村村长案	王议长交议介休县参议会请愿案
第一次会议	在不减低政治效率原则下裁减村干部以减轻人民负担案（提字第 102 号）	陆雨桂参议员等
第一次会议	缩小治村公所组织减轻人民负担案（提字第 110 号）	王议长交议平定县参议会请愿案

续表

会议	提案名称	提案人
第一次会议	电请建议政府对治村干部量上减少质上加强根据民心向背确实奖优惩劣以收民心而固政权案	王议长交议介休县参议会请愿案
第一次会议	为恢复地方元气加强地方团结保卫地方治安发展地方自治建设实行民选县长及区村干部案（提字第 9 号）	—
第一次会议	实行民选区长、村长加强地方自治树立宪政基础案（提字第 75 号）	—
第一次会议	慎选各级行政人员刷新吏治加强行政效率以固政权而收民心案（提字第 88 号）	—
第一次会议	请政府重新编整闾邻（参照户籍法）划分治村实行民选村自治人员以奠定民主基础减轻人民负担案（提字第 265 号）	—
第一次会议	整理村财政以减轻人民痛苦案（提字第 2 号）	宋之洛参议员等
第一次会议	整理财政并严禁县区村任意摊派及征用食粮案（提字第 227 号）	乔季五参议员等
第一次会议	请政府详拟计划逐渐兴办全省村工厂救济失业改善民生案（提字第 40 案）	—
第一次会议	严禁区村干部及武装部队在乡村任意逮捕或杀害人民案	乔季五参议员等
第一次会议	请政府对实行兵农合一编组时借机敲诈勒索之地方行政人员严予惩处以整饬役政解除人民疾苦案	贾思慎参议员等
第一次会议	请政府对贪污胡为暴虐人民的村干部彻底严惩以正人心案	武兴邦参议员等
第一次会议	为函请政府采取有效办法严惩公务人员贪污并彻底根绝区村公务人员打骂人民案	白太冲参议员等
第一次会议	请省政府甄别村干部根绝村干部不良行为解除人民疾苦案	李培德参议员等

续表

会议	提案名称	提案人
第一次会议	为预防荒歉建议政府举办县村积谷案	卢学礼参议员等
第一次会议	严禁区村干部及武装对任意征扣车骡案，严禁强拉农民支应差役或补充兵役案	乔季五参议员等
第一次会议	请省府严惩太原县辛村治村干部田新滋贪污及非法逮捕村民以保民权而维政信案	王友兰参议员等
第二次会议	请省政府对本省户籍特别注意拟定详查考核办法以奠自治基础而为各种选政治根据案（提字第232号）	—
第二次会议	请省府划定县自治示范区提前施行县自治以奠定实施宪政之基础案（提字113号）	赵壁全参议员等
第二次会议	请省府积极训练人民行使四权以奠定行宪基础案（提字159号）	杨乃超参议员等
第二次会议	请政府加速完成地方自治积极准备行宪各项工作以利宪政实施案（提字第88号）	王竹咸参议员等
第二次会议	请政府迅速实施村自治并准备县自治事项以奠定宪政基础案（提字第95号）	贾思慎参议员等
第二次会议	请转请行政院通饬全国普遍宣传宪法内容俾民主宪政得以顺利推行案（提字第180号）	郭殿邦参议员等
第二次会议	请省府对各县乡村基干部加强训练以期认识一致做法一致达到政民化合减轻人民痛苦案（提字第222号）	王明钦参议员等
第二次会议	请省府训练民选村干部以健全基层干部案（提字第210号）	李恕轩参议员等
第二次会议	确实整训县村干部加强干部质能以利开展而收人心案（提字第224号）	刘顺德参议员等
第二次会议	请省府彻底实行新村制减轻人民负担并定期实行民选乡长彻底完成民主自治案（提字第165号）	韩鸣雷参议员等

续表

会议	提案名称	提案人
第二次会议	请将各治村村长副及自治人员依照中央颁布乡村制度一律民选以避免村级干部与人民对立案（提字第116号）	赵参议员壁全等
第二次会议	为提请乡干部改由民选案（请字第2号）	平遥县参议会议长郝钊等请愿书
第三次会议	请政府将役龄壮丁一律编组为自卫队并配备干部加以训练发给武器实行村村自卫，以自卫队为中心组织守护妇女儿童队做到生活生产自卫合意，迈上戡乱最高峰案（提字第137号）	—
第三次会议	请省政府速办乡长民选以增政效而奠县自治基础案（提字第163号）	—
第三次会议	为完成全面开展盂县事功，积极建立区村政权扶助人民实行自清、自卫、自治以便清楚匪患安定民生案（提字第178号）	—
第三次会议	彻底整理村财政严格限制村开支案（提字第141号）	—
第四次会议	请省政府筹划调训民选街村干部加强多说种能以扩大基层政治效用而利戡乱案（提字第3号）	—
第四次会议	健全县区村干部刷新吏治以收民心而利推行新制案（提字第33号）	—

资料来源：《山西省参议会第一届大会实录》，山西省图书馆藏。

第三节　山西村治的民治表征

回顾我国近代自清末以来地方自治思想的演变，可以用从治民到民治的逻辑理路加以提炼。治理方式的转变从根本上说是政治文化变迁的问题。吕振羽先生认为山西村治的一个重要特征就在于“由政治力量提倡民治”，他写道：“值此人民程度有之，而且参差不齐的情形下，吾人欲建设良好的理想社会，除无政府主义者外，均认政治力运用之必要，换言之，由政治力之运用，指导民众自治并养成其能力，俟其政治能力之成熟，即为民主之精神。简括言之，自治之开始，政府为推行之原动力，民众为被动之学徒，自治之完成，民众为政治之原动力，政府为被动之机关。”① 民国山西村治可以被看作在民治道路上蹒跚学步的一个缩影。詹姆斯·布赖斯在《现代民治政体》一书中，考察多个国家的政治制度后总结指出：“民治政体在各国内表现的状态都是不相同的，因为各国人民的性质和习惯是互异的；并且这些状态都是各国历史之一部分。但是民治政体也有几种到处相同的状态，因为在民治政体之下最高的权力总在于投票的民众。”② 相对于专制政体，民治政体的跨越性意义在于根本权力的转移。当然也要看到，根本权力转移的表现方式在不同的国家不同的时代表现方式不同，实现程度不同。民国时期的中国开始了从专制到民治的转型，但是很难说完全实现了这种转型。尽管如此，民治转型在国家政治生活的各个方面都有所变现。具体到民国时期的山西村治，如果我们不从民治实现的完全性上做苛刻的审视，而是从民治实现的程度上做客观的评判，就不会局限于宏观而空洞的结论，而能够走入历史挖掘民治转型的过程、遇到的问题以及处理方式。

一、传统中的“民本”与“民治”

按照“内发式近代”的逻辑理路，民国山西村治在民治层面的推进受到传统政治文化的深刻影响，传统政治文化的核心理念在村治制度设计和实践中以变换了的结构形式继续存在。其中与民治思想最相关的即为中国传统的民本思想。“因为中国关于民的传统中，最有积极意义并能被认同的是民本。……就民本而言，它是属于抽象的精神层面的东西，而往往表现为一种思想立场；……民本主要是一种价值的表述。”③ 金耀基先生认为：吾国因有

---

① 吕振羽：“北方自治考察记”，载《村治月刊》1929 年第 1 卷第 1 期。

② ［英］詹姆斯·布赖斯：《现代民治政体（上）》，张慰慈等译，吉林人民出版社 2011 年版，第 2 页。

③ 汪太贤：《从治民到民治——清末地方自治思潮的萌生与变迁》，法律出版社 2009 年版，第 417 页。

民本思想之澈上澈下，第一期与神权政治交融，……第二期与君权政治结合，……第三期与民权政治汇流。[①] 民本思想中蕴含的人民为国家主体，国事以民意为依归以及人人皆有人格尊严和生存权利的核心内涵，与现代民治思想对个人的尊重和信任暗自相通。由此可见，传统的民本思想并未因时代格局变迁而趋于消解，反而是成为构建民治理想的基石。综观清末民国地方自治体制的运行状态，可以发现其中一条较为清晰的脉络，那就是从民本思想中汲取养分在新型民族国家构建之下向民治转变。

虽然民本思想作为一种价值预设对中国政治秩序起到约束作用，但是从民本跨越到民治仍非易事。晚清时期的地方自治主张往往以民权为诉求，这种民权诉求更大程度上诉诸中国传统的民本思想。至民国以降对民主的鼓乎和追求大彰其道。在欧洲的经验中，国家政权建设不是国家自己单方面受益的权力扩张过程，这个过程需要以公民—国家关系型构为依托。一方面，国家树立其不同于地方分割权力的公共权威，从当公民基本权利的界定和保护者；另一方面，“这种趋势与公民社会的生长和公共领域的出现是同时发生的”。[②] 需要特别注意的是，近代欧洲的国家政权建设过程是以君主权力联合普通民众共同反对残暴、专断的地方权威力量，在此过程中人们减弱对地方权威的依赖和归属感，从而与国家直接建立联系。然而，民国时期中国的国家政权建设虽然也表现为国家权力向基层深入的趋势，但并非表现出对地方权威的整体破坏。以“山西村治”为例，反而表现为国家权力对地方权威的依赖加强，通过扶植村民自治加强以村为基本单位的地方体团，以官力推动增加村内公共事务和公共生活的空间。公民—国家关系型构与村民—乡村关系型构呈现正相关联系，公民身份与村民身份的加强呈现共时性关系。换而言之，民本思想中的民依然是一种在明君贤相格局之下没有开启个性自觉的存在，而民治思想对民的基本要求则是人格的独立和个性的解放。显然这一个性自觉需要通过外力和制度进行推动。

---

① 金耀基：《中国民本思想史》，法律出版社 2008 年版，第 196 页。

② P. Duara：“中国近代史上的国家与公民社会”，见汪熙、魏斐德主编：《中国现代化问题：一个多方位的历史探索》，复旦大学出版社 1994 年版，第 363 页。

二、山西村治中的民治因素

民国山西村治在当时的地方自治实践中之所以能够成为模范性实践，其原因不仅在于影响地域的广阔和赓续时间的绵长，更深层次的原因在于山西村治对于我国民治转型的探索和启发。具体而言主要在于两个方面。

其一，在思想层面，“山西村治”希冀完成的是传统文化的现代性改造，以此推动民治化进程。这种保留传统文化并使之与现代民治思想调适的理论进路，并非山西村治的创新之举，但确为其精神内核。一方面，顺着儒家思想自身的发展完成接近于西方民主自治的制度建构；另一方面，使西方的民主自治接上儒家的基本精神，正如徐复观所说，接上了头，才算得到精神上的保障，安稳了它自身的基础。① 当代学者姚中秋先生把这一思想文化的承接称之为保守—宪政主义思想，并将之视为现代中国历史之正宗。他认为保守—宪政主义所规划的建国方案和立国之道，最为符合现代中国建构现代国家的内在要求。他讲道：“现代中国与前现代的中国之间并不存在根本性的断裂。现代中国人并不是被动地对外部反应作出未经反思的反应，相反，中国现代史乃是秉承了传统的中国人主动地构建现代国家的过程，这样的蓝图可能部分地源自西方的知识，但其动力从根本上源自中国内部。”②

保育教养的政治伦理是山西村治用众之策的前提。山西村治推行过程中尤其注重官吏精神的鼓舞，认为山西村治的精神即为“父母其心、公仆其身”。也就是说，村政事项如禁烟禁赌、剪发天足、提倡实业等事项无一不是爱民之政，官员要以爱民之心办理所有村治事项，“存悲悯之心，行拯救之事”。勤奋辛劳则是爱民，懈怠宽纵则是误民。村治各项事务的推行有赖于动员基层的村长副、闾邻长，也有赖于动员所有民众，但是从政治理念而言所谓用众并非单纯利用、使用之意。“为政要合乎人情，……不需村闾邻长时即可不必召集，即需村长副时，亦不可令其等候多时，因官吏不用心致

① 徐复观：《学术与政治之间（乙集）》，第117页。转引自金耀基：《中国民本思想史》，法律出版社2008年版，第198－199页。

② 姚中秋：《儒家宪政主义》，中国政法大学出版社2013年版，第239页。

白耗民时而招民怨，为行政之大障碍，求速反迟，求成反败……欲令下如流水，当实心爱人，处处从人情上体贴做去。”[①] 共和国民自治之正轨，在能以群众所持之公谊，使坏人知畏而不敢犯。不仅使受金钱上之痛苦，即能制人之恶性也。况村人相对，情重于法，情之所不敢办者，纵订有重法，亦难实行。[②] 只有将包括“山西村治”在内的近代地方自治实践放置于特定的时空下，我们才能真正理解近代中国宪政发展面临的前提性条件。传统文化、风土民情以及族群分布等因素都对其变迁产生影响。我们不能简单地将这些影响认为是制约，认为是阻碍现代民族国家进程的消极力量。相反，脱离国情民性的改革则会失去普遍的社会认同。进一步而言，以西方宪政学理做基点判断近代中国地方自治实践也具有相当的学术风险。

其二，在权力分摊层面，山西村治寻找解决国家政权建设与地方社会分权的平衡点，这个问题也是古老中国步入现代国家的历程中反复出现的根本性问题。孔飞力把这些根本性问题命名为“建制问题”（constitutional question），若是从英文直译则为“宪政问题”。他预想：“也许，关于政治参与、公共利益和地方社会的老看法，随着时间的推移，会以较少受到中央集权国家影响的方式而重新得到界定”“可以肯定的是，中国建制议程的界定所根据的条件将不是我们的条件，而是中国自己的条件。”[③]

民国初年的中国曾满怀诚意地效仿西方代议制度，然而却遭遇挫败。究其原因，议会政治的权威基础并未在当时的国人心中建立起来。分析了当时中国普遍推行代议制的实际困难，阎锡山认为“施行民治主义之政治，当然是要政治与人民为一体；既要政治与人民一体，要使人民加入政治……若施行民治主义之国家，若不使人民加入，即不能成为民治。……我国则人民程度甚低，而政治之阶级则甚高，强为提挈，绝难适合，是人民加入政治之说，

① “电令各县知事、委员及区长、掾属等下乡时处处从人情上体贴做去文见（1923年6月8日）”，见山西省村政处：《山西村政汇编》卷2（令文），1928年版，第159页。

② “指令盂县失学儿童应奖劝兼施以期乐从无怨文（1926年2月24日）”，见山西省村政处：《山西村政汇编》卷2（令文），1928年版，第183页。

③ ［美］孔飞力：《中国现代国家的起源》，陈兼等译，三联书店2013年版，第122页。

虽是施行民治主义之正当轨道，我国欲行之，却极困难。”[①] 1922年阎锡山对省议会第三届第一期临时会议讲演中说：山西政治之设施，如为实行民治主义，但须有施政之活体组织，故以编村为民治单位。欲使民治主义圆满实现，一须官厅将政治往下放，一须人民程度往高提；……近令各村设立“息讼会”，即以是非之权，付之人民。“县议会”是否成立？余以得失利弊如何为虑，因恐为劣绅把持，弊害丛生，遂于“自治筹备处”讨论，先研究如何使人民了解自治的真义，次第进行。[②] 由此可见，注重村治并非对代议制民主的否定，而是从现实的国情民性基础出发，由下放治权和直接民权训练达致民治圆满的次第之道。刘灵华曾对山西村治的动员力量作出总结，认为“以民治民，具有二义，一则使人各以自己之良心管束自己之身体，二则使社会多数之好人，管束少数之坏人，社会爱群之心因此发达，社会制裁之力反较法律威权而更严”。[③] 他认为自己的用民政治“始于六政三事，终于村本政治”。所谓“将政治放在民间”“什么是民间呢？省不是民间，县也不是民间，实在是村是民间。所以省县，无论什么机关，不是官治就是绅治，总不是民治。换句话说，就是欲民治主义，非实行村政治不可。”[④] “我们实行的‘民治’，就是‘民主主义的村本政治’，须要合乎民情，亦要适合村情”。[⑤] 正基于此，费正清在《剑桥中华民国史》中认为，山西村治是“山西省政府坚决把官府权力向下推行到村级所做的努力”。[⑥]

在20世纪20年代国家政权建设的背景之下，这种治权下放首先以行政力量的推动为前提。国家政权建设中国家权力的集中化和扩张化实质上反映

---

① “1920年9月3日对视察员讲话”，见阎伯川先生纪念会编：《民国阎伯川先生锡山年谱长编初稿（第1册）》，商务印书馆1988年版，第376页。

② 同上书，第449页。

③ 刘灵华：《山西政治述要》，山西省图书馆藏1922年版，第39页。

④ 山西村政处：《治晋政务全书初编》第4册（自治），山西省图书馆藏1928年版，第23－24页。

⑤ “1922年11月14日在督军公署怀生堂对候补人员讲‘村情政治’”，见阎伯川先生纪念会编：《民国阎伯川先生锡山年谱长编初稿（第2册）》，商务印书馆1988年版，第500页。

⑥ ［美］费正清等编：《剑桥中华民国史（下卷）》，刘敬坤等译，中国社会科学出版社1993年版，第390页。

了国家—政府组织角色的变化。现代国家的基本任务在于生产服务社会的公共产品，因此经济发展、民生实业、义务教育、公共安全等服务性功能都需要承担起来。民国山西村治得以推进的前提正是基于当时政府职能的现代化转型。据此，政府的权威就从通过职能承担的完成而得以确立。与此相反，如果行政系统不能满足社会的需求，而将社会逼迫到经济崩溃、秩序丧失的边缘，那么失去支持的政府也将寿终正寝。所以说，对于山西村治的背景不仅要看到国家权力扩张的一面，还要观察到国家权力扩张背后的利益动因以及公共权威与公民关系的变化。村治的权威从根本上讲来自对编村公共利益和公共秩序的保障。在民国初年军阀混战的动荡局势之下，山西农村能够得以保持基本的稳定，一定程度上能够有序征发农村资源。如此一来，村民与国家的关系摆脱单纯的依附形态，而逐步发展出在新的治理原则之下的保障形态。

相应地，负担一定行政职能的编村组织需要来自政权力量的权威保障。第一重保障体现在对于村治职员训练的系统安排。《村长副须知》以及《修正村长须知》集中体现了对村长副的训练。这本手册首先为简短的叙言，阐明村政意义，村长副对于村政施行责任重大，并提倡各县掾属、区长、绅学各界共同宣传讲解本书。正文分为五个部分：第一部分，村长副应有之德性；第二部分，村长副之责任；第三部分，村长副与县知事、区长及闾邻长之关系；第四部分，模范之村长副人格上之注意；第五部分，摘录部分重要告谕。对村长副提出的首要要求在于“德性”，具体分为三点：第一，公道；第二，热心；第三，毅力。

1928 年 9 月，山西省政府发布《村长副训练会简章》，规定在每区区公所所在地设立一处村长副训练会，每年村长副改选完竣一个月内由知事督率各区区长负责办理。训练人员由本区区长及县派掾属充任，村政实察员在县时亦应帮助训练。除连任村长副中通晓义娴熟村政者可以免受训练外，凡经选定之村长副均应受该会训练。训练内容以三民主义、村长副须知和续颁村政法令为主。1928 年第六次村政会议记录显示，当时已编有训练村长副专书，并拟由区长召集所属各村长副，到区传习，训练以七日为期；在此期内，并将“村村无讼、家家有余”“清理村财政”“村长副交代各事项”附带说明。经由这样的训练程序，传统乡村中乡绅依靠自身学识和服务公益而获得权威的方式让位于由行政系统赋予权威的方式。自治合法性来源不仅依赖村民选举的下层路线，而更多依赖行政系统主动将其纳入准行政化体系。

第二重保障体现在村治人员的特殊待遇。1918 年山西省署曾发文《指令怀仁县电报撤换不称职村长并布告乡约等均受村长直接指挥文》，明确要求县知事饬令各村村长随时检举遇事把持的乡约会首。为维持村长副权威，山西省署于 1918 年、1922 年及 1924 年颁布《维持村长副职务办法》，规定：（1）村长副在职任内处理事件，不论是否起诉，均有以文书陈述情形之责任；（2）村长副处理事件，既经以文书陈述情形，各级审检衙门，非认为村长副有犯罪重大嫌疑，不得传提，以重公权而免牵累。并在行其职权范围内，对于窃盗、赌博现行犯之逮捕，或其他出于防卫行为，并不过当者，不得以犯罪论。按此要求各级审检部门审理案件时首先审查是否涉及村长副，无重大犯罪嫌疑时不得提传，仅以文书陈述即可。对于村长副公职防卫行为不以犯罪论处。1922 年 2 月 4 日，山西省署公布《村葬条例》规定，因公被害身死的村长副，或在职时因公积怨卸事后被戕害的村长副，由县知事呈请省署核准举行村葬。村葬费用 120 元由省地方款支出。村葬基侧由官厅建立碑记以为表彰，建碑费用由县地方款支出。村葬主持事务由区长派一名助理员协同本村村长副及死者遗族处理。举行村葬时由县知事派员率同本村村长副、闾长及本村人民致祭，并派警士护丧送殡。为保护村长副执行公职，在遇到控诉时首先由县知事审查处分行政范围事务，如非行政事项发现犯罪行为则免去职务交由法厅依法处理。

三、山西村治对民治的推动

民国山西村治中治权下放的制度性安排一定程度上反映了从专制政治文化向民主政治文化的转变。对于已经在专制政治文化下熏染千年的社会，这种转变并非易事。只有在精神层面实现文化的变迁才可能对制度转型提供长久的心理支持。“当一种政治文化的相关基本信息，未经过有效的社会化过程，升华为人生或日常生活的基本信念之前，其形貌性的制度，是很难产生其预期的功效的。”[①] 用民政治的要求正是把政治放在民间，改变人民与政府之间的消极状态。阎锡山认为现存政治“严重脱离人民实际，是模仿性的产物，不是创造性的产物，是知识界的产物，不是人民需要的产物，故事事离开人民，政治自政治，人民自人民，毫无实际”。[②] 概言之，在“用民政治”思想的指导下，发展自治具有相当重要的理论意义和工具价值。地方自治制度与发展教育实业、改组县公署、整顿内务财政司法军政等并列为实施“用民政治”的重要措施。山东省议会议员张逢源、李庆施、孙维藩合著的《山西地方行政调查录》一书评论道：“山西政况，论其迹象，正在人治官治时期，然观其行政与议会之关连，与夫开明之条教，已植立法庄严之基，并布国民自治之种……数年后生聚教训，由保育之政策，灌输民治之精神，变鲁至道，可断言也。”[③] 民国山西村治相较于我国传统地方自治和同时期其他地方开展的自治实践而言，在推动民治文化传播、发动各界人士参与村治方面具有显著特色。当然，所谓的政治文化的社会化肯定不限于村治知识的广泛传播，甚至说宣传与传播仅是社会化的最表层，同时也不能够过于高估官方宣传和传播的效用。但是，至少从注重村治文化向社会的传播而言，从注重精神层面推动村治实施而言，山西村治为当时以及以后的类似实践提供了颇有价值的提示。

与村治实现路径相伴生，这种民治文化的社会化过程主要由官方推动。首先，受到儒家文化的影响，村治的传播突出了人格化传播的途径。《新民报》记者赵构超称之为家长政治，是以“人”为中心的组织，在权威人物推动下的地方自治实践。更有甚者认为，所有的组织都是以阎锡山的人格为中心的自治，所有的工作，都是以阎锡山的理想为骨干的工作。[④] 刘灵华在山西游历二年，通过亲身观察认为山西“政治化之原动力在行政首领”：“海内以来，论改革者，莫不汲汲于译章程、制规约，然数十年新订之章程山积，求其成绩有几何矣？昔孟德斯鸠论政，有形体与精神。盖但具章程之形体，

① 荆知仁：《中国立宪史》，联经出版事业公司 1984 年版，卷首语第 3 页。
② 李江编：《阎伯川先生政治思想之体系》，民族革命出版社 1939 年版，第 26－27 页。
③ 山西日报：“山西用民政治述略”，载《新中国》1919 年第 1 卷第 7 期。
④ 现代化编译社编：《阎伯川先生与山西政治的客观记述》，1946 年版，第 207 页。

而无运用之精神。真所谓偶像式政治耳。假抄译章程可以为政，则任取何国之善政法，夕译之而朝颁布之，可以尽其能事矣。山西政治非无章程，然所以能收章程之效，由行政者之精神，超乎章程之外，入乎章程之中故耳。述山西政治成绩及章程以前，先述其行政首领制精神，此亦研究山西政治者应先知也。”① 当然，将山西村治的所有成绩归功于政治人物肯定是有失偏颇，但是地方当政者的思想和态度确实起到了极为关键的作用。

其次，为使一般村民都能够了解村政的目的和事项，村治的传播采取的办法大致有三种。第一，利用各种类型的集会演讲宣传村治，“集合城内官绅商学、男妇老幼以及各村村长、小学教员，讲演游行……各知事入手整理，亦多仿此而行”。集会形式有音乐会、武术会、老农会、同乐会、京外人士同乡会等。第二，动员各界协助。1922 年山西省署颁布《改进村制办法》，提出四项措施：整理村范、村禁约、息讼会和保卫团。之后即饬令各县高小学校、商业传习所在平常授课内容之外加授改进办法，使学生彻底了解。各县绅商学界均成立促进会，名目不一，分担讲演、劝进的工作。办理村政系“用众办法，讲演又为第一要着，而担任讲演，又非少数官吏所可遍及”。在官方倡导下榆次县成立整理村范商界协进会，阳曲县成立学界整理村范协进会，平定县组织在乡军人协助整理村范，河曲县等十县组织学生讲演团。全省国民小学在校生二万余人，寒暑假归村即集众分讲，以达到家喻户晓。1919 年 1 月 7 日，制定《学生寒假回籍讲演办法》，要求学生放假回乡演讲《人民须知》。1922 年 9 月 22 日，山西省署训令各县转饬所属高小学校、商业传习所加授《改进村制办法》，并发给学生村政印刷品。第三，印刷刊物以及张贴宣传材料。当时山西省署印刷村政刊物数十万册，分散各村。办有村政刊物、周报，印发《人民须知》《村长副须知》广为散布。阎锡山仿照公民读本体例，手著《人民须知》。同年 8 月 17 日编发《人民须知》，公布《人民阅读人民须知条例》。1918 年 5 月 1 日，山西省署议编《村长副须知》及《人民须知》。当年 9 月 29 日，省署下令各实察员监察散放《人民须知》

① 刘灵华：《山西政治述要》，山西省图书馆藏 1921 年版，第 2 页。

《村长副须知》等书，《人民须知》一书陆续印刷 270 万本①，派军用骡车分送各县。凡识字人民一律发给，限期强迫诵读。兼令为不识字者讲解，并令省垣各戏院演出时插讲《人民须知》半小时。阎锡山又亲定民德四要、立身要言六则、训言三十四则、告谕人民八条，劝令各报馆商店在其印刷物上传播。令各县于通衢大道及村长人民荟萃之地张贴，以为开通民智之帮助。

宣讲员、区长、模范示教以及国民学校教职员、村长副等都负有讲演《人民须知》的职责。宣讲内容从国民、国家、社会的关系阐释举办自治的意义、利益以及主要任务。1919 年 3 月 17 日，省署颁给省垣街长副、闾长《自治浅说》，令为人民讲解。书目共十三篇：（1）何为国民；（2）何故要爱国；（3）社会幸福与家庭幸福，其为益于人者孰多；（4）求社会幸福与家庭幸福之负担比较；（5）公共心多少与社会幸福之关系；（6）国家不治，人民当分责否；（7）国家何故要举办自治；（8）自治之利益；（9）自治之程度；（10）城镇自治之要务；（11）乡村自治之要务；（12）自治当局者必要之觉悟；（13）自治完善之结果。尽管现有资料无法直接佐证这些向村民分发的自治宣传材料对于启发民智、巩固民德、提倡自治的定量作用。但是，从这些内容梗概可以看到民国时期山西的“村本政治”在宣传自治知识、传播权利观念、培养自治能力方面所作的种种努力。

---

① 山西政书编辑处：《山西现行政治纲要》，大国民印刷厂 1921 年版，第 252 页。

结语：山西村治的现代启示

民国山西村治的发生、发展具有独特的历史机缘。一方面，受到当时山西地方当政者治理思想的深刻影响，可以说，政治力量的强力推进构成山西村治的必要条件；另一方面，从历史潮流来看，清末以降全国性地方自治体制的建立以及20世纪二三十年代以村治为民族自救途径的思想运动，构成了山西村治得以勃兴的根本动力，可以说，山西村治的持久赓续及广泛传播是特定历史环境的产物，但其中蕴含的乡村治理课题并未终结。

在当下的社会情境中，乡村治理依然是国家治理的重要内容。观照现实回望民国则可以从中探寻裨益当代的些许微光。首先，就组织而言，村治活动涵养了编村共同体，相应地编村共同体稳定的结构为村治开展提供条件。在当时仍以农业为主要生活方式的背景下，村民经由编村组织而得以开展生产、兴利除弊、训练民权。编村组织不仅是村民生活、生产的共同体，而且是民族国家最基本的政治共同体和法律共同体，同时还兼具伦理共同体的功能。较为稳定的人口、熟人社会的交际结构构成了村治事项得以展开的基础。但是也要注意到，在当时已经呈现出“去农村中心化”的倾向，人口中的精英人士向城市流动的趋势已开始出现，以至于梁漱溟先生感慨城市对农村精英的剥夺导致村治人员选举的困难。近百年后的今日，城乡二元结构中城市在经济发展和社会功能方面的比重愈加增大，伴随城镇化建设和农民外出务工潮流，城市对农村人力资源的吸引源源不断，农村的空心化问题愈加突出。如此一来导致的后果就不仅是村治人才选举的困难，更严重的在于农村自治组织功能难以发挥。以构建政治功能为中心的法规体系保障了农村自治的组织框架，然而作为基本政治单位存在的农村共同体，难以调动现有的资源去回应农村本身发展需要的现实问题，难以提供村民生活、生产、慈善、济贫等方面亟须的公共服务。因此，如何涵养当代的农村成为农村治理的首要问题。

其次，就个体而言，村治活动为个体行为提供了精神资源的导引，相应地也规制了损害整体秩序的不良行为。换言之，山西村治的治理思路借鉴了传统文化修身治平的逻辑，对涵摄其中的每一个个体以及家庭提出相应的道德要求。村治中的道德要求对于西方个人主义的价值观有选择、有限度地吸纳、转化。在此暂且不论这种文化的融合取得何种程度的效果，至少为后世启示了乡村治理的文化路径。在建立现代个体人格的基础上对传统文化进行创造性转换，这本身即构成现代化中国的重要课题。此外，乡村中个体的行为还受到广泛存在的乡规民约的约束。这些非正式的习惯弥补了国家正式法规的不足，能够因地制宜的体现不同人群对一般事务的评判态度和处理方式。村治的功能因此得以丰富而富有活力，能够与普通村民的日常生活发生紧密联系。而反观当下，乡村治理的法律规制固然重要，但是在法律无暇触及的范围内，村治功能的发挥则显得力不从心。恢复保持乡村固有的善良风俗并使其真正发挥行为规范作用，确为当下必须正视的问题。

回望过去是为了寄怀远方，民国山西村治在时空意义的存在已经消逝，然而其中蕴含的历史课题跨越时空历久绵长。

参考文献

一、史料

[1] 明夷. 公民自治篇 [N]. 新民丛报, 1902 (5~7).

[2] 攻法子. 敬告我乡人 [J]. 浙江潮 (东京), 1903 (2).

[3] 论地方自治为预备立宪之根本 [J]. 东方杂志, 1907 (1).

[4] 南海杜之杕. 论官治与自治之界限 [J]. 广东地方自治研究录, 1909 (12).

[5] 直隶定县翟城村试办模范村组织大纲及各种规约章程 [J]. 福建省教育行政月刊, 1916 (9).

[6] 沧江. 城镇乡自治章程质疑 [J]. 国风报, 1910 (5).

[7] 人民须知 [M]. 山西省六政考核处, 1918.

[8] 山西日报社. 山西用民政治述略 [J]. 来复, 1919 (69, 70, 72).

[9] 陈鹤. 评山西用民政治 [J]. 新中国, 1919 (8).

[10] 天华. 浙江自治之内幕 [J]. 上海潮, 1921 (2).

[11] 山西政书编辑处. 山西现行政治纲要 [M]. 大国民印刷厂, 1921.

[12] 陈希周. 山西调查记 [M]. 上海: 共和书局, 1923.

[13] 郭葆琳. 山西地方制度调查书 [M]. 山东公立农业专门学校农业调查会刊行, 1925.

[14] 周成. 山西地方自治纲要 [M]. 上海: 泰东图书局, 1925.

[15] 新村制 [M]. 上海: 有益书局, 1927.

[16] 山西省村政处. 山西村政汇编 [M]. 1928.

[17] 陈皋民. 训政时期县政区政村政计划书 [M]. 1928.

[18] 阎总司令在第五次村政会议之训话 [G]. 山西省政府公报, 1928 (1).

[19] 山西省村政处. 山西村政旬刊 [J]. 1928~1931 (1~4).

［20］冯国桢．村政常识［M］．上海：卿云图书公司，1929.
［21］刑振基．山西村政纲要［M］．太原：山西村政处村政旬刊社，1929.
［22］吴城湖．地方自治村制法规［M］．“中央”村制研究社出版部，1929.
［23］吕振羽．北方自治考察记［J］．村治月刊，1929（1）.
［24］夏含华．村治运动中之村教问题［J］．星期评论，1929（48～49）.
［25］姜忠奎．管子村治考［J］．村治月刊，1929（2～7）.
［26］王惺吾．民运与村治［J］．村治月刊，1929（2）.
［27］茹春浦．进一步的认识村治制度［J］．村治月刊，1929（3）.
［28］若愚．村治与民众运动有什么关系［J］．村治月刊，1929（8）.
［29］李子固．村治实施大纲［J］．冀南新声，1929（4）.
［30］杨开道．梁漱溟先生村治七难解［J］．农业周报，1929（1～3，6，9～11）.
［31］杨开道．中国农村自治的现状［J］．农学杂志：特刊第3种，1929（1）.
［32］颜兰亭．参观山西及翟城两处村治之感想［J］．村治月刊，1929（9）.
［33］尹仲材．十八年各地村治工作访问录［J］．村治月刊，1929（10）.
［34］段掞庭．建设村本政治与村治前途的障碍［J］．村治月刊，1929（4）.
［35］陈光宇．关于村政几个问题的讨论［J］．新民半月刊，1929（3）.
［36］定县平教村治参观记［J］．国闻周报，1930（4）.
［37］陈祜生．论施行村治之必要［J］．道路月刊，1930（1）.
［38］李樸生．村治运动的正路［J］．村治，1930（6）.
［39］杨开道．中国古代的农村自治［J］．农业周报，1930（23～26）.
［40］杨开道．中国村治问题的分析［J］．社会问题，1930（213）.
［41］梦涛．村治之研究及其出路［J］．村治月刊，1930（12）.
［42］王惺吾．村治之危机与生机［J］．村治月刊，1930（12）.
［43］山西省村政处印．山西村政续编：第二集［M］．1930.
［44］王鸿一．建设村本政治［J］．山西村政旬刊，1931（1）.
［45］黄云高．地方自治与官治之利弊［J］．民治旬刊，1931（9）.
［46］自治材料：筹措村治的经费方法、实施村治的首要问题［J］．民治旬刊，1931（9）.
［47］米迪刚．三十年来之村治经验谈［J］．乡村建设旬刊，1931（1）.

[48] 王一新．民众教育与村治［J］．河北省民众教育人员养成所工作报告，1931（2）．
[49] 严慎修．村治与乡治之研究［J］．村治，1931（3）．
[50] 王惺吾．民运的村治、村治的民运［J］．民治旬刊，1931（8）．
[51] 杨天竞．乡村自治［M］．北平：大东书局，1931．
[52] 常尚武．村本政治前途建设之障碍与扫除障碍之方法概论［J］．山西大学法学院政治学习学艺季刊，1932（创刊号）．
[53] 村治月刊社．村治之理论与实施［M］．北平：村治月刊社，1932．
[54] 山西省政设计委员会．山西省政十年建设计划草案（政治之部），1932．
[55] 群治部自治试验村事务所概况［A］//国立北平研究院院务汇报，1932（5）．
[56] 山西省政十年建设计划案，1933．
[57] 林众可．地方自治的精神［M］．上海：华通书局，1933．
[58] 梁漱溟．建设与崩溃［J］．乡村建设旬刊，1933（6）．
[59] 梁漱溟．我们的乡村运动——在中央大学农学院［J］．时代公论（南京），1933（53～54）．
[60] 李复天．河边村二年来之造产与自治［J］．新农村，1933（6）．
[61] 四川北碚之模范村：研究村治者可作参考［J］．云南民众教育，1933（3）．
[62] Karl Bosder. 关于村治的一种介绍［J］．新路，1933（21）．
[63] 李宗黄．农村自治实验记［M］．上海：民智书局，1934．
[64] 廉清．自治与官治之我见［J］．西三纵队月刊，1934（2）．
[65] 田德一．一个农村组织之研究：家族及村治［J］．1934（8）．
[66] 梁漱溟．村学乡学释义［J］．乡村建设，1934（25～26）．
[67] 宋玉风．办理地方自治之过去与将来［J］．苏声月刊，1934（5）．
[68] 彭禅心．村治问题［J］．扫荡，1934（34）．
[69] 杨及玄．怎样发挥用民政治的力量［J］．四川县训，1935（8）．
[70] 冷隽．地方自治述要［M］．南京：正中书局，1935．
[71] 我国地方自治制度之演进［J］．地方自治（南京），1936（1～2）．
[72] 风．梁仲华先生演讲山东村治［J］．清华副刊，1936（2）．
[73] 晋阳日报卅周年纪念特集：三十年来之山西［N］．1936．

[74] 山西省村政处. 清理村财政报告（1933~1935）[R]. 1936.
[75] 张汇文. 地方自治的基础 [J]. 广播周报, 1936（136）.
[76] 悲笳. 动乱前夕的山西政治和农村 [J]. 中国农村, 1936（6）.
[77] 霁南. 如何增进村治的效率 [J]. 长城, 1937（3）.
[78] 梁漱溟. 我们的两大难处 [J]. 乡村建设, 1937（14）.
[79] 扬言. 改革村治与当前农村工作 [J]. 浙江潮（金华）, 1938（7）.
[80] 熊庭树. 一个村治的工作报告 [J]. 地方政治, 1940（3）.
[81] 王惜蝠. 地方自治实施标准 [J]. 基层建设, 1942（7）.
[82] 王怀明. 山西省参议会第一次大会实录 [M]. 山西省图书馆藏, 1946－1948.
[83] 郑拔驾. 办理地方自治缺乏成效的原因和补救的方策 [J]. 新福建, 1946（6）.
[84] 阎伯川先生与山西政治的客观记述 [M]. 南京: 现代化编译社, 1946.
[85] 苏珊. 从官治绅治痛论地方自治 [J]. 清议, 1948（7）.
[86] 沙沱, 郭嘉. 山西进步的方向 [M]. 北平: 正中通讯社, 1948.
[87] 何勤华, 李秀清. 民国法学论文精粹: 第2卷（宪政法律篇）[M]. 北京: 法律出版社, 2002.
[88] 阎锡山. 阎锡山日记全编 [M]. 太原: 三晋出版社, 2012.
[89] 阎锡山. 阎锡山回忆录 [M]. 太原: 三晋出版社, 2012.

二、专著

[90] 马小泉. 国家与社会: 清末地方自治与宪政改革 [M]. 开封: 河南大学出版社, 2001.
[91] 郑大华. 民国思想史论 [M]. 北京: 社会科学文献出版社, 2006.
[92] 王建学. 近代中国地方自治法重述 [M]. 北京: 法律出版社, 2011.
[93] 梁漱溟. 中国文化要义 [M]. 芜湖: 安徽师范大学出版社, 2014.
[94] 黄宗智. 中国乡村研究: 第一辑 [M]. 北京: 商务印书馆, 2004.
[95] 汪太贤. 从治民到民治: 清末地方自治思潮的萌生与变迁 [M]. 北京: 法律出版社, 2009.
[96] 李泽厚. 中国现代思想史论 [M]. 北京: 三联书店, 2008.

［97］金耀基．中国民本思想史［M］．北京：法律出版社，2008.
［98］中国社会科学院近代史研究所，四川师范大学历史文化学院．1930年代的中国［M］．北京：社会科学文献出版社，2006.
［99］吕亚力．政治学方法论［M］．台北：三民书局，1985.
［100］徐勇．中国农村研究：2002年卷［M］．北京：中国社会科学出版社，2003.
［101］曾绍东．南京国民政府地方自治研究：以后苏区时代的赣南为中心（1939－1949）［M］．北京：中国社会科学出版社，2012.
［102］梁漱溟．乡村建设理论［M］．上海：世纪出版集团，2006.
［103］杨妍．地域主义与国家认同：民国初年省籍意识的政治文化分析［M］．天津：人民出版社，2007.
［104］徐秀丽．中国近代乡村自治法规选编［M］．北京：中华书局，2004.
［105］徐秀丽．中国农村治理的历史与现状：以定县、邹平和江宁为例［M］．北京：社会科学文献出版社，2004.
［106］陈旭麓．近代中国社会的新陈代谢［M］．上海：人民出版社，1992.
［107］魏光奇．官治与自治：20世纪上半期的中国县制［M］．北京：商务印书馆，2004.
［108］胡春惠．民初的地方主义与联省自治［M］．北京：中国社会科学出版社，2001.
［109］王景新．民国乡村建设思想研究［M］．北京：中国社会科学出版社，2013.
［110］金观涛，刘青峰．开放中的变迁：再论中国社会超稳定结构［M］．北京：法律出版社，2011.
［111］张晋藩．中国法律的传统与近代转型［M］．北京：法律出版社，2009.
［112］王科．控制与发展：南京国民政府建立初期的乡村治理变革：以江宁自治实验县为中心（1933－1937）［M］．北京：中国社会科学出版社，2010.
［113］吴星云．乡村建设思潮与民国社会改造［M］．天津：南开大学出版社，2013.
［114］田芳．地方制度法律制度研究［M］．北京：法律出版社，2008.

[115] 章永乐．旧邦新造（1911－1917）[M]．北京：北京大学出版社，2011.
[116] 汪熙，魏斐德．中国现代化问题——一个多方位的历史探索 [M]．上海：复旦大学出版社，1994.
[117] 郭冬梅．日本近代地方自治制度的形成 [M]．北京：商务印书馆，2008.
[118] 许良英，王来棣．民主的历史 [M]．北京：商务印书馆，2015.
[119] 梁启超．中国历史研究法 [M]．北京：中华书局，2009.
[120] 郑永年．中国的“行为联邦制”：中央—地方关系的变革与动力 [M]．北京:东方出版社，2013.
[121] 王人博．宪政的中国之道 [M]．济南：山东人民出版社，2003.
[122] 王人博．中国近代宪政史上的关键词 [M]．北京：法律出版社，2009.
[123] 瞿同祖．中国法律与中国社会 [M]．北京：商务印刷馆，2010.
[124] 张朋园．立宪派与辛亥革命 [M]．上海：三联书店，2013.
[125] 张朋园．梁启超与民国政治 [M]．上海：三联书店，2013.
[126] 金观涛，刘青峰．兴盛与危机：论中国社会超稳定结构 [M]．北京：法律出版社，2011.
[127] 郭廷以．近代中国的变局 [M]．北京：九州出版社，2012.
[128] 程燎原．中国法治政体问题初探 [M]．重庆：重庆大学出版社，2012.
[129] 钱穆．中国历代政治得失 [M]．北京：三联书店，2005.
[130] 蒋廷黻．中国近代史 [M]．武汉：武汉出版社，2012.
[131] 孟森．地方自治前述 [M]．北京：商务印书馆，2014.
[132] 丁德昌．民初湖南省宪自治研究 [M]．上海：人民出版社，2011.
[133] 钱穆．从中国历史来看中国民族性及中国文化 [M]．北京：九州出版社，2011.
[134] 鲍明钤．中国民治论 [M]．北京：商务印书馆，2010.
[135] 郑大华．中国近代史上的激进与保守 [M]．北京：社会科学文献出版社，2011.
[136] 钱穆．中国历史研究法 [M]．北京：三联书店，2005.
[137] 李剑农．中国近百年政治史 [M]．北京：商务印书馆，2013.
[138] 王建学．作为基本权利的地方自治 [M]．厦门：厦门大学出版社，2010.

［139］［英］安东尼·吉登斯．民族—国家与暴力［M］．胡宗泽，赵力涛，译．北京：三联书店，1998.
［140］［美］费正清，赖肖尔．中国：传统与变革［M］．陈仲丹，等，译．南京：江苏人民出版社，2014.
［141］［美］孔飞力．中国现代国家的起源［M］．陈兼，陈之宏，译．北京：三联书店，2015.
［142］［美］特伦斯·鲍尔，等．政治创新与概念变革［M］．朱进东，译．南京：译林出版社，2013.
［143］［美］罗伯特·H. 威布．自治：美国民主的文化史［M］．李振广，译．北京：商务印书馆，2007.
［144］［美］罗伯特·A. 达尔．民主及其批评者［M］．曹海军，等，译，长春：吉林人民出版社，2006.
［145］［美］张信．二十世纪初期中国社会之演变：国家与河南地方精英（1900－1937）［M］．岳谦厚，等，译．北京：中华书局，2004.
［146］［美］齐锡生．中国的军阀政治（1916－1928）［M］．杨云若，等，译．北京：中国人民大学出版社，1991.
［147］［美］约瑟夫·列文森．儒教中国及其现代命运［M］．郑大华，等，译．桂林：广西师范大学出版社，2009.
［148］［美］柯文．在中国发现历史：中国中心观在美国的兴起［M］．林同奇，译．北京：中华书局，2002.
［149］［美］吉尔伯特·罗兹曼．中国的现代化［M］．南京：江苏人民出版社，2010.
［150］［日］三石善吉．传统中国的内发性发展［M］．余项科，译．北京：中央编译出版社，1999.
［151］［日］沟口雄三．作为“方法”的中国［M］．孙军悦，译．北京：三联书店，2011.
［152］［日］沟口雄三．中国的冲击［M］．王瑞根，译．北京：三联书店，2011.

[153] [日] 沟口雄三. 中国的思想 [M]. 赵士林, 译. 北京: 中国财富出版社, 2012.

[154] [日] 中村元. 东方民族的思维方法 [M]. 林太, 等, 译. 台北: 淑声出版社, 1986.

[155] [日] 松本三之介. 国权与民权的变奏: 日本明治精神的结构 [M]. 李冬君, 译. 北京: 东方出版社, 2005.

[156] [日] 佐藤慎一. 近代中国的知识分子与文明 [M]. 刘岳兵, 译. 南京: 江苏人民出版社, 2014.

三、论文

(一) 期刊论文

[157] 智效民. 阎锡山的"六政三事"与"用民政治": 民国初年山西新政初探 [J]. 晋阳学刊, 1996 (6).

[158] 魏光奇. 地方自治与直隶"四局" [J]. 历史研究, 1998 (2).

[159] 贺渊. 1912－1917 年阎锡山治晋思想初探 [J]. 近代史研究, 1998 (1).

[160] 孟令梅. 民国初期山西村治述评 [J]. 晋阳学刊, 2001 (5).

[161] 武乾. 南京国民政府的保甲制度与地方自治 [J]. 法商研究, 2001 (6).

[162] 张静. 国家政权建设与乡村自治单位: 问题与回顾 [J]. 开放时代, 2001 (9).

[163] [日] 沟口雄三. 俯瞰中国近代的新视角 [J]. 清史研究, 2001 (1).

[164] 郑贤君. 地方自治学说评析 [J]. 首都师范大学学报 (社会科学版), 2001 (2).

[165] 杨乃良. 民国时期新桂系村治研究 [J]. 广西社会科学, 2003 (6).

[166] 祖秋红. "山西村治"所体现的文化问题 [J]. 首都师范大学学报 (社会科学版), 2003 (增刊).

[167] 陈绍方. 地方自治的概念、流派与体系 [J]. 求索, 2005 (7).

[168] 田芳. 德国地方自治基本理论及其宪法保障制度 [J]. 南京大学法律评论, 2006 (秋季号).

[169] 鲁西奇."小国家""大地方":士的地方化与地方社会——读韩明士《官僚与士绅》[J].中国图书评论,2006(5).
[170] 杨猛.略论"山西村治"中的息讼会[J].河北北方学院学报,2006(6).
[171] 郑大华.关于民国乡村建设运动的几个问题[J].史学月刊,2006(2).
[172] 王奇生.战前中国的区乡行政:以江苏省为中心[J].民国档案,2006(1).
[173] 周子良,李芳."山西村治"研究述评[J].华溪法学评论,2008.
[174] 周子良,李芳.论山西村治时期法律中的习惯[A]//三晋法学,北京:中国法制出版社,2008.
[175] 谢亮.近代中国政治自由中的自治、民权之悖论现象分析:以孙中山"分县自治"思想为例[J].社会科学论坛,2009[6(上)].
[176] 周联合.法律与体制性腐败——以南京国民政府的《县组织法》为例[J].社会科学战线,2010(7).
[177] 郑大华,朱蕾.论国民观在清末的兴起[J].学术界,2011(6).
[178] 王建学.地方自治观念在近代中国的嬗变——从政治意义上的自治到法律意义上的自治[J].厦门大学学报(哲学社会科学版),2011(3).
[179] 袁兵喜.从近代民权向当代人权的接转:观念重构与制度更新[J].法学杂志,2011(7).
[180] 马义平.村制还是制村:民国时期山西"村制"制度考察[J].晋中学院学报,2011(1).
[181] 何卓恩."民本"与"民主"之间的晚晴"民权"观念[J].贵州社会科学,2012(1).
[182] 周子良,乔冠文.论民国初期山西村治中的犯罪预防[J].太原理工大学学报(社会科学版),2012(2).
[183] 上官莉娜.法国地方自治的宪政原则[J].武汉大学学报(哲学社会科学版),2012(5).
[184] 武乾.官治夹缝中的自治:明清江南市镇的非正式政体[J].法学,2013(12).

[185] 常安．“失败的遗产”之宪政悖论解读：国家建构视野下的清末民初地方自治［J］．清华法治论衡，2013（1）．
[186] 陈颐．寻找公民—国家之外的结构和力量［J］．法学，2014（11）．
[187] 徐祖澜．清末民初国家权力与绅权关系的历史嬗变［J］．中外法学，2014（3）．
[188] 程梦婧．大宪章在晚晴的传播［J］．清华法学，2016（2）．

（二）硕博论文

[189] 冯子轩．民国时期北平地方自治研究（1928－1937）［D］．河北师范大学硕士学位论文，2014．
[190] 赵芮．民初山西村治中的息讼会研究［D］．山西大学硕士学位论文，2014．
[191] 祖秋红．“山西村治”：国家行政与乡村自治的整合（1917－1928）［D］．首都师范大学博士学位论文，2007．

后　　记

——由近彼故其德尘，虽不故染自然熏

本书源自笔者的博士学位论文，回顾读博时光，还记得第一次踏入西政，最先看到水波不惊的毓秀湖和月牙形的图书馆，静谧的校园随山势而上，到处种植着各种叫不出名的树木花草，移步换景。来到西政的第一天也是第一次见到导师汪太贤教授。那天汪老师刚刚下课，一杯清茶几句问候很快消融了我长久以来的忐忑。询问了工作学习情况之后，汪老师还帮助我解决校内的住宿问题。现在回想起来才意识到如此一来是多么叨扰老师。之后跟随恩师学习的日子才慢慢体会到，点滴之处善待学子原本就是汪老师和师母吴老师一贯的秉持。

博士学位论文写作的每一阶段无不浸润着导师的指导和鞭策。汪老师以其宏廓的学术视野、深厚的学术涵养、敏锐的学术判断为论文每一次的修改进行把脉。开题之后即提出论文以时间分期还是以要素为线索布局的问题，预答辩时则提出最后两章论述角度的合理分配问题，定稿之前又针对后记的写作提出建议。不仅如此，汪老师还提供给我们许多民国当时的珍贵文献。打开一张张图片，可以想象收集时的艰辛和整理时的不易，而我们坐享其成怎能不心生惭愧呢？论文定稿也只是一个阶段工作的完成，相对于导师的要求一定还有很大的距离。

求学和写作的过程还得益于宪法与行政法学专业学科组各位教授的指导、帮助。感谢谭宗泽教授，从研究的持续性方面提出问题意识和研究范式问题；感谢唐忠民教授，从学科发展角度提出要注重关照当下；感谢王学辉教授，在预答辩中犀利地指出文中观点提炼和研究角度的问题；感谢曾哲教授，提出充分运用史料做研究的问题；感谢喻少如教授，提出资料运用中对官方资料和民间资料的取舍问题；感谢刘艺教授，提出宪政史研究普遍的长处和普遍的局限问题。正是听取了这些宝贵的意见，论文才得以最终完成。感谢行政法学院的张琼老师，为我们顺利毕业耐心细致地承担工作。

感谢一同求学的博士同学们，因为访学的缘故结识了 2011 级、2012 级和 2013 级三届的同学。我们共同度过了美好的时光，也见证了彼此的努力付出和逐步成长。特别感谢应珍师姐一路倾听、一路陪伴，给予热忱的鼓励和希望。从三晋到巴渝遥之千里，从早樱缤纷到蜡梅飘香，流转无常，当广玉兰盛开的时节就要与西政告别了，西政之缘将永远镌刻在生命里。

工作之后能够外出进修，还要感谢工作单位领导和同事们的支持。感谢太原科技大学为教师读博广开方便之门；感谢法学院院长郭相宏教授，他既是我的领导又是我的学长，工作上给予支持、求学中铺路搭桥，还将其收集的相关资料无私地提供给我；感谢法学院可爱的同事们，当遇到困难都会伸出援手，互相理解彼此鼓励。

特别感谢山西省教育厅高等学校哲学社会科学研究项目、太原科技大学博士科研启动基金项目和知识产权出版社对本书出版的支持。感谢知识产权出版社的雷春丽编辑耐心细致地审稿工作，最大限度地减少了书中贻误之处并提出宝贵的修改意见。

最后还要感谢家人的理解和支持，感谢孩子健康成长，无以为报唯愿安康！

刘　娟

2017 年 3 月于毓秀湖畔